CB032018

Patrick Schneider

FUTURO DO TRABALHO DA PESSOA COM DEFICIÊNCIA:

da lei de cotas à agenda 2030

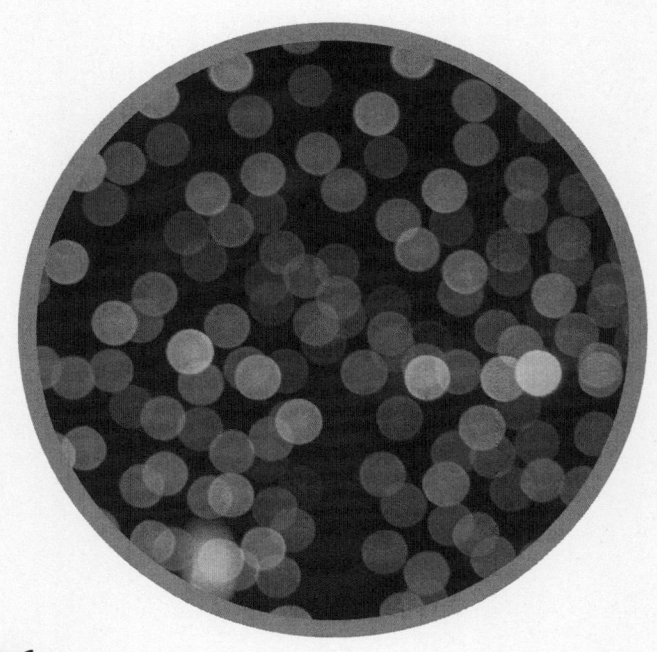

Diretor Editorial | Gustavo Abreu
Diretor Administrativo | Júnior Gaudereto
Diretor Financeiro | Cláudio Macedo
Logística | Vinícius Santiago
Comunicação e Marketing | Giulia Staar
Assistente Editorial | Matteos Moreno e Sarah Júlia Guerra
Designer Editorial | Gustavo Zeferino e Luís Otávio Ferreira
Imagens da capa | Unsplash

Dados Internacionais de Catalogação na Publicação (CIP) de acordo com ISBD

S358f	Schneider, Patrick
	Futuro do trabalho da pessoa com deficiência: da lei de cotas à agenda 2030 / Patrick Schneider. - Belo Horizonte : Letramento, 2021. 218 p. ; 15,5cm x 22,5cm.
	Inclui bibliografia. ISBN: 978-65-5932-084-4
	1. Direito. 2. Direitos da Pessoa com Deficiência. 3. Trabalho. 4. Lei de Cotas. I. Título.
2021-2644	CDD 341.27 CDU 342.7

Elaborado por Vagner Rodolfo da Silva - CRB-8/9410

Índice para catálogo sistemático:
1. Direitos da Pessoa com Deficiência 341.27
2. Direitos da Pessoa com Deficiência 342.7

Belo Horizonte - MG
Rua Magnólia, 1086
Bairro Caiçara
CEP 30770-020
Fone 31 3327-5771
contato@editoraletramento.com.br
editoraletramento.com.br
casadodireito.com

Grupo
Editorial
LETRAMENTO

"A diferença não está naquilo que vemos, mas sim, no olhar daquele que a enxerga e a encara como tal..."

– Dalai Lama

Para meu avô, Valdemar Verfe (*in memoriam*).

sumário

PREFÁCIO

DIVERSIDADE E INCLUSÃO A GENTE ENTENDE COM O CORAÇÃO

Marco Ornellas

Mais que um livro, você tem nas mãos um convite para ampliar sua visão sobre esse marcador da Diversidade – a PcD – para além da Lei de Cotas e para a inserção do tema na pauta da sustentabilidade, das organizações humanizadas e da Agenda 2030. É também um convite para você sair do conceito de deficiência e restrições, e conhecer um mundo de oportunidades, talentos e contribuições.

Desejo que esse mergulho nas ideias de Patrick Schneider seja uma constatação dos avanços que tivemos ao longo dos 30 anos de existência da Lei de Cotas (Lei 8213/91), completados em 2021. Sim, já não somos os mesmos de três décadas atrás – avançamos muito. Mas também desejo que seja um mergulho no abismo social em que ainda vivemos, um símbolo de uma sociedade que se esforça para ser inclusiva, mas que ainda se mostra preconceituosa, imatura e pouco consciente. Sim, esses somos nós e com muito ainda a fazer.

Falar de diversidade é transitar pelo eixo da empatia e do preconceito. É preciso que esses dois extremos sejam mais bem tangenciados, se desejamos um mundo melhor e mais inclusivo, especialmente diante de desafios tão importantes como os que vivemos e como os que ainda vamos viver. Eles certamente virão, trazidos pela tecnologia, que digitalizará ambientes e estará mais presente e mais integrada às nossas vidas. Se achamos que hoje já é assim, ainda não vimos nada.

O mercado empresarial que conhecemos de perto é extremamente tradicional. Sobram preconceitos, vieses inconscientes, executivos sem consciência, e muita desinformação. Tudo isso se traduz em baixas oportunidades de inclusão, em particular, da Pessoa com Deficiência.

É fato – e cada vez mais motivo de espanto e repúdio – que algumas empresas prefiram pagar multas por não cumprimento da lei a ter que fazer um esforço inclusivo. Evitam refletir sobre seu verdadeiro papel dentro de uma sociedade e assumir a missão de transformação social. Isso mesmo: empresas são veículos de transformação social.

A pandemia e o trabalho remoto, por um lado, favoreceram enormemente as PcDs. Afinal, atrás das telas, enquadrados do peito para cima, somos todos iguais. Por outro lado, o número de desempregados cresceu, mostrando uma realidade ainda mais dolorosa para esse público. Dentro desse quadro, só podemos valorizar e apoiar as empresas que vêm se destacando, ao decidirem superar a cota legal e atingir metas maiores do que os 5% a que são obrigadas pela Lei de Cotas.

O trabalho de Patrick Schneider traz várias ópticas e novas conexões sobre esse assunto complexo, que é o mundo do trabalho da Pessoa com Deficiência, com seus paradoxos e ambiguidades. Uma vez que reconhecemos que a inclusão efetiva não é tarefa fácil, precisamos investir tempo e esforços para que ela aconteça. Este livro é um passo enorme nesse sentido.

Tenho dito em minhas palestras que nos afastamos da nossa humanidade, desde que nos reconhecemos enquanto humanos.

Se somos humanos, nossas empresas também precisam ser mais humanas e ajudar a sociedade a se tornar mais humana e, consequentemente, mais inclusiva.

Você já notou que estamos entrando na Quinta Revolução Industrial? Você já se deu conta de que estamos há 21 anos no século 21?

Por que ainda estamos discutimos temas como *diversidade* e *inclusão* quando já sabemos que sem isso não há inovação, não há evolução? Somente ecossistemas diversos conseguem sobreviver, evoluir, crescer e avançar. Somente o pensamento plural e a diversidade fortalecem (comentário de um dos entrevistados apresentado no livro).

Segundo pesquisa da "Diversidade nas Empresas", da Opinion Box e da revista *HSM Management*, em empresas que investem em diversidade, os conflitos são reduzidos em até 50%. Nelas, os funcionários estão 17% mais engajados e dispostos a irem além das suas responsabilidades. E segundo outra pesquisa, esta da McKinsey & Company, empresas com diversidade étnica e racial têm 35% mais chances de alcançarem rendimentos acima da média do seu setor.

Todos os seres humanos reúnem capacidades extraordinárias, que não estão condicionadas à cor da sua pele, ao seu gênero, orientação sexual, religião, local de origem, deficiências mentais, visuais, auditivas ou de locomoção. Cálculos estimam que se a legislação fosse de fato cumprida, seriam criados milhares de novos postos de trabalho. Além disso, é sempre importante pensar nos inúmeros talentos que são perdidos apenas por preconceito.

E é disso que este livro trata: preconceito. Mais uma vez, aqueles que são diferentes da maioria, são vistos como inferiores ou menos capazes intelectualmente, mitos que não se sustentam quando confrontados com pesquisas ou mesmo com a realidade dos poucos que conseguiram superar preconceitos e adversidades.

Gente como Franklin D. Roosevelt, que perdeu o movimento das pernas em 1921 e, depois disso, foi eleito governador de Nova York e presidente dos Estados Unidos, sendo reeleito presidente outras três vezes – o único caso na história americana. Durante o tempo em que ficou no poder, de 1932 a 1944, guiou o país durante a maior recessão de todos os tempos e de uma guerra mundial, falecendo no início do quarto mandato. Ou Greta Thunberg, que aos 15 anos ficou internacionalmente conhecida como ambientalista, sendo eleita Personalidade do Ano pela revista *Time*. Ela teve recentemente um diagnóstico de autismo confirmado. E o que dizer de Stephen Hawking, considerado um dos cientistas mais influentes do mundo desde Albert Einstein, vítima de uma doença degenerativa?

Sair da nossa bolha e entender os problemas que outros enfrentam é sempre complexo. Mesmo quando conseguirmos ser sensíveis à questão e perceber que ela envolve milhões de outros seres humanos, ainda assim é difícil e continuamos fazendo muito pouco. Quando o assunto é discriminação, é natural ficar surpreso quando nos deparamos com números e até palavras novas.

Inclusão não pode ser vista como um favor ou uma compensação. Além de ser uma questão de justiça – literalmente – é algo que traz ganhos reais para todos, governos, sociedade e para as empresas em que ela for a regra, não a exceção.

A nossa sociedade precisa acelerar essas mudanças; a inclusão é uma necessidade, uma urgência.

Esta é a proposta de Patrick Schneider: convida você para refletir de uma maneira consistente, profunda, sustentada. Mais ainda: convida o leitor a se impregnar dessas ideias e ajudar a construir um mundo mais inclusivo. O objetivo, a força e a riqueza dessa obra se traduzem precisamente no estímulo à análise e ao debate sobre a situação da Pessoa com Deficiência e sua forma de se relacionar com o mundo do trabalho. Também é de extrema importância o reconhecimento que faz das práticas adotadas por várias empresas nesses 30 anos de existência da Lei de Cotas e a conexão com a Agenda 2030.

Diversidade e Inclusão: a gente não entende só com a razão; a gente entende com o coração.

*MARCO ORNELLAS
é designer organizacional, consultor, Coach e autor de *DesigneRHs Para Um Novo Mundo - Como Transformar o RH em Designer Organizacional e Uma Nova (Des)Ordem Organizacional.*

INTRODUÇÃO

Limitada. Infelizmente é assim que a Pessoa com Deficiência (PcD) ainda é vista pelos meios de comunicação e pela sociedade organizada: alguém com severas restrições de capacidade. Por força desse entendimento, existem barreiras invisíveis, imbuídas em preconceito a serem transpostas pelos indivíduos nessa condição, em todos os normais atos da vida, podendo se manifestar com maior agravamento no acesso à educação, lazer, cultura etc.

Ao longo de quase duas décadas dentro de organizações de grande porte, contribuindo com a área de gestão de pessoas, somados a 12 anos de pesquisas em nível acadêmico sobre a inclusão social da PcD no mercado de trabalho, venho refletindo sobre as dificuldades e desafios que essas pessoas enfrentam nas mais diversas arenas laborais. A ausência de oportunidades de crescimento, adicionada a um massivo convencionalismo limitante, alimentado por vieses inconscientes habitantes do imaginário das pessoas que tomam decisões no topo das organizações, ampliou ao longo dos anos a fenda social que separa as pessoas com deficiência de uma carreira próspera e progressiva, que lhe permita expandir sua perspectiva de potencial contribuição com o mundo que o circunda. Prejudicou, assim, a sua interdependência econômica, social e, em alguns casos, familiar.

Entretanto, o mercado de trabalho demonstrou-se, nas últimas três décadas, um caminho viável para a inclusão social dessa representativa camada da sociedade, permitindo a evolução e o acesso a elementos fundamentais ao bem-estar e ao convívio social, tais como plano de saúde, plano odontológico, remuneração e uma perspectiva colaborativa, trazendo suas potencialidades a serviço de um projeto coletivo, abandonando um ambiente de exclusão e solidão enfrentado muitas vezes em seus lares. Tais elementos elevam a importância da função do trabalho na vida da PcD. Há em curso importantes discussões quanto a essa temática, relacionadas ao desenvolvimento e profissionalização dessas pessoas, à plena inclusão ao ambiente laboral das empresas, à promoção da liberdade no local de trabalho, à progressão de carreira e equidade salarial em mesmo nível dos demais colegas que não possuem uma aparente limitação.

O Brasil vem se posicionando como uma nação atenta ao tema, trazendo a figura da PcD para dentro das legislações constitucionais e infraconstitucionais desde a década de 1980. Protagoniza discussões em nível global sobre tal temática junto a instituições mundiais orientadas ao cuidado com o trabalhador, sua saúde e dignidade no ambiente produtivo.

Esse debate não passa imune às agendas globais, voltadas ao desenvolvimento sustentável da vida na Terra. Prova disso é a captura pelos 17 Objetivos de Desenvolvimento Sustentável (ODS), agrupados por meio da chamada Agenda 2030 da Organização das Nações Unidas (ONU), fortemente explorado pelo ODS 8, denominado "Trabalho Decente e Crescimento Econômico". Esse imperativo aspiracional internacional desdobra-se em dez metas, que buscam, em síntese, a redução da lacuna existente quanto ao acesso ao trabalho por minorias, a erradicação do trabalho forçado e cativo, ao crescimento econômico como alavancador do desenvolvimento sustentável, à promoção do trabalho digno para todos e à equidade de tratamento no que diz respeito aos seguintes aspectos: gênero, raça e pessoas com deficiência, entre outros.

Figura 1
Agenda 2030: uma Declaração Global pelo desenvolvimento sustentável, com 17 ODS e 169 metas

Fonte: Agenda 2030 - ONU[1]

A conjugação das temáticas "trabalho decente" e "inclusão social" demonstram-se desafiadoras frente ao preconizado como trabalho digno no que tange à inclusão de pessoas com deficiência junto à melhor doutrina. Ainda que o Brasil tenha trazido para o centro da discussão a adoção de ações afirmativas para acesso ao trabalho de PcDs, sendo um dos

---

1 Plataforma Agenda 2030 – ONU. Disponível em: http://www.agenda2030.org.br/sobre/. Último Acesso: 24 fev. 2021.

poucos países no mundo a adotar tal prática, por meio da Lei 8.213 em 24 de julho de 1991, conhecida como "Lei de Cotas", percebe-se ainda, atualmente, um espaço importante para a evolução na caracterização desse acesso frente à melhor qualificação de trabalho decente.

Figura 2
Brasil na contramão do mundo

+70% dos países desconsideram os direitos das PCDs em suas constituições

Fonte: Centro de Análise de Políticas Mundiais/O Globo[2]

Preliminarmente, o desafio da pessoa com deficiência no mundo do trabalho pode ser compreendido a partir da leitura do artigo 1° do Decreto Legislativo n° 51 de 26 de agosto de 1989, que ratifica a convenção da Organização Internacional do Trabalho (OIT) n° 159,[3] e que define PcD da seguinte maneira:

> Para efeitos da presente Convenção, entende-se por "pessoa deficiente" todo o indivíduo cujas possibilidades de obter e conservar um emprego adequado e de progredir no mesmo fiquem substancialmente reduzidas devido a uma deficiência de caráter físico ou mental, devidamente reconhecida.

O texto acima faz alusão à limitação e ao estado de dificuldade ao qual está submetido o profissional com deficiência para a prática de atividades profissionais. Como destacado anteriormente, está arraigado o entendimento sobre a capacidade reduzida para a prática laboral. O que a Convenção deflagra é que, até os anos de 1980, a obtenção de um emprego e a sua manutenção eram atividades desafiadoras para todos os indivíduos com deficiência.[4]

A verdade é que desde 1925, a OIT, criada seis anos antes, a partir do Tratado de Versalhes, emite pareceres, notas técnicas e elementos regu-

---

2 "Pessoas com deficiência não têm direitos garantidos em 76% dos países". *O Globo*, 2 dez. 2016. Disponível em: https://oglobo.globo.com/sociedade/pessoas-com-deficiencia-nao-tem-direitos-garantidos-em-76-dos-paises-20579389. Último Acesso: 24 fev. 2021.

3 DECRETO LEGISLATIVO N° 51, DE 1989 - Publicação Original. Portal da Câmara dos Deputados. Disponível em: https://www2.camara.leg.br/legin/fed/decleg/1989/decretolegislativo-51-25-agosto-1989-360126-publicacaooriginal-1-pl.html. Último Acesso: 24 fev. 2021.

4 FONSECA, R.T.M. *O trabalho da pessoa com deficiência e a lapidação dos direitos humanos*: o direito do trabalho, uma ação afirmativa. São Paulo: LTr, 2006.

latórios dedicados ao tratamento das pessoas com perda de capacidade laboral. A Recomendação n.º 22, editada em 1925, foi o primeiro documento voltado ao cuidado com as pessoas que, por força de um acidente de trabalho, perdessem sua capacidade, de modo transitório ou definitivo, para a atividade laboral, tornando-se, portanto, uma pessoa com deficiência. A orientação dada aos países membros da entidade foi de uma indenização e um processo de capacitação para o restabelecimento adaptado da atividade produtiva.[5]

Entendeu-se, ao longo das décadas, que uma rede de amparo e suporte, para a inserção ou reinserção pós-reabilitação, da pessoa com deficiência no universo do trabalho, se fazia necessária, o que levou algumas nações ao redor do planeta a adotar medidas como a criação de fundos de desenvolvimento, tributos e taxas específicas para a sustentação desses trabalhadores em períodos de desemprego, ou ainda, ações afirmativas que promovessem uma reserva de mercado, em termos de posições laborais, dentro das empresas públicas e privadas. O Brasil, assim como alguns poucos países à época, adotou a terceira medida mencionada como um elemento fundamental para a inclusão de pessoas com deficiência no mercado de trabalho brasileiro.

Trinta anos após a sua promulgação, a Lei 8.213/1991 segue definindo para as empresas com mais de 100 profissionais uma reserva legal de posições laborais em seus quadros funcionais. Essa medida trouxe muita polêmica à época, sob o argumento de que o Estado delegara às empresas a missão de incluir essa camada da sociedade. Tais manifestações de resistência à Lei de Cotas materializaram-se em muitos autos de infração, em todas as macrorregiões do Brasil, uma tentativa forçosa de cumprimento por parte das empresas pelo estabelecido na legislação por parte das extintas Delegacias Regionais do Trabalho (DRTs), órgãos imbuídos da fiscalização, orientação e controle das práticas trabalhistas no Brasil, ligados à época ao extinto Ministério do Trabalho e Emprego (MTE).

A taxa considerável de autuações pôde ser percebida nas três primeiras décadas da adotada ação afirmativa, o que de fato deflagra que existem oportunidades no engajamento das empresas para o atendimento de sua demandada cota. Entre os anos de 2006 e 2018, o portal Radar SIT dedicou-se a apurar por cidade, estado, região e em nível nacional

---

5 OIT, 2020. CO19 – Igualdade de tratamento (Indenizações por acidente de Trabalho). Genebra, 1925. Disponível em: https://www.ilo.org/brasilia/convencoes/WCMS_235017/lang--pt/index.htm. Último acesso: 13 mar. 2021.

o comportamento da Lei de Cotas no Brasil. A partir da **Figura 3**, compreende-se a extensão do desafio no Brasil.

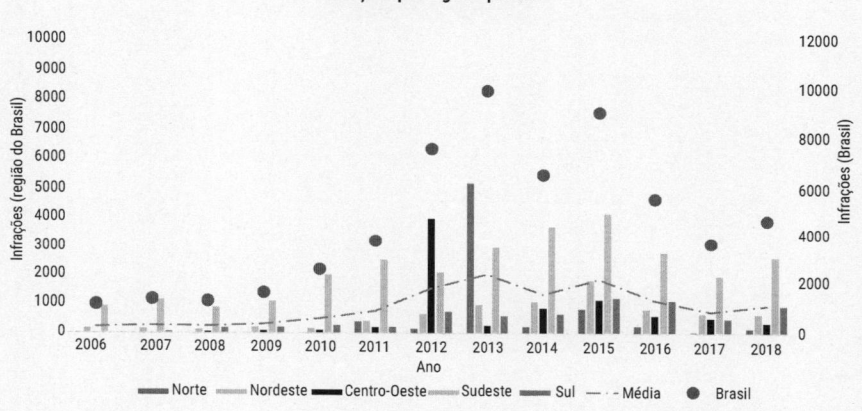

Figura 3
Autos de infração praticados no Brasil

Infrações por regiões por ano

Fonte: Radar SIT (2006 a 2018)[6]

Entretanto, ainda que o país venha demonstrando oportunidades no entendimento e adesão das empresas quanto à necessidade de adoção de tal dispositivo de reserva legal para PcDs, em novembro de 2019, faltando pouco mais de um ano para que a legislação chegasse ao marco histórico de 30 anos, a Lei de Cotas sofre um preocupante revés. Durante o primeiro ano do mandato do Presidente da República Jair Messias Bolsonaro, o Ministério da Economia, que absorveu o Ministério do Trabalho, apresentou uma proposta de extinção da Lei 8.213/1991 no modo como foi concebida, desobrigando as empresas a contratar PcDs. O Projeto de Lei 6.159/2019, submetido em regime de urgência, permitiria que as empresas substituíssem a contratação por um pagamento correspondente a dois salários-mínimos da época, o equivalente a R$ 1996,00,[7] por cargo não preenchido, recebidos pelo

---

6 Radar SIT. Painel de Informações e Estatísticas da Inspeção do Trabalho no Brasil. Cota PcD/Reabilitados. 2006 até 2018. Disponível em: SIT Abas (trabalho.gov.br) último acesso: 11 mar. 2021.

7 "Governo desobriga empresa de cumprir cota para trabalhador com deficiência". Folha de São Paulo, 03 de dezembro de 2019". Folhaonline. https://www1.folha.uol.com.br/mercado/2019/12/governo-desobriga-empresa-de-cumprir-cota-para-ra-trabalhador-com-deficiencia.shtml. Último acesso: 17 jun. 2021.

Governo Federal, para que este cuidasse da habilitação e reabilitação profissional de PcDs. A proposta chegou a ser discutida no Congresso, mas foi retirada da pauta de votação após forte reação das instituições ligadas à profissionalização da PcD.

O maior elemento a refrear o progresso de um projeto como este foi o questionamento de que tipo de alternativa a pessoa com deficiência teria para a manutenção de seu acesso ao trabalho, haja vista a flexibilização da necessidade de contratação.

Entretanto, o país segue na vanguarda quanto à adoção de ações afirmativas orientadas à inclusão social da pessoa com deficiência por meio do trabalho, um direito fundamental, que possui o condão de proporcionar a todas as pessoas sua interdependência familiar, de subsídios governamentais e de fundações de amparo dedicadas à manutenção de oportunidades para essas pessoas.

Ainda que a reserva legal de posições profissionais tenha ganho tração no país, alavancada por fiscalizações orientadas a aferir o cumprimento da estipulada cota, persiste um mito no mundo corporativo relacionado ao desafio de encontrar PcDs qualificados, aptos a ocupar posições de maior destaque na hierarquia organizacional, bem como de assumir tarefas e atividades consideradas mais complexas dentro das empresas, mesmo diante do surgimento de consultorias especializadas na identificação, na atração e na retenção desses talentos.[8]

Ao analisar o percentual de posições abertas e fechadas por meio do relatório gerado a partir de informações estatísticas sobre a reserva legal de vagas para pessoas com deficiência pelo Portal de Inspeção do Trabalho (Radar SIT), que buscou cobrir o percentual de vagas ocupadas por estado desde a promulgação da Lei de Cotas, percebe-se o quanto a relação de vagas profissionais colocadas à disposição de PcDs e o seu efetivo acesso a uma função produtiva remunerada ainda andam distantes uma das outras.

Ao analisar o mapa representado pela **Figura 4**, identifica-se que o melhor desempenho até aqui se encontra no estado da Paraíba, com

---

8 SCHNEIDER, PV; SUGAHARA, CR. Trabalho do Deficiente: Assimetrias Frente ao Objetivo de Desenvolvimento Sustentável 08 in Sustentabilidade e meio ambiente [livro eletrônico]: perspectivas e desafios / Organizador Tiago Silva Athaydes – Maringa, PR: Uniedusul, 2021. Disponível em: https://www.uniedusul. com.br/wp-content/uploads/2021/02/E-BOOK-SUSTENTABILIDADE-E-MEIO-AM-BIENTE-PERSPECTIVAS-E-DESAFIOS.pdf. Último Acesso: 13/03/2021

39,4% das vagas dedicadas a profissionais PcDs efetivamente preenchidas, enquanto o pior resultado está a cargo do estado do Mato Grosso do Sul, onde apenas 18% das vagas colocadas à disposição foram preenchidas por profissionais com deficiência. Chama a atenção ainda o percentual de apenas 29,3% do estado de São Paulo, localidade no Brasil com o maior número de empresas com 100 ou mais profissionais no país.

Figura 4
Classificação de estados brasileiros com maior percentual de vagas ocupadas x vagas reservadas no ano de 2021

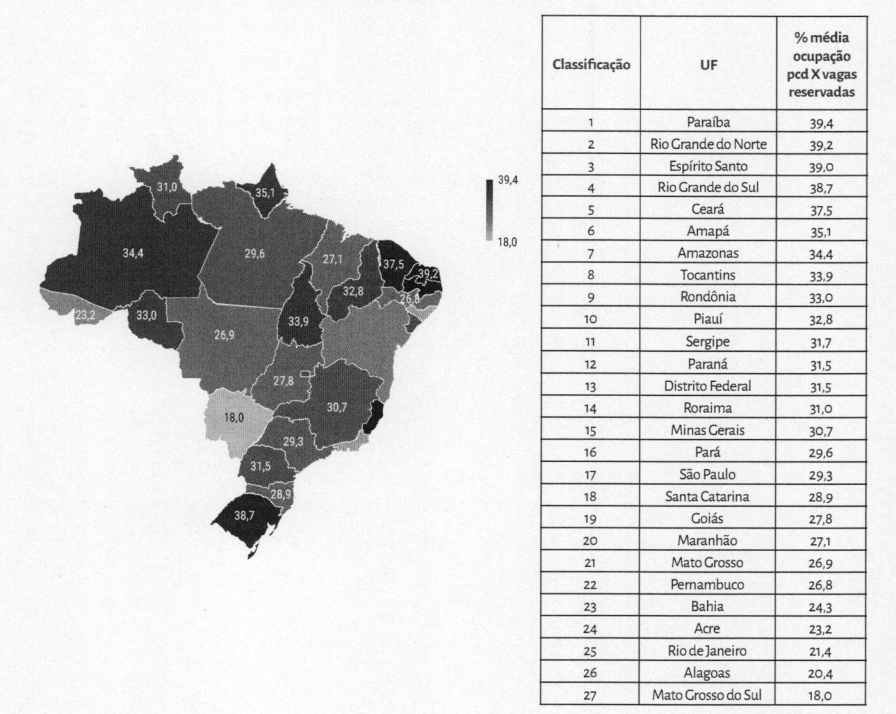

Classificação	UF	% média ocupação pcd X vagas reservadas
1	Paraíba	39,4
2	Rio Grande do Norte	39,2
3	Espírito Santo	39,0
4	Rio Grande do Sul	38,7
5	Ceará	37,5
6	Amapá	35,1
7	Amazonas	34,4
8	Tocantins	33,9
9	Rondônia	33,0
10	Piauí	32,8
11	Sergipe	31,7
12	Paraná	31,5
13	Distrito Federal	31,5
14	Roraima	31,0
15	Minas Gerais	30,7
16	Pará	29,6
17	São Paulo	29,3
18	Santa Catarina	28,9
19	Goiás	27,8
20	Maranhão	27,1
21	Mato Grosso	26,9
22	Pernambuco	26,8
23	Bahia	24,3
24	Acre	23,2
25	Rio de Janeiro	21,4
26	Alagoas	20,4
27	Mato Grosso do Sul	18,0

Fonte: Radar SIT[9]

Desde a denominação do indivíduo com deficiência até seu acesso a ruas, avenidas e prédios públicos, passando pela acessibilidade ao transporte público e a um posto de trabalho, o Brasil buscou a derrubada de barreiras físicas que pudessem prejudicar o acesso e,

---

9 Radar SIT. Painel de Informações e Estatísticas da Inspeção do Trabalho no Brasil. Cota PcD/Reabilitados. 2006 até 2018. Disponível em: SIT Abas (trabalho.gov.br). último acesso: 11 jun. 2021.

uma vez lá dentro, a locomoção dessas pessoas nesses ambientes mediante legislações específicas, mitigadoras de dificuldades impostas. Demonstra-se imperativo, embora se reconheça a evolução promovida, comparativamente aos 30 anos do enfrentamento do tema acesso ao trabalho, a derrubada de barreiras atitudinais proferidas pelos diversos tomadores de decisões no universo laboral, que se apresentam hoje como uma fronteira a ser superada.

A investigação sobre as vagas de trabalho colocadas à disposição das PcDs amplia o entendimento se o atendimento à Lei de Cotas está colaborando com o desenvolvimento e o crescimento econômico preceituado pelo ODS 08, além de jogar luz sobre o verdadeiro propósito e/ou finalidade das empresas com a medida, seja a integração ou a inclusão. Este último está mais alinhado à necessidade tanto dos profissionais, quanto das corporações, frente aos crescentes desafios do século XXI.

Figura 5
Mais do que uma simples questão de semântica

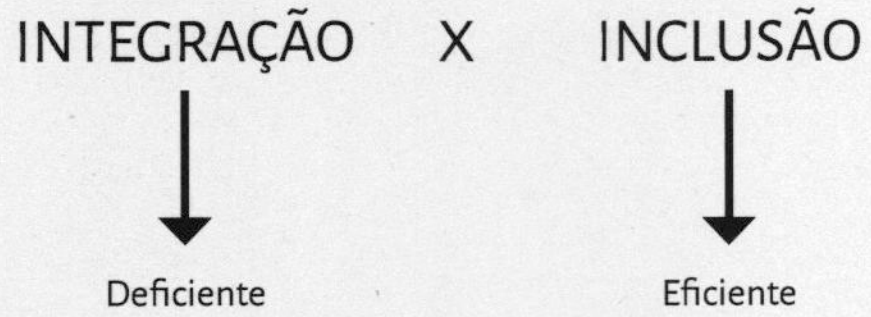

INTEGRAÇÃO   X   INCLUSÃO

Deficiente   Eficiente

Fonte: Elaboração própria

A inauguração de uma nova década em 2021, reforçou a necessidade de as empresas ampliarem o espectro orientado à diversidade, equidade e inclusão de todas as pessoas dentro de suas estruturas. Uma temática pautada pela necessidade de superação de temas complexos, como as questões ligadas ao papel social das organizações, o atendimento das expectativas de clientes cada vez mais responsivos, vinculados às causas ambientais e de equidade de oportunidades para minorias em todas as esferas da sociedade.

Desse modo, a urgência por medidas que privilegiam o estreitamento diante das oportunidades de inclusão em seus ambientes de negócios demonstrou-se uma das maiores demandas para a década que se inicia.

Companhias que, ainda que de modo inconsciente, demonstram comportamentos de suas lideranças orientadas ao reforço de elementos racistas, capacitistas ou discriminatórios de qualquer natureza, tornam-se rapidamente alvo de severas críticas em redes sociais, como o LinkedIn e Glassdoor, plataformas digitais voltadas à construção de uma admirável ou repudiada marca empregadora no país. Nesse contexto, percebe-se o terreno fértil para reflexão sobre o tema e sua viabilidade de concretização em um ritmo que faça frente à velocidade exponencial das mudanças vigentes.

Assim, o objetivo deste livro é fomentar uma análise sobre a situação da pessoa com deficiência na sociedade e a sua forma de se relacionar com o mundo do trabalho, bem como lançar um olhar sobre as práticas adotadas por empresas, a fim de apontar como a Lei de Cotas, nesses 30 anos de existência, contribuiu e ainda pode colaborar para concretizar o objetivo número 8 da Agenda 2030.

Ao longo desta obra, vamos discutir:

- Avanços e eventuais retrocessos das últimas três décadas;
- Quais são as práticas adotadas pelas empresas que contribuem com a inclusão da pessoa com deficiência no mercado de trabalho;
- Como as práticas empresariais estão alinhadas com o Objetivo de Desenvolvimento Sustentável nº 8 – Trabalho Decente e Crescimento Econômico;
- Apontar os desafios presentes para a inclusão da pessoa com deficiência no mercado de trabalho.

Nos próximos capítulos, pretendo:

- Apresentar um referencial teórico sobre a situação da pessoa com deficiência na história da civilização humana;
- Apontar como as amarras sociais influenciaram o tratamento da pessoa com deficiência na sociedade nos dias de hoje, ao buscar uma colocação no mercado de trabalho;
- Destacar a diferença entre igualdade e equidade, de forma a contribuir para a ampliação da consciência e aceleração da inclusão dos PcDs no mercado de trabalho, inclusive em cargos estratégicos dentro das organizações;
- Mostrar a entrada dessa camada da sociedade no universo jurídico, bem como a evolução desse conceito no campo constitucional, além da abordagem prática a partir da adoção de ações afirmativas;

- Explorar a perspectiva da sustentabilidade como um elemento fundamental para a manutenção do trabalho decente e desenvolvimento econômico;
- Levantar questionamentos sobre a existência de conexão entre as ações afirmativas e o trabalho decente;
- Investigar os caminhos adotados por empresas e pessoas com deficiência para atender à Lei e, também, a compromissos públicos de desenvolvimento sustentável firmados pelas organizações;
- Discutir o acesso ao trabalho da PcD a partir de exemplos práticos;
- Expor uma interessante dualidade de percepções dentro dessa marcha empática criada em busca do trabalho decente da PcD e o seu desenvolvimento sustentável como agente fundamental da perpetuidade desse objetivo presente na Agenda 2030 da ONU.

Espero, sinceramente, poder colaborar com a reflexão sobre a condição da pessoa com deficiência e seu importante papel para o futuro do trabalho no mundo que habitamos.

Capítulo 1.

QUEM É A PESSOA COM DEFICIÊNCIA?

É esperado do ser humano, apesar de todos os esforços no sentido contrário, algum tipo de limitação. E este não é um julgamento singular, mas o entendimento da Organização Mundial da Saúde (OMS),[10] para quem o simples fato de estar vivo prediz que, em algum momento, alguma condição, externa ou interna, reduzirá a capacidade física ou intelectual, de modo transitório ou permanente de todos os indivíduos. As incidências de catástrofes naturais, epidemias, pandemias, guerras, conflitos de grandes proporções, a falta de saneamento e condições dignas de manutenção da vida terrestre ou ainda, aqueles que sobreviverem ao envelhecimento enfrentarão, inevitavelmente, dificuldades cada vez maiores na funcionalidade de seus corpos.[11]

As terminologias utilizadas para identificar uma pessoa que possui uma deficiência ao longo dos tempos são variadas. No princípio, o termo mais utilizado foi "inválido", em referência clara à concepção da extensão da condição limitante do sujeito a outros aspectos da vida. Tal nomenclatura levava o inconsciente a generalizar a impossibilidade pessoal tida como inválida para a prática de qualquer ato.[12]

Contemporaneamente, compreende-se que invalidez e deficiência são dois conceitos distintos, agravados quanto à capacidade laboral. A partir do Estatuto da Pessoa com Deficiência, decretado pela Lei n.º 13.146 de 6 de julho de 2015, pessoa com deficiência é todo indivíduo

---

10 OMS. Relatório mundial sobre a deficiência. São Paulo, 2011. Disponível em: https://apps.who.int/iris/bitstream/handle/10665/44575/9788564047020_por.pdf;jsessionid=04618434FE154FE3F4F0BA9F9DE53BD7?sequence=4 Último acesso: 15 out. 2019.

11 *Idem.*

12 CAMARGOS, A.A.M. *Direito do trabalho no terceiro setor*. São Paulo: Saraiva, 2008.

"que tem um impedimento de longo prazo de natureza física, mental, intelectual ou sensorial" e que diante de uma ou mais barreiras, "pode obstruir sua participação plena e efetiva na sociedade em igualdade de condições com as demais pessoas".[13] Todavia, o conceito de invalidez remonta à incapacidade, ainda que suportada por elementos acessórios que permitam a correção, mínima ou acentuada de determinada limitação, para a execução de atividades produtivas, consoante o determinado pelas melhores doutrinas, como uma incapacidade física ou mental permanente que impossibilita o exercício de atividade profissional, sendo justificada para a aposentadoria.[14]

Após esse primeiro movimento, a "invalidez" perdeu força para a "deficiência", fazendo com que o deficiente passasse a ser identificado na rua como o "cego", o "manco", o "surdo/mudo", o "aleijado", o "anão", o "excepcional", sem novamente demonstrar consciência sobre a pessoa. Além disso, carregava em si um tom muito pejorativo e, por vezes, até mesmo discriminatório, o que fez com que, pouco a pouco, caísse em desuso.[15] Pesou para isso a evolução do tratamento da pessoa com deficiência na sociedade, expondo a necessidade de identificação de tal indivíduo sem ênfase na sua limitação, reconhecendo a sua humanidade. Dessa intenção foram retirados de legislações e tratados internacionais as seguintes expressões:

- Pessoa Portadora de Deficiência (PPD);[16]
- Pessoa Portadora de Necessidades Especiais (PNE);[17]
- Pessoas com Deficiência (PcD).[18]

---

13 BRASIL. LEI Nº 13.146, DE 6 DE JULHO DE 2015, Institui a Lei Brasileira de Inclusão da Pessoa com Deficiência (Estatuto da Pessoa com Deficiência), http://www.planalto.gov.br/ccivil_03/_Ato2015-2018/2015/Lei/L13146.htm. Último acesso: 6 de nov. 2020.

14 MADRUGA, S. *Pessoas com deficiência e direitos humanos*: ótica da diferença e ações afirmativas. São Paulo: Saraiva, 2016.

15 GOLDFARB, C.L. Pessoas portadoras de deficiência e a relação de emprego: o sistema de cotas no Brasil. Curitiba: Juruá, 2007.

16 ROSS, P.R. Educação e trabalho: a conquista da diversidade ante as políticas neoliberais. Campinas: Papiros, 2000.

17 PASTORE, J. Oportunidades de trabalho para as pessoas com deficiência. São Paulo: LTr, 2000.

18 SÉGUIN, E. Minorias e grupos vulneráveis: uma abordagem jurídica. Rio de Janeiro, 2002.

Cada termo possui adeptos pelo mundo, com teorias e fundamentações próprias, relacionadas ao seu emprego, atuando em prol de uma utilização ou outra, cada qual com ativistas fervorosos. Para a advogada trabalhista Cibelle Linero Goldfarb, advogada e autora de *Pessoas portadoras de deficiência e a relação de emprego: o sistema de cotas no Brasil*, as terminologias, por mais diversas e variadas que sejam, tentam "suavizar o impacto" da sociedade para com a pessoa, bem como facilita o desafio de lidar com a diferença alheia.

Note que o termo PPD enfatiza primeiramente a pessoa, mas coloca uma condição material, como se o indivíduo portasse consigo algo do qual não consegue se distanciar e que lhe impõe uma limitação. Vale ressaltar que a pessoa não "carrega" uma deficiência, nem necessariamente possui algo que a limite de alguma forma.

Já o termo PNE é genérico e vago, pois abarca uma série de necessidades especiais enquadradas nessa estrutura, como a gestante, que precisa de uma série de cuidados e acessos facilitados, por conta de uma circunstância transitória. Goldfarb ressalta que muitas das "necessidades especiais" existentes na sociedade se afastam das legítimas demandas dos indivíduos que possuem algum tipo de deficiência, o que deflagra ainda uma intenção de "mascarar" ou abrandar a situação.[19]

O termo (e a sigla) mais usado atualmente é PcD, defendido pelo primeiro magistrado deficiente visual do país, o desembargador Ricardo Tadeu Marques da Fonseca. Ele afirma na obra *O trabalho da pessoa com deficiência e a lapidação dos direitos humanos* que "as deficiências não se portam, estão com a pessoa ou na pessoa". É, portanto, uma característica intrínseca, formadora e modificadora da personalidade, viabilizando ou demandando adaptações para o gozo dos normais atos da vida. A terminologia foi, inclusive, adotada em tratados internacionais e enquadramentos médicos ocorridos no seguimento de limitações físicas ou corpóreas. Já está incorporado, também, no mercado de trabalho ao indicar oportunidades profissionais em seus quadros de funcionários por meio de anúncios em jornais, nas mídias sociais e na internet. Esse é o termo em vigor no Brasil desde a promulgação do Estatuto da Pessoa com Deficiência,[20] e por estar amparado na prática

---

19 GOLDFARB, C.L. Pessoas portadoras de deficiência e a relação de emprego: o sistema de cotas no Brasil. Curitiba: Juruá, 2007.

20 BRASIL. LEI Nº 13.146, DE 6 DE JULHO DE 2015, Institui a Lei Brasileira de Inclusão da Pessoa com Deficiência (Estatuto da Pessoa com Deficiência), http://

cotidiana, não se valendo de eufemismos, esse também é o termo adotado neste livro para se referir à Pessoa com Deficiência (PcD).

Figura 6
A dificuldade de "nomear" o diferente no mesmo ambiente

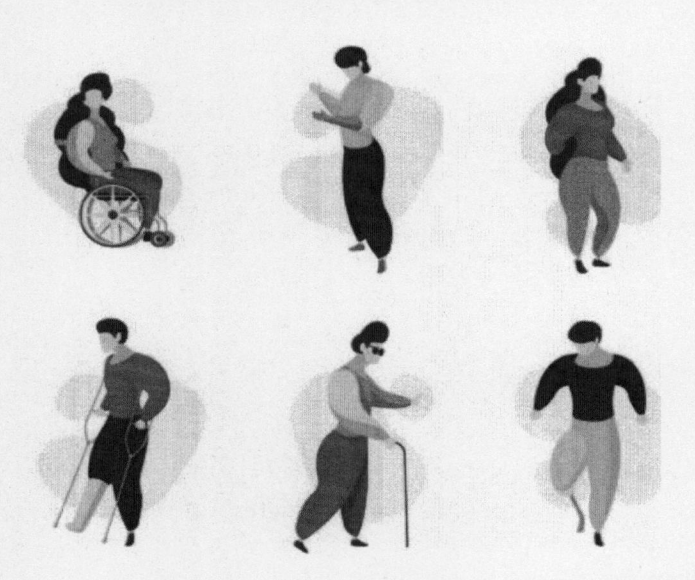

Fonte: Elaboração própria

Há quem questione a relevância da terminologia adotada no tratamento da PcD, frente à discussão anterior referente à sua inclusão na sociedade. Entretanto, faz-se necessário compreender que a definição a partir de denominações não é um processo definitivo ou estanque dentro da sociedade, evoluindo com essa à medida que os preconceitos são reduzidos e os grupos se identificam de modo a protagonizar diferente papel dentro do ambiente do qual figuram[21]

Bem, é fundamental compreender a inegável representatividade dessa parcela da população e a necessidade imperiosa de adequadamente compreender as entrelinhas sensíveis do tema.

---

www.planalto.gov.br/ccivil_03/_Ato2015-2018/2015/Lei/L13146.htm. Último acesso: 6 de nov. 2018.

21 MADRUGA, S. *Pessoas com deficiência e direitos humanos*: ótica da diferença e ações afirmativas. São Paulo: Saraiva, 2016.

De acordo com estimativa do Banco Mundial, em associação com a Organização Mundial da Saúde (OMS),[22] 15% dos habitantes deste planeta convivem com alguma deficiência, que reduz significativamente a sua capacidade de praticar as rotinas habituais das grandes cidades, como se locomover e ter acesso aos serviços básicos comuns a todos os seres humanos.

Figura 7
A Representatividade das PcDs na população mundial

15%
Da população mundial
=
Africa,
continente
formado por
54 países

Fonte: OMS, 2011.[23]

O primeiro Censo Demográfico, com itens específicos sobre a pessoa com deficiência, foi realizado pelo Instituto Brasileiro de Geografia e Estatística (IBGE) apenas no ano de 2000. Nesse levantamento, 14,5% dos brasileiros foram enquadrados como PcDs.[24] Dez anos depois, foi feito mais um censo, o último realizado desde então.[25] O quadro mudou significativamente: 23,9% da população brasileira se declarou com algum tipo de deficiência, quase dez pontos percentuais de crescimento em relação ao ciclo anterior,

---

22 OMS. Relatório mundial sobre a deficiência. São Paulo, 2011. Disponível em: https://apps.who.int/iris/bitstream/handle/10665/44575/9788564047020_por.pdf;jsessionid=04618434FE154FE3F4F0BA9F9DE53BD7?sequence=4. Último acesso: 15 out. 2019.

23 OMS. Relatório mundial sobre a deficiência. São Paulo, 2011. Disponível em: https://apps.who.int/iris/bitstream/handle/10665/44575/9788564047020_por.pdf;jsessionid=04618434FE154FE3F4F0BA9F9DE53BD7?sequence=4. Último acesso: 15 out. 2019.

24 FREITAS, M.N.C.; MARQUES, A.L. *Trabalho e Pessoas com Deficiência*: pesquisas, práticas e instrumentos de diagnóstico. São Paulo: Juruá, 2009.

25 IBGE. Censo demográfico: Características gerais da população, religião e pessoas com deficiência. Rio de Janeiro: Censo demográfico, 2010. Disponível em https://biblioteca.ibge.gov.br/visualizacao/periodicos/94/cd_2010_religiao_deficiencia.pdf. Último acesso: 22 set. 2019.

superando as expectativas da OMS, de aproximadamente 15%. Em números absolutos, isso significa que mais de 45 milhões de cidadãos no território nacional são PcDs, das quais cerca de 38 milhões residem em áreas urbanas e pouco mais de 7 milhões em áreas rurais.

Do total, a deficiência visual é a limitação com maior incidência no território nacional, representando 78% do total da população em questão.

Figura 8
A representatividade da população autodeclarada deficiente

+ 45 milhões

Quase **1** estado de **São Paulo**
2x o estado de **Minas Gerais**
2,5x o estado do **Rio de Janeiro**
3x a cidade de **São Paulo**
7,4x a cidade do **Rio de Janeiro**
15x a capital federal do Brasil, **Brasília**

Fonte: IBGE;[26] Agência Brasil;[27] IBGE.[28]

É possível, ainda, fazer recortes locais, que precisam ser considerados tanto por gestores públicos quanto pela iniciativa privada. Na cidade onde hoje resido, por exemplo, o levantamento de 2018 estimou que Campinas (SP) possui 67.108 pessoas enquadradas como PcDs,

---

26 Idem 25.

27 "População do Brasil passa de 211,7 milhões de habitantes, estima IBGE". Agência Brasil, 27 de agosto de 2020. Disponível em https://agenciabrasil.ebc.com.br/geral/noticia/2020-08/populacao-do-brasil-passa-de-2117-milhoes-de-habitantes-estima-ibge#:~:text=De%20acordo%20com%20o%20levantamento,menor%20estimativa%20populacional%20(631.181) Último Acesso: 2 mar. 2021.

28 "IBGE divulga as estimativas da população dos municípios para 2019". Agência IBGE, 28 de agosto de 2019. Disponível em: https://agenciadenoticias.ibge.gov.br/agencia-sala-de-imprensa/2013-agencia-de-noticias/releases/25278-ibge-divulga-as-estimativas-da-populacao-dos-municipios-para-2019. Último Acesso: 2 mar. 2021.

sendo que 60% dessa população, ou seja, mais de 40 mil pessoas, possui entre 16 e 64 anos de idade, justamente o intervalo etário de pessoas consideradas economicamente ativas ou em idade laboral.[29]

Os números representativos demonstram, de um lado, o tamanho da oportunidade; de outro, a necessária mobilização ao redor da questão da empregabilidade, acessibilidade e manutenção dos atos normais da vida em comunidade da pessoa com deficiência, justamente elementos fundamentais para a inclusão social. Em *Oficinas vivenciais: reflexões sobre direitos humanos de pessoas com deficiências*, as pesquisadoras e docentes Ana Luiza de Mendonça Oliveira e Marineia Crosara de Resende[30] destacam que a história das pessoas com deficiência demonstra que elas foram diferenciadas "pela negligência, omissão e segregação, o que interiorizou em nossa sociedade o preconceito e as atitudes discriminatórias."

Segundo o filósofo político Norberto Bobbio,[31] "deve se entender que o próprio homem não é mais considerado como ente genérico ou homem abstrato, (...) mas é visto na especificidade ou na concentricidade de suas diversas maneiras de ser em sociedade, como criança, doente etc.", não escapando a essa individualização a pessoa com deficiência.

A busca pela perfeição guardada no "seio" do narcisismo humano renega o diferente, muitas vezes por mera incompreensão, ignorância ou desconhecimento. Contudo, tais exclusões imprimem na sociedade marcas difíceis de serem apagadas. Essas "cicatrizes" permanentemente abertas só recebem atenção da sociedade ao mobilizar governantes das nações. Há, porém, a ação de grupos organizados, voltados a tirar da clandestinidade pessoas com grandes aptidões técnicas, que muitas vezes não se apresentam ao mundo por entende-

---

29 NTPCD. A população com deficiência de Campinas. NTPCD, CESIT, IE, Unicamp, 2018. Disponível em: https://www.cti.gov.br/sites/default/files//a_populacao_com_deficiencia_em_campinas_v2_0.pdf. Último acesso: 22 Set. 2019.

30 OLIVEIRA, A.L.M.; RESENDE, M.C. *Oficinas vivenciais*: reflexões sobre direitos humanos de pessoas com deficiências. São Paulo: Psicologia Escolar e Educacional, 2017. Disponível em: http://dx.doi.org./10.1590/2175-3539/2017/02121118. Último acesso: 1 set. 2019

31 BOBBIO, N. *A era dos direitos*. Rio de Janeiro: Campus, 1992.

rem que desse modo estão se preservando da incompreensão humana do que é ter uma deficiência.[32] [33] [34]

1.1. DA CLANDESTINIDADE À SOCIALIZAÇÃO

O homem, habitante solitário no universo racional do planeta Terra, é o único ser dotado de capacidade cognitiva e, assim sendo, o único animal vivo a possuir dignidade. Ainda que seja um habitante singular deste mundo, apresenta características diferentes de seu semelhante, seja na altura, no peso, na cor dos olhos ou da pele, nos costumes e nas crenças religiosas.

A habilidade de lidar com a diversidade humana é o que garante ao homem a possibilidade de conviver organizadamente em sociedade, relacionando-se e colaborando com o desenvolvimento da espécie. Entretanto, dentro desse grupo organizado em sociedade, há pessoas com aparente limitação, seja por uma questão genética ou derivada desta, seja por força de uma sequela que lhe prejudique o desenvolvimento ou regeneração corpórea. Esse numeroso grupo populacional é enquadrado na sociedade como "pessoa deficiente",[35] a quem a sociedade impõe, desde os tempos mais remotos, um estado de marginalização em função da sua condição, privando-a, muitas vezes, da sua subsistência.

Na era primitiva, por exemplo, a ausência de uma capacidade motora, auditiva, visual ou mental prejudicava a exploração do ambiente natural por alimento, levando-o a sucumbir diante da natureza.[36] Para o professor e pesquisador em educação inclusiva, cognição, aprendizagem e

32 BAHIA. Governo da Bahia. Agenda Bahia do Trabalho Decente. Secretaria do Trabalho, Emprego, Renda e Esporte. Salvador: 2011. Disponível em: http://www2. setre.ba.gov.br/trabalhodecente/agenda_bahia_do_trabalho_decente.pdf. Último acesso em: 31 mai. 2020.

33 GOLDFARB, C.L. *Pessoas portadoras de deficiência e a relação de emprego*: o sistema de cotas no Brasil. Curitiba: Juruá, 2007.

34 LARAIA, M.I.F. *A pessoa com deficiência e o direito do trabalho*. Dissertação de Mestrado. São Paulo: PUC-SP, 2009.

35 RIBAS, J.B.C. *O que são deficientes*. São Paulo: Brasilense. 2003.

36 BIANCHETTI L.; LUCÍDIO, M.; FREIRE I.M. *Um olhar sobre a diferença*: Interação, trabalho e cidadania. Campinas: Papirus, 2000.

desenvolvimento humano Paulo Ricardo Ross,[37] os mais adaptados ao seu meio seriam aqueles que portam variações vantajosas em relação aos demais sujeitos e às condições de sobrevivência de seu meio natural.

Na era antiga, os deficientes eram simplesmente mortos por sua aparência. Os autores de *Um olhar sobre a diferença: interação, trabalho e cidadania*, Bianchetti, Lucídio e Freire,[38] ressaltam que, quando os gregos se dedicavam predominantemente à "guerra, valorizando a ginástica, a dança, a estética e a perfeição do corpo, a beleza e a força, isso acabou se transformando em um grande objetivo", como prova da perfeição humana. Caso, ao nascer, a criança apresentasse qualquer manifestação que pudesse atentar contra o ideal prevalecente, era eliminada.

Na Idade Média, a religião em muito contribuiu para a marginalização ou até para a morte da pessoa deficiente. A igreja não os considerava dignos de participar da ordem natural. A deficiência era vista como um castigo de Deus.[39] O professor, pesquisador e consultor em educação especial Marcos José da Silveira Mazzotta refere, em *Educação especial no Brasil: história e políticas públicas*,[40] que a religião, com toda a força cultural, ao colocar o "homem como a imagem e semelhança de Deus", o ser perfeito, não calculou a ideia da condição humana, incluindo a imperfeição física e mental. Não sendo "parecidos com Deus" as pessoas com deficiência (ou imperfeições) eram postos à margem da condição humana.

---

37 ROSS, P.R. *Educação e trabalho*: a conquista da diversidade ante as políticas neoliberais. Campinas: Papiros, 2000.

38 Bianchetti L.; Lucídio, M.; FREIRE I.M. *Um olhar sobre a diferença*: interação, trabalho e cidadania. Campinas: Papirus, 2000.

39 ROSS, P.R. Educação e trabalho: a conquista da diversidade ante as políticas neoliberais. Campinas: Papiros, 2000.

40 MAZZOTTA, M.J.S. *Educação especial no Brasil*: história e políticas públicas. São Paulo: Cortez, 1999.

Figura 9
O tratamento dado à PcD

Marginalização e morte. Durante séculos, esse foi o destino relegado pela sociedade, incluindo as civilizações mais evoluídas, àqueles que apresentavam alguma limitação ou deficiência. Uma tragédia endossada pela igreja, com conivência da família, que enxergava no ente motivo de vergonha.

Fonte: Elaboração própria

Progredindo da Idade Média para a Modernidade, diante de uma história marcada por privações e preconceitos diversos, sabe-se que algumas famílias esconderam os filhos deficientes da sociedade. Pais e parentes diretos se revoltaram quando percebiam que um filho(a) ou irmão possuía alguma deficiência. Nessa mesma linha de pensamento, algumas instituições de apoio e atenção aos deficientes também adotaram esse comportamento, escondendo seus "alunos" e se tornando um depósito de gente sem futuro e sem razão de viver.[41]

Todas essas fases de exclusão continuam presentes, ainda que menos explícitas. Em *Educação e trabalho: a conquista da diversidade ante as políticas neoliberais,* Ross reforça que os sujeitos dotados de uma condição biológica-física e sensorial distinta sempre integraram "períodos históricos marginalizados do mundo produtivo por diferente valoração"[42] sobre o trabalho. Até meados de 1940, a deficiência era causada pelas más formações congênitas ou pelas doenças da velhice. No mais, haviam crianças definidas como possuidoras de "retardos" mentais e cegos, futuros adultos sentenciados ao afastamento compulsório. A imagem cultural de quem possuía uma deficiência era quase tão somente a da incapacidade para o exercício de uma profissão.

É recorrente na literatura contemporânea que, no final da década de 1940, dois acontecimentos mundiais conjugaram-se para fazer do tema algo que merecesse a atenção dos que olhavam para os campos econômicos e sociais: as trágicas e constrangedoras consequências da Segunda

---

41 RIBAS, J.B.C. *O que são deficientes.* São Paulo: Brasiliense. 2003.

42 ROSS, P.R. *Educação e trabalho:* a conquista da diversidade ante as políticas neoliberais. Campinas: Papirus, 2000.

Guerra Mundial e as novas relações de trabalho nascidas da retomada da industrialização nos anos 1950. O sociólogo e professor José Pastore, por exemplo, ressaltou em *Oportunidades de trabalho para as pessoas com deficiência*[43] que a sociedade avançou em muitos aspectos, mas não na superação de preconceitos, que podem variar na sua manifestação. Com o passar do tempo e por pressão dos segmentos mais esclarecidos, os grupos preconceituosos foram sofisticando sua reação diante das pessoas com deficiência. Surgiram comportamentos estereotipados e, superficialmente, marcados pela compreensão e pelo humanismo.

Na visão da professora da Universidad de San Buenaventura, Cartagena Nina Ferrer Araújo, é fundamental um olhar sobre a exclusão institucionalizada, compreendendo que:

> (...) a categoria de cidadania que foi construída desde a Grécia antiga e até meados do século XX é especialmente exclusiva, seja do conceito de "alguns" reconhecidos ou de "todos" reconhecidos, sempre apareceu como uma categoria condicionada e da qual alguns grupos de indivíduos foram excluídos na medida em que não corresponde ao conceito de ser humano, que abrange o todo. [44]

Segunda a pesquisadora, pode-se até falar da existência de um sistema estratificado de cidadania, que distingue:

- Cidadãos: reconhecimento institucional de seus direitos, além do livre exercício deles;
- Cidadãos não plenos: reconhecimento formal dos direitos, com exercício limitado;
- Não cidadãos: sem nem mesmo o reconhecimento formal.

Embora a distinção de tratamento da pessoa com deficiência possa ser remetida a eras remotas, em nenhum momento foi noticiado o esforço do Estado ou da sociedade civil à causa da socialização da pessoa identificada clinicamente com uma deficiência. Essa busca passa por diversas atividades dos ditos "normais atos da vida", em busca de reconhecimento da pessoa com deficiência como cidadã.

---

43 PASTORE, J. *Oportunidades de trabalho para as pessoas com deficiência*. São Paulo: LTr, 2000.

44 ARAÚJO, N.F. Los nuevos movimientos sociales y las ciudadanías emergentes: reflexiones desde el concepto de democracia radical y el movimiento LGBTI en Colombia. *Estud. Socio-juríd.*, Bogotá (Colombia), 19(1): 43-62, enero-junio de 2017, 2017. Disponível em: http://www.scielo.org.co/pdf/esju/v19n1/v19n1a03.pdf. Último acesso: 16 fev. 2020.

De acordo com o professor e ministro do Supremo Tribunal Federal Luís Roberto Barroso, novos conceitos de cidadania e de cidadão ensinam que "o cidadão não é mais o que vota, mas sim o que vota, se informa, se educa, que come, que mora, que veste, que trabalha, que tem dignidade". [45] Para Fonseca, o conceito se fortalece ainda mais na sociedade que considera o cidadão como o "vetor para o qual devem convergir todos os esforços da sociedade do Estado brasileiro",[46] com especial atenção àqueles indivíduos que não conseguem se inserir no universo da educação formal, do trabalho ou do lazer, como ocorre com boa parte das pessoas com deficiência.

No Brasil, essa inserção na sociedade evoluiu ao longo dos anos, em que se procurou suavizar a distância entre a necessidade de se produzir oportunidades a essa camada populacional da sociedade e a efetiva socialização desse grupo de pessoas, razão pela qual a iniciativa privada, via organizações não governamentais (ONGs), associações e empresas privadas formam alianças com o Estado na intenção de acelerar esse processo de inclusão.

Os movimentos dessa parceria público-privada, existentes no dia a dia, denotam uma ruptura de paradigma, confrontando a perspectiva de ter ou não deficiências, rompendo com a ideia de um grande bloco majoritário homogêneo de pessoas sem deficiência, rodeadas pelas que apresentam diferenças, partindo de uma certeza de que *todos* somos diferentes, deixando de existir as segregações entre deficientes e "normais". [47]

45 BARROSO, L.R. *Curso de Direito Constitucional contemporâneo*: os conceitos fundamentais e a constituição do novo modelo. São Paulo: Saraiva, 2015.

46 FONSECA, R.T.M. *O trabalho da pessoa com deficiência e a lapidação dos direitos humanos*: o direito do trabalho, uma ação afirmativa. São Paulo: LTr, 2006.

47 BAHIA, M.S. *Responsabilidade social e diversidade nas organizações*: contratando pessoas com deficiência. Rio de Janeiro: Qualitymark, 2006.

Figura 10
Infográfico: A Diversidade Brasileira

População residente no país, por cor da pele ou raça (%)

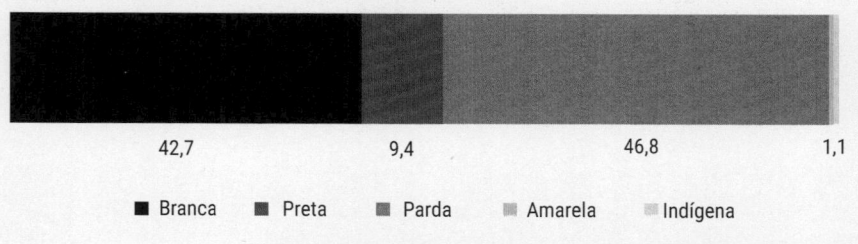

42,7   9,4   46,8   1,1

■ Branca ■ Preta ■ Parda ▨ Amarela ▨ Indígena

Fonte: IBGE, Diretoria de Pesquisas, Coordenação de Trabalho e Rendimento, Pesquisa Nacional por Amostra de Domicílios Contínua 2012-2019. [48]

Como pode ser percebido no infográfico representado pela **Figura 10**, o Brasil é um país plural no tocante à cor da pele, tradições culturais, folclóricas ou religiosas, como apontou o Censo de 2010 realizado pelo IBGE, com resultados representados pela **Figura 11**. Buscar tratar a diferença de modo excludente é ir contra a realidade da sociedade do país que habitamos.

Figura 11
Diversidade religiosa com base no Censo de 2010

Concentração significativa de uma religião
[tipologia em seis classes]
▨ Católica (296 microrregiões)
▨ Islamismo (1 microrregião)
▨ Umbanda, Candomble e sem religião (13 microregiões)
▨ Evangélicas (238 microregiões)
▨ Tradições indígenas (6 microregiões)
▨ Évangélicas e sem religião (3 microregiões)

Fonte: IBGE, Censo 2010. [49]

---

48 IBGE Educa. Sítio digital. Disponível em: https://educa.ibge.gov.br/jovens/conheca-o-brasil/populacao/18319-cor-ou-raca.html. Último acesso: 7 mai. 2021.

49 IBGE. Censo demográfico: Características gerais da população, religião e pessoas com deficiência. Rio de Janeiro: Censo demográfico, 2010. Disponível em https://

Para o sociólogo francês Pierre Bourdieu,[50] a diferença é entendida como separação, traço distintivo, propriedade intelectual, existindo somente ao se comparar as propriedades de algo ou alguém. A ideia da diferença, de separação, estaria, segundo ele, no fundamento da noção de espaço social.

O mundo do trabalho, notadamente pela possibilidade de produção intelectual e modificadora do ambiente ao redor, promove ao indivíduo a capacidade de inserção social por força da utilização de suas potencialidades virtuosas em prol da sociedade e seu desenvolvimento. É por meio do trabalho, como leciona a defensora pública Élida Séguin, que "o ser humano modifica o meio ambiente natural adaptando-o às suas necessidades" e "cria o meio ambiente construído e o meio ambiente cultural".[51] Considerando esse prisma, é possível dizer que a inexistência de trabalho, ou o seu caráter precário e instável, atinge a dignidade da pessoa humana e a própria cidadania.

Sob o ponto de vista psicológico, o adulto exerce um papel na organização familiar de prover o sustento da família, ponto acompanhado pelo olhar jurídico dos tempos atuais. A supressão dessa possibilidade, em função de características limitadoras independentes da sua vontade, deixa o indivíduo enclausurado em um porão social, alheio a exatamente todas as necessidades sociais que prescrevem os novos enfoques sobre o tema cidadania até aqui apresentados. Analisando os progressos sociais, sob uma perspectiva histórica, percebe-se que a mobilização dos indivíduos, por intermédio dos movimentos sociais, constitui-se como verdadeiros motores de mudança.

Atualmente, há uma mobilização para inserção das pessoas com deficiência na sociedade e no mercado de trabalho, embora com políticas públicas descoladas da prática diária do ambiente laboral brasileiro. É preciso, ainda, captar as oportunidades existentes na direção da inclusão social das pessoas com deficiência. O ordenamento jurídico, as empresas, os governos e a sociedade civil devem ocupar esse espaço para a evolução de garantias sociais.

---

biblioteca.ibge.gov.br/visualizacao/periodicos/94/cd_2010_religiao_deficiencia.pdf. Último acesso: 22 set. 2019.

50 BOURDIEU, P. *Razões práticas*: sobre a teoria da ação. Campinas: Papirus, 1996.

51 SÉGUIN, E. *Minorias e grupos vulneráveis*: uma abordagem jurídica. Rio de Janeiro, 2002.

1.2. A PESSOA COM DEFICIÊNCIA NO ORDENAMENTO JURÍDICO BRASILEIRO

A inserção da pessoa com deficiência no ordenamento jurídico pátrio se deu por meio de manifestações de cuidado a esse público em documentos e normas legislativas que acompanharam a evolução do tratamento desse perfil da sociedade em outros países. Alguns desses podem ser considerados como marcos na luta pela cidadania plena das PcDs.[52] Esses documentos, em sua maioria provenientes de instituições internacionais como ONU, OIT e OMS, tiveram um papel fundamental no momento de criação de leis específicas no Brasil.

Nas constituições anteriores à Carta Magna de 1988, todas as prerrogativas envolvendo a matéria das PcDs são esparsas e diversas, com menções apenas aos direitos previdenciários, à educação, à saúde e à higiene, dentre outros. A primeira menção no sistema constitucional brasileiro, no entanto, ocorreu, segundo Goldfarb e Barroso, na constituição de 1934, a primeira a introduzir direitos sociais. Só que tanto esta, quanto a de 1946 e a 1967, não trouxeram avanços em seus textos quanto à pessoa com deficiência, com passagens superficiais sobre as questões de grupos aparentemente relacionados com as minorias, incluindo mulheres e negros, em constituições orientadas mais a temas ligados à posse e propriedade de bens materiais.[53] [54]

Um primeiro passo rumo à introdução da temática da PcD em textos constitucionais se dá no ano de 1969, como destaca Goldfarb, com expressão direta à pessoa com deficiência, sendo a redação da emenda 1/69, que alterou o art. 175, §4º da constituição de 1967:

> Art. 175. A família é constituída pelo casamento e terá direito à proteção dos poderes públicos.
> (...)
> §4º Lei especial disporá sobre a assistência à maternidade, à infância e à adolescência e sobre a educação de excepcionais.

---

52 BAHIA, M.S. *Responsabilidade social e diversidade nas organizações*: contratando pessoas com deficiência. Rio de Janeiro: Qualitymark, 2006.

53 CAMARGOS, A.A.M. *Direito do trabalho no terceiro setor*. São Paulo: Saraiva, 2008.

54 HOLANDA, M.M. *Análise constitucional do acesso ao trabalho digno, como instrumento do desenvolvimento econômico e social*. Rio de Janeiro: Lumen Juris, 2016.

O conceito de pessoa "excepcional" é debatido à época com fervor, uma vez que introduz como novidade algo tratado até então como tabu pela sociedade. É válido destacar os pensamentos de dois grandes escritores da ciência jurídica, refletindo acerca dessa nova figura protegida dentro da sociedade brasileira. O primeiro é Pontes de Miranda, que afirma que excepcionais são pessoas que por "defeitos físicos ou psíquicos, ou procedência anormal (nascidos, por exemplo, em meio social perigoso), precisam de assistência."[55] O segundo pensador contemporâneo a conceituar "excepcionais" é Manoel Gonçalves Ferreira Filho, o qual entende que excepcionais são aqueles "que por motivos físicos ou mentais se encontram em situação de inferioridade em relação aos chamados 'normais' [...]."[56]

O marco fundamental dos direitos e garantias das pessoas com deficiência foi apresentado à emenda 12, de 17 de outubro de 1978, quando foi introduzido um parágrafo único para apresentar, pela primeira vez na história do ordenamento jurídico brasileiro, tutelas voltadas à educação e à reinserção na vida econômica e social, além da questão da acessibilidade e locomoção, extremamente precária à época, que, no entender de Goldfarb, embora urgentes, "seguem sem evolução". O texto introduzido apresentava a seguinte redação, *in verbis*:

> É assegurado aos deficientes a melhoria de sua condição social e econômica, especialmente mediante:
> I – educação especial e gratuita;
> II – assistência, reabilitação e reinserção na vida econômica e social do país;
> III – proibição de discriminação, inclusive quanto à admissão ao trabalho ou ao serviço público e salários;
> IV – possibilidade de acesso a edifícios e logradouros públicos.

Goldfarb eleva a importância valorativa de tal emenda, rememorando o texto da justificativa da mudança constitucional, a qual afirma a necessidade da sociedade e do texto constitucional demonstrarem mais cuidado com a inclusão social da pessoa com deficiência. O texto de justificativa esboça da seguinte forma a preocupação do legislador da época:

> Que o deficiente do Brasil, tenha inscritos na Constituição, os seus direitos fundamentais: o direito de viver em sociedade, e não segregado; o direito

---

55 MIRANDA, P. *Comentários à Constituição de 1967* (com a emenda n.1 de 1969). São Paulo: Revista dos Tribunais, 1972.

56 FERREIRA FILHO, M.A. *Comentários à Constituição Brasileira*. São Paulo: Saraiva, 1986.

ao trabalho, nos limites de sua capacidade; e o direito de ir e vir, de andar pelas ruas e de entrar e sair dos edifícios, nas ruas e nos edifícios que os homens construíram sem atentar que existem milhões de patrícios seus que não podem, nas suas cadeiras de rodas, com seus aparelhos ortopédicos, com suas muletas, ou sem luz dos olhos, vencer as escadarias, as escadas rolantes, as imensas barreiras que encontram, a cada passo, até para subir uma simples calçada de qualquer rua. [57]

À luz do texto constitucional surge um vasto campo de intenções e de reconhecimento de falhas que circundam o tema da pessoa com deficiência. Contudo, até a publicação da Constituição da República Federativa do Brasil (CRFB) de 1988, pode-se dizer que pouco mudou na condição de PcD.

A década de 1980 é o período em que o Brasil começa a enxergar a pessoa com deficiência como participante da sociedade em condição de fragilidade social. Há, todavia, uma conotação menos assistencialista e mais inclusiva. Segundo a consultora Melissa Santos Bahia, é nesse período que surge o movimento social desse segmento no país, que visa promover e assegurar "todos os direitos no que diz respeito ao convívio social".[58]

A apoteose desse movimento de luta pelos direitos da PcD no país ocorre com a promulgação da CRFB de 1988, que marca a inserção oficial no ordenamento jurídico dessa camada da sociedade. Sem sombra de dúvida, a Carta Magna modificou diversos entendimentos sobre o Estado brasileiro. Ao direcionar suas intenções enquanto estado democrático de direito, o Brasil fortalece os direitos sociais de seus cidadãos, bem como o papel do Estado para com o indivíduo. A dignidade da pessoa humana passa a ser o pilar fundamental do conjunto legislativo principal do Brasil.

Figura 11
Um recorte sobre as Constituições do Brasil

1824	**1934**	**1969**	**1988**
A Constituição Política do Império do Brasil, outorgada por D. Pedro I	A 2ª Constituição Republicana do país introduz direitos sociais	Uma emenda à Constituição promulgada dois anos antes faz a 1ª menção à pessoa com deficiência	A oitava Constituição do país, e primeira após a Ditadira Militar, dedica 10 artigos à PCD

Fonte: Elaboração própria

---

57 GOLDFARB, C.L. *Pessoas portadoras de deficiência e a relação de emprego*: o sistema de cotas no Brasil. Curitiba: Juruá, 2007.

58 BAHIA, M.S. *Responsabilidade social e diversidade nas organizações*: contratando pessoas com deficiência. Rio de Janeiro: Qualitymark, 2006.

A Constituição Federal de 1988 apresenta a pessoa com deficiência em dez artigos, referendando a proteção contra a discriminação no trabalho e o acesso à Previdência Social (art. 7º, XXXI; art. 40, §4º; art. 201, §1º); à competência quanto à assistência social e estatal (art. 23, II; art. 24, XIV; art. 203, IV, V; art. 227, §1º, II, §2º); à reserva de vagas na administração pública (art. 37, VIII); à educação especial (art. 208, III); e à acessibilidade (art. 244).

Segundo o entendimento de Fonseca, "avança, assim, o ordenamento jurídico, para a implementação da chamada igualdade real entre as pessoas".[59] Igualdade essa que prevê tratamentos voltados mais à socialização da pessoa com deficiência, para que pudesse progredir com seus próprios esforços, deixando para trás toda uma cortina assistencialista que lhe mantinha à margem da sociedade brasileira em muitos aspectos.

Tal cenário permite observar que nunca houve tantos dispositivos, em um conjunto legislativo brasileiro voltados ao tema da PcD, e foi graças à inclusão com tanta seriedade desse grupo, marginalizado durante tanto tempo, que foram editadas e sancionadas, após 1988, uma série de medidas legislativas envolvendo a pessoa com deficiência.

1.3. UM SALTO NA HISTÓRIA

Nos dias de hoje, existem mais de 30 textos legislativos, com características autorais, interligados com a realidade do país, mencionando e priorizando a evolução no tratamento da PcD. Isso se deve fortemente ao peso constitucional atribuído aos textos inaugurais sobre o assunto no Brasil.[60]

O quadro a seguir relaciona a legislação em vigor na atualidade sobre a PcD, bem como apresenta a sua finalidade principal:

---

59 FONSECA, R.T.M. *O trabalho da pessoa com deficiência e a lapidação dos direitos humanos*: o direito do trabalho, uma ação afirmativa. São Paulo: LTr, 2006.

60 BONFIM, S.M. *Legislação sobre pessoa com deficiência*. Brasília: Câmara dos Deputados, Edições Câmara, 2019.

Quadro 1
Síntese das legislações em vigor que tratam o tema pessoas com deficiências no Brasil

Identificação do instrumento legislativo	Data em que foi sancionado	Finalidade principal
Lei n.º 4613	6 de Julho de 1965	Isenta de impostos de importação e de bens de consumo, bem como da taxa de despacho aduaneiro, os veículos especiais destinados a uso exclusivo de paraplégicos ou de pessoas portadoras de defeitos físicos, impossibilitados de utilizar os modelos comuns.
Lei n.º 7.070	20 de Dezembro de 1982	Dispõe sobre pensão especial para os deficientes físicos que especifica e dá outras providências.
Lei n.º 7.853	24 de Outubro de 1989	Dispõe sobre o apoio às pessoas com deficiência, sua integração social, sobre a Coordenadoria Nacional para a Integração da Pessoa com Deficiência (CORDE), institui a tutela jurisdicional de interesse coletivo ou difuso dessas pessoas, disciplina a atuação do Ministério Público, define crimes, e dá outras providências.
Lei n.º 8.742	7 de Dezembro de 1993	Dispõe sobre a organização da assistência social e dá outras providências.
Lei n.º 8.899	29 de Junho de 1994	Concede passe livre às pessoas portadoras de deficiência no sistema de transporte coletivo interestadual.
Lei n.º 8.989	24 de Fevereiro de 1995	Dispõe sobre a isenção de impostos sobre produtos industrializados (IPI), na aquisição de automóveis para utilização no transporte autônomo de passageiros, bem como por pessoas portadoras de deficiência física e dá outras providências.
Lei n.º 10.048	8 de Novembro de 2000	Dá prioridade de atendimento às pessoas que específica, além de outras providências.
Lei n.º 10.098	19 de Dezembro de 2000	Estabelece normas gerais e critérios básicos para a promoção da acessibilidade das pessoas portadoras de deficiência ou com mobilidade reduzida, além de outras providências.
Lei n.º 10.216	6 de Abril de 2001	Dispõe sobre a proteção e os direitos das pessoas portadoras de transtornos mentais e redireciona o modelo assistencial em saúde mental.
Lei n.º 10.436	24 de Abril de 2002	Dispõe sobre a Língua Brasileira de Sinais (Libras), além de outras providências.
Lei n.º 10.845	5 de Março de 2004	Institui o programa de complementação ao atendimento educacional especializado às pessoas portadoras de deficiência, e dá outras providências.
Lei n.º 11.126	27 de Junho de 2005	Dispõe sobre o direito do portador de deficiência visual de ingressar e permanecer em ambientes de uso coletivo acompanhado de cão-guia.

Identificação do instrumento legislativo	Data em que foi sancionado	Finalidade principal
Lei n.º 12.711	29 de Agosto de 2012	Dispõe sobre o ingresso nas universidades federais e nas instituições federais de ensino técnico de nível médio e dá outras providências.
Lei n.º 12.715	17 de Setembro de 2012	Altera a alíquota das contribuições previdenciárias sobre a folha de salários devidas pelas empresas que especifica; institui o Programa de Incentivo à Inovação Tecnológica e Adensamento da Cadeia Produtiva de Veículos Automotores, o Regime Especial de Tributação do Programa Nacional de Banda Larga para Implantação de Redes de Telecomunicações, o Regime Especial de Incentivo a Computadores para Uso Educacional, o Programa Nacional de Apoio à Atenção Oncológica e o Programa Nacional de Apoio à Atenção da Saúde da Pessoa com Deficiência; restabelece o Programa Um Computador por Aluno; altera o Programa de Apoio ao Desenvolvimento Tecnológico da Indústria de Semicondutores, instituído pela Lei nº 11.484, de 31 de maio de 2007; altera as Leis nºs 9.250, de 26 de dezembro de 1995, 11.033, de 21 de dezembro de 2004, 9.430, de 27 de dezembro de 1996, 10.865, de 30 de abril de 2004, 11.774, de 17 de setembro de 2008, 12.546, de 14 de dezembro de 2011, 11.484, de 31 de maio de 2007, 10.637, de 30 de dezembro de 2002, 11.196, de 21 de novembro de 2005, 10.406, de 10 de janeiro de 2002, 9.532, de 10 de dezembro de 1997, 12.431, de 24 de junho de 2011, 12.414, de 9 de junho de 2011, 8.666, de 21 de junho de 1993, 10.925, de 23 de julho de 2004, os Decretos-Leis nºs 1.455, de 7 de abril de 1976, 1.593, de 21 de dezembro de 1977, e a Medida Provisória nº 2.199-14, de 24 de agosto de 2001; e dá outras providências.
Lei n.º 12.764	27 de Dezembro de 2012	Institui a Política Nacional de Proteção dos Direitos da Pessoa com Transtorno do Espectro Autista; e altera o § 3º do art. 98 da Lei nº 8.112, de 11 de dezembro de 1990.
Lei n.º 13.146	06 de Julho de 2015	Institui a Lei Brasileira de Inclusão da Pessoa com Deficiência (Estatuto da Pessoa com Deficiência).
Decreto n.º 3.298	20 de Dezembro de 1999	Regulamenta a Lei no 7.853, de 24 de outubro de 1989, dispõe sobre a Política Nacional para a Integração da Pessoa Portadora de Deficiência, consolida as normas de proteção, além de outras providências.
Decreto n.º 3.691	19 de Dezembro de 2000	Regulamenta a Lei no 8.899, de 29 de junho de 1994, que dispõe sobre o transporte de pessoas portadoras de deficiência no sistema de transporte coletivo interestadual.
Decreto n.º 5.085	19 de Maio de 2004	Define as ações continuadas de assistência social.

Identificação do instrumento legislativo	Data em que foi sancionado	Finalidade principal
Decreto n.º 5296	2 de Dezembro de 2004	Regulamenta as Leis nos 10.048, de 8 de novembro de 2000, que dá prioridade de atendimento às pessoas que especifica, e 10.098, de 19 de dezembro de 2000, que estabelece normas gerais e critérios básicos para a promoção da acessibilidade das pessoas portadoras de deficiência ou com mobilidade reduzida, além de outras providências.
Decreto n.º 5.626	22 de Dezembro de 2005	Regulamenta a Lei no 10.436, de 24 de abril de 2002, que dispõe sobre a Língua Brasileira de Sinais – Libras, e o art. 18 da Lei. no 10.098, de 19 de dezembro de 2000.
Decreto n.º 5.904	21 de Setembro de 2006	Regulamenta a Lei no 11.126, de 27 de junho de 2005, que dispõe sobre o direito da pessoa com deficiência visual de ingressar e permanecer em ambientes de uso coletivo acompanhada de cão-guia e dá outras providências.
Decreto n.º 6.214	26 de Setembro de 2007	Regulamenta o benefício de prestação continuada da assistência social devido à pessoa com deficiência e ao idoso de que trata a Lei no 8.742, de 7 de dezembro de 1993, e a Lei nº 10.741, de 1º de outubro de 2003, acresce parágrafo ao art. 162 do Decreto no 3.048, de 6 de maio de 1999, além de outras providências.
Decreto n.º 7.235	19 de Julho de 2010	Regulamenta a Lei no 12.190, de 13 de janeiro de 2010, que concede indenização por dano moral às pessoas com deficiência física decorrente do uso da talidomida.
Decreto n.º 7.611	17 de Novembro de 2011	Dispõe sobre a educação especial e o atendimento educacional especializado, além de outras providências.
Decreto n.º 7.612	17 de Novembro de 2011	Institui o Plano Nacional dos Direitos da Pessoa com Deficiência – Plano Viver sem Limite.
Decreto n.º 7.988	17 de Abril de 2013	Regulamenta os arts. 1º a 13 da Lei nº 12.715, de 17 de setembro de 2012, que dispõem sobre o Programa Nacional de Apoio à Atenção Oncológica – PRONON e o Programa Nacional de Apoio à Atenção da Saúde da Pessoa com Deficiência – PRONAS/PcD.
Decreto n.º 8.368	2 de Dezembro de 2014	Regulamenta a Lei nº 12.764, de 27 de dezembro de 2012, que institui a Política Nacional de Proteção dos Direitos da Pessoa com Transtorno do Espectro Autista.
Decreto n.º 9451	26 de Julho de 2018	Regulamenta o art. 58 da Lei nº 13.146, de 6 de julho de 2015, que institui a Lei Brasileira de Inclusão da Pessoa com Deficiência – Estatuto da Pessoa com Deficiência.

Fonte: Elaboração própria.

É inegável a atenção que a pessoa com deficiência possui hoje no Brasil no que diz respeito à preocupação do legislador em buscar a socialização. Entretanto, é importante a concretização dos princípios basilares da sociedade no dia a dia, fazendo valer cada expressão positivada em seu texto, objeto da luta de muitas pessoas ao longo de anos. Reivindicações que, muitas vezes, giram em torno da atenção necessária a esta fatia da sociedade que há muito merece respeito e um olhar inclusivo.

É nítido pelo Quadro 1 o quanto o tema ainda carrega em si uma carga assistencialista muito forte. Há uma busca por garantias e regulamentações quanto à acessibilidade, fortemente materializada no acesso a estruturas físicas das cidades. Dentro da perceptível evolução do tratamento da pessoa com deficiência rumo à sua socialização, por meio das legislações compartilhadas, nota-se, ainda, a clara intenção de integração da PcD com o mundo social.

No entanto, há uma diferença fundamental entre integração e inclusão, principalmente em termos de inclusão social, com um rol de expectativas a serem supridas que definem no todo o quão exitosas são as ações no sentido perseguido ou não.

É muito importante o entendimento de que a verdadeira inclusão não ocorre de modo matemático, com uma abordagem cartesiana. É preciso verificar se as barreiras ou dificuldades de acesso à igualdade de oportunidades estão sendo combatidas.

Sendo assim, é possível dizer que ações integradoras não são suficientes para que os direitos sociais da pessoa com deficiência sejam usufruídos em sua plenitude por esses agentes, sendo necessário avançar no tema do acesso à função laboral.

Capítulo 2.

A EVOLUÇÃO DA INCLUSÃO SOCIAL E DA IGUALDADE

Desde os primórdios da raça humana, o homem demonstrou-se um ser sociável, que preferia a construção de comunidades e a inclusão dentro dos ambientes estabelecidos do que a solidão.

A aceitação na comunidade da qual faz parte, ainda que a partir da participação em ritos e a construção cooperativa de um lugar habitável comum, foi um objetivo ao longo da evolução de nossa espécie.[61]

Na sociedade contemporânea, isso se manifesta nas mais diferentes formas de integração entre indivíduos e o meio no qual habitam e interagem, seja mediante demonstrações culturais e artísticas dos atos cívicos orientados à livre expressão de vontade, ou ainda, por meio do ambiente de trabalho.

Entretanto, *integração* e *inclusão*, embora possuam uma proximidade semântica no nosso idioma, não podem ser considerados sinônimos quando falamos de pessoas com deficiência e sua entrada no mundo do trabalho. A principal razão está ligada ao entendimento de que práticas integrativas são somente um primeiro passo no processo de socialização da PcD, favorecendo uma visão voltada às potencialidades do indivíduo, porém sem necessariamente apoio ao enfrentamento de barreiras arquitetônicas e atitudinais comuns ao ambiente laboral.

Essa é a visão e o alerta apontados por diferentes estudiosos que exploram a questão, deflagrando uma realidade em que o agente é obrigado, seguindo essa lógica, a se adaptar ao meio ao qual está inserido, revelando uma situação de exclusão – afinal, só são contratados PcDs capazes de superar os obstáculos para exercer as suas funções profissionais.

---

61 RIBAS, J.B.C. *O que são deficientes*. São Paulo: Brasiliense. 2003

Sob esse ponto de vista, como ressalta um projeto da Fundação Banco do Brasil e da Agência de Notícias dos Direitos da Infância (ANDI),[62] é feita uma seleção de quais seres humanos têm direito a frequentar escolas, parques, ambientes de trabalho, no convívio social e em todos os lugares. De acordo com os especialistas em Previdência Social e Saúde Pública Alano Macedo e Thaynah Araújo,[63] esse modelo foi praticado por muitos anos até a década de 1980, quando foi denunciado sob o argumento de que admitia a inserção na sociedade das pessoas com deficiências aptas a se locomover, se comunicar, trabalhar, estudar, compreender e apreender. Caso não estivessem nesse nível de prontidão, deveriam se esforçar para tal, em um curto espaço de tempo. Assim, eram realizadas, no máximo, pequenas adequações na calçada ou nos banheiros. Uma criança com deficiência intelectual, por exemplo, era recebida em sala de aula somente se pudesse "acompanhar a turma", colaborando para uma ampla evasão escolar. Para João Ribas,[64] head de Diversidade & Inclusão da Serasa Experian e autor de *O que são deficientes,* o ritmo de aprendizado é diferente para o indivíduo com e sem deficiência intelectual e isso é uma realidade que transcende as intenções positivas dos profissionais da educação que buscam a integração como um meio viável de exposição evolutiva ao mundo pela pessoa com deficiência.

Nesse contexto, o professor de Economia e Filosofia da Universidade de Harvard Amartya Sen, ao discutir sobre diversidade humana e a perspectiva da igualdade, afirma que "os seres humanos diferem uns dos outros de muitos modos distintos",[65] sendo que tais distinções vão além das diferenças em relação às características externas e circunstanciais, havendo ainda as características pessoais (aptidões físicas e mentais), consideradas elementos essenciais para avaliar a desigualdade.

A realidade do ambiente escolar em muito demonstra-se similar com o ambiente das organizações, o que acaba por ser reproduzido, tornando o ato integrador como um padrão, embora o corpo e mente humanos não se apresentem dessa maneira no mundo, sendo esta uma premissa fundamental para o entendimento e tratamento dos indivíduos na sociedade.

---

62 VIVARTA, V. *Mídia e deficiência.* Brasília: Fundação Banco do Brasil, 2003.

63 MACÊDO, A.C.; ARAÚJO, T.B. Trabalhador com deficiência e previdência social. São Paulo: Ser. Soc. Soc. N.º 135, Agosto de 2019. Disponível em: http://dx.doi.org/10.1590/0101-6628.177. Último acesso: 1 set. 2019.

64 RIBAS, J.B.C. *O que são deficientes.* São Paulo: Brasilense. 2003.

65 SEN, A. *Desenvolvimento como liberdade.* São Paulo: Companhia das Letras, 2010

E por sermos seres únicos, manifesta-se dentro das organizações potencialidades singulares igualmente únicas, pois diferentes habilidades orientadas a objetivos comuns apresentam diversas alternativas para a solução de problemas complexos.

No mesmo sentido, o psicólogo Edgar Henry Schein também define o valor da diversidade dentro das organizações como algo a ser interpretado a partir da afirmativa de "que a natureza humana é complexa e maleável que não se pode fazer uma declaração universal sobre ela".[66] Ao contrário, "deve-se estar preparado para a variabilidade humana", que contribui com o desenvolvimento da cultura organizacional, tornando-a plural, desde que alinhada com os gestores da empresa, onde em caso contrário "resultarão em práticas inconsistentes e confusão".[67]

Para Dave Ulrich, professor universitário e um dos principais pensadores sobre a área de Recursos Humanos (RH), espera-se que os profissionais dessa área sejam mais "sensíveis à demografia global", atuando como agentes de mudança. Para tanto, é "necessário respeitar as pessoas com experiências diferentes, mas também conectar essas diferenças na organização", a fim de potencializar o valor da diversidade na cultura como "algo que separará as empresas do futuro, das empresas do passado".[68] No seu entendimento,[69] assim como no manifestado pelo professor da Universidade de Buffalo, Brian E. Becker,[70] decodificar de modo valorativo os impactos de se "abraçar" a diversidade, indo além de apenas aceitá-la, ou ainda, tolerar a existência de pessoas diferentes dentro de uma organização, torna a cultura organizacional ainda mais produtiva e, ao fim do dia, ainda mais humana.

Quando se discute inclusão, é importante compreender que o mero acesso aos normais atos da vida não necessariamente promovem essa verdadeira participação da sociedade que rodeia o PcD.

Corrobora com este entendimento, o economista Marcelo Neri,[71] ao defender que é preciso pensar que todas as pessoas com deficiência

---

66 SHEIN, E.H. *Cultura Organizacional e Liderança*. São Paulo, Atlas, 2009.

67 *Idem*.

68 ULRICH, D. et al. *Competências globais do RH*. Porto Alegre: Bookman, 2014.

69 ULRICH, D. et al. *A transformação do RH*. Porto Alegre: Bookman, 2011.

70 BECKER, B. et al. *Gestão estratégica pessoas com "scorecard"*: integrando pessoas, estratégias e performance. Rio de Janeiro: Elsevier, 2001.

71 NERI, M. *Retratos da deficiência n Brasil (PPD)*. Rio de Janeiro: FGV/IBRE, 2003.

podem executar atividades sociais desde que o ambiente ao redor seja adaptado à sua limitação. As potencialidades da PcD devem ser reveladas em um ambiente que permita tal prática, sendo compatível a atividade e sua limitação.

Figura 12
Inclusão ou exclusão?

No pensamento inclusivo as decisões são guiadas pela certeza de que o direito de escolher seres humanos, em detrimento de sua limitação ou potencialidade, é fisiologicamente ilegítimo e, no Brasil, inconstitucional.

No entendimento do consultor Romeu Kazumi Sassaki, a inclusão social "pode ser entendida como um processo pelo qual a sociedade se adapta para poder incluir todas as pessoas",[72] assegurando seu direito de ir e vir. Esse pensamento inclusivo, reforçado por um grande número de estudiosos e especialistas,[73] [74] [75] surgiu apenas na década de 1990, quando foi revelado o "paradigma da inclusão", ao transpor a ideia de que a sociedade deve providenciar modificações estruturais e conjunturais de modo que qualquer pessoa, tendo ou não deficiência, possa exercitar seus direitos e deveres dentro da comunidade a qual está inserida.

---

72 SASSAKI, R.K. *Vida independente*: História, movimento, liderança, conceito, filosofia e fundamentos; reabilitação, emprego e terminologia. São Paulo: RNR, 2003.

73 BAHIA, M.S. Responsabilidade social e diversidade nas organizações: contratando pessoas com deficiência. Rio de Janeiro: Qualitymark, 2006.

74 URIBE, J.F.Q.; MONTOYA, M.L.O. Discapacidad, diversidad e inclusión: concepciones de fonoaudiólogos que trabajan en educación inclusiva. Colombia: *Rev. Fac. Nac. Salud Pública*, 2018. Disponível em: https://creativecommons.org/licenses/by-nc-sa/4.0/. Último acesso: 15 set. 2019.

75 MACÊDO, A.C.; ARAÚJO, T.B. Trabalhador com deficiência e previdência social. São Paulo: *Ser. Soc. Soc.* N.º 135, Agosto de 2019. Disponível em: http://dx.doi.org/10.1590/0101-6628.177. Último acesso: 1 set. 2019.

Neri, da Fundação Getúlio Vargas, reforça em sua obra que, para levar a cabo a inclusão em detrimento da integração, é necessário a derrubada de barreiras funcionais, como adaptações prediais e acomodações de estrutura do ambiente, além das sociais, como preconceito, discriminação e o mito da ineficiência, de forma a suprimir qualquer estado de desvantagem em relação aos demais funcionários. De acordo com Oliveira e Resende, a inclusão constitui um processo bilateral, no "qual as pessoas ainda excluídas e a sociedade buscam, de forma conjunta, resolver os problemas, decidir sobre soluções e efetivar a equiparação de oportunidades", beneficiando todos os agentes dentro de um senso coletivo.

Para o juiz e professor da Universidade Federal de Goiás Platon Teixeira de Azevedo Neto, a falta de adaptação do ambiente de trabalho é uma forma de discriminação à PcD, "caracterizada não somente em atos, mas também se houver a omissão à inclusão delas no ambiente de trabalho, salvo se a adaptação acarretar ônus excessivo ao empregador".[76] Vivarta reforça em seu trabalho que incluir, como filosofia, remete à crença de que todos têm direito a participar ativamente da sociedade; como ideologia, faz referência à superação de barreiras cristalizadas em torno de grupos estigmatizados[77].

Figura 13
Inclusão, segundo o dicionário

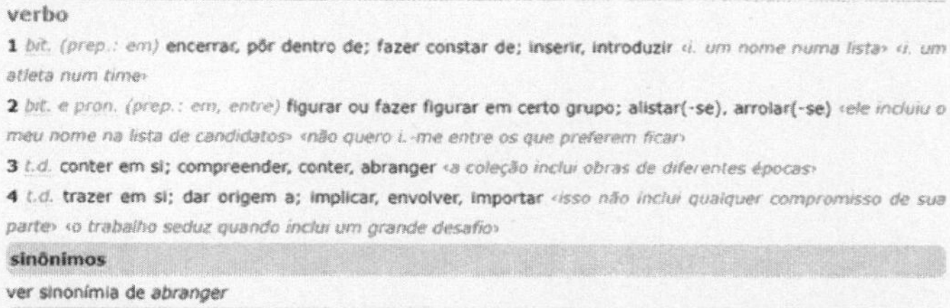

incluir (1550 DPPI II 25-26)

| princ. | conj. | etim. | gram. |

verbo

1 *bit. (prep.: em)* encerrar, pôr dentro de; fazer constar de; inserir, introduzir *‹i. um nome numa lista› ‹i. um atleta num time›*

2 *bit. e pron. (prep.: em, entre)* figurar ou fazer figurar em certo grupo; alistar(-se), arrolar(-se) *‹ele incluiu o meu nome na lista de candidatos› ‹não quero i.-me entre os que preferem ficar›*

3 *t.d.* conter em si; compreender, conter, abranger *‹a coleção inclui obras de diferentes épocas›*

4 *t.d.* trazer em si; dar origem a; implicar, envolver, importar *‹isso não inclui qualquer compromisso de sua parte› ‹o trabalho seduz quando inclui um grande desafio›*

sinônimos
ver sinonímia de *abranger*

antônimos
excetuar, excluir; ver tb. antonímia de *abranger*

Fonte: Houaiss Online.

---

76 AZEVEDO NETO, P.T. *O trabalho decente como um direito humano*. São Paulo: LTr, 2015.

77 VIVARTA, V. *Mídia e deficiência*. Brasília: Fundação Banco do Brasil, 2003.

Ainda que todos os seres humanos sejam diferentes em relação a características, dons e aptidões, são também iguais no que tange aos direitos e deveres. A inclusão social é o levante integrativo, advindo de diversas áreas das ciências e de segmentos sociais, em um movimento conjunto de toda a comunidade para uma atitude verdadeiramente inclusiva, capaz de gerar mudanças frente ao *status quo*.[78]

Assim sendo, voltando a uma das primeiras figuras apresentadas neste livro e reforçando o conceito apresentado nela:

Figura 14
Mais do que uma simples questão de semântica

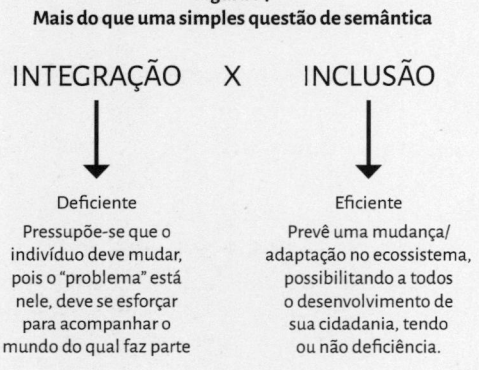

INTEGRAÇÃO   X   INCLUSÃO

Deficiente

Pressupõe-se que o indivíduo deve mudar, pois o "problema" está nele, deve se esforçar para acompanhar o mundo do qual faz parte

Eficiente

Prevê uma mudança/ adaptação no ecossistema, possibilitando a todos o desenvolvimento de sua cidadania, tendo ou não deficiência.

Fonte: Elaboração própria

A inclusão é, portanto, para todos – afinal, somos todos diferentes e carregamos limitações – algumas, aparentes; outras, pouco perceptíveis a olho nu. Ao fim e ao cabo, o termo "inclusão" prevê uma adaptação social para que a igualdade ocorra entre os mais distintos indivíduos.

Nesse sentido, vale ampliar o escopo da discussão para a palavra "igualdade", entendida pelo ponto de vista jurídico como um princípio fundamental, previsto no *caput* do artigo 5º da Constituição de 1988, que exige um aprofundamento em alguns conceitos presentes no ordenamento jurídico nacional, voltado para uma compreensão da sua inter-relação com o tema enfrentado até aqui.

Para o jurista José Afonso da Silva, a discussão sobre o conceito de igualdade, com posições consideradas "extremadas", já levou ao en-

---

78 OLIVEIRA, A.L.M.; RESENDE, M.C. Oficinas vivenciais: reflexões sobre direitos humanos de pessoas com deficiências. São Paulo: Psicologia Escolar e Educacional, 2017. Disponível em: http://dx.doi.org./10.1590/2175-3539/2017/02121118. Último acesso: 1 set. 2019

tendimento de que a desigualdade é caracterizada no universo.[79] Já para o desembargador Ricardo Tadeu Marques da Fonseca, a busca por igualdade ultrapassa fronteiras temporais, existindo desde o início da humanidade e muitas vezes se apresentando, ao longo dos tempos, como uma luta por igualdades travadas entre "cidadãos e escravos, entre nacionais e estrangeiros, entre homens e mulheres, igualdade racial em todos os aspectos".[80] Essa batalha, o autor reforça, "aperfeiçoa-se, com avanços e retrocessos, ganhos e perdas", mantendo-se atual, marcando cada vez mais presença na sociedade.[81] O jurista e cientista político Paulo Bonavides chegou a afirmar que, entre tantos direitos fundamentais, a igualdade é aquela "que mais tem subido de importância no direito constitucional de nossos dias [...] o direito chave, o direito-guardião do Estado social".[82]

Logo, a associação da justiça com o princípio da igualdade é mais do que viável. Reforçando essa afirmativa, Amartya Sen define que "a ideia de equidade se alicerça na base da concepção de justiça", elevando a igualdade entre agentes a um novo patamar a ser perseguido – o tratamento equitativo.

Contudo, há um entendimento antagônico nas lições de um dos ministros do Supremo Tribunal Federal, Alexandre de Moraes, quando se estuda o princípio da igualdade a ser ponderado na análise desse elemento fundamental. Na sua visão, o tratamento desigual dos casos desiguais, "na medida em que se desigualam, é exigência tradicional do próprio conceito de justiça".[83] Esse pensamento deflagra um grande dilema filosófico, uma vez que questiona parâmetros ou tolerâncias de igualdade utilizados para reger as relações entre desiguais, ou, ainda, como manter uma ideia de igualdade e, ao mesmo tempo, preservar uma ideia de justiça no tratamento dessas pessoas tidas como desiguais.

A verdade é que a concepção de igualdade percorreu um longo trajeto até chegar aos níveis atualmente conhecidos, transpondo guerras idealizadas e apaixonadas, debates acalorados e duradouros, além de

---

79 SILVA, J.A. *Curso de Direito Constitucional*. São Paulo: Malheiros, 2005.

80 FONSECA, R.T.M. *O trabalho da pessoa com deficiência e a lapidação dos direitos humanos*: o direito do trabalho, uma ação afirmativa. São Paulo: LTr, 2006.

81 *Idem*.

82 BONAVIDES, P. *Curso de direito constitucional*. São Paulo: Malheiros, 2004.

83 MORAES, A. *Direito Constitucional*. São Paulo: Atlas, 2003.

uma doutrina dominante, que nos remete à Revolução Francesa, de 1789, como berço desse importante conceito.

Figura 15
Herança do Século das Luzes

Liberdade, Igualdade & Fraternidade
O Lema da Revolução Francesa

Fonte: Elaboração própria

Tanto Moraes, quanto a advogada trabalhista Cibelle Linero Goldfarb, resgatam a Declaração de Direitos do Homem e Cidadão de 1789, fruto da revolução burguesa, como sendo a gênese do conceito, ainda que extremamente formal, da igualdade. Dentro do modelo apresentado, ela deveria ser observada na aplicação de leis, deixando recair um mesmo manto de proteção e ameaça a todos, sem distinção alguma. No entendimento de Fonseca, a subordinação à primazia das leis, de acordo com o modelo francês, denotava uma supressão de muitos interesses coletivos em detrimento da legislação positiva, da aplicação distante do julgador, que defendia esse formato pela concretização da vontade da maioria.[84]

Esse pensamento formalista e rígido criou uma disparidade social muito avançada na França. Tratar igualmente desiguais é um ato de promoção à injustiça, visto que, para que a justiça seja efetivamente justa, explica a defensora pública Élida Séguin, ela precisa ser relativa e real. Para Goldfarb e Sen, a igualdade calcada em tais fundamentos era um "princípio simbólico" ou um "princípio artificial". É por isso que Fonseca apresenta a concepção aristotélica de que "a igualdade permite que se trate desigualmente o desigual, na proporção da diferença". Tal concepção impulsionou a distinção existente nos dias de hoje e baseada em duas perspectivas diferentes: igualdade formal e igualdade material.

Doutor e mestre em Direito das Relações Sociais, o professor Sandro Nahmias Melo explica em *O direito ao trabalho da pessoa portadora de deficiência* que a igualdade formal, ou aquela perante a lei, ocorre "quando

---

84 FONSECA, R.T.M. *O trabalho da pessoa com deficiência e a lapidação dos direitos humanos*: o direito do trabalho, uma ação afirmativa. São Paulo: LTr, 2006.

vislumbramos a regra isonômica no sentido de não admitir qualquer privilégio, tampouco qualquer ato discriminatório".[85] Encontra-se ao lado desse princípio a igualdade material, sendo que esta, por sua vez, "cuida de realçar direitos de pessoas ou grupos de pessoas, os quais necessitam de proteção especial, especificando [...] tais situações".[86]

Pode-se entender, portanto, que a igualdade formal é a mera aplicação do direito em relação à coletividade, sem qualquer distinção. Em um movimento chamado de Constitucionalismo Social, a Constituição alemã de Weimar, de 1919, agrega o princípio da igualdade de todos perante a lei, ou seja, a ideia de existência digna do homem, tornando o foco central do ordenamento jurídico da época o princípio da dignidade da pessoa humana, o que impôs um raio limitado de atuação do Estado nas relações individuais. Para especialistas e acadêmicos dedicados aos estudos do tema, isso criou condições de uma real vivência e desenvolvimento da liberdade e personalidade individuais, um primeiro passo em direção ao cuidado com o social, com o indivíduo e sua necessidade dentro do mundo igualitário.[87] [88] [89] Nesse sentido, Amartya Sen recorda que o exercício da liberdade é medido "por valores que, porém, por sua vez, são influenciados por discussões públicas e interações sociais, que são, elas próprias, influenciadas pelas liberdades" de interação e participação dentro do ambiente que se relaciona o indivíduo.

85 MELO, S.N. *O direito ao trabalho da pessoa portadora de deficiência*: o princípio constitucional da igualdade – ação afirmativa. São Paulo: LTr, 2004.

86 *Idem.*

87 *Idem.*

88 GOLDFARB, C.L. *Pessoas portadoras de deficiência e a relação de emprego*: o sistema de cotas no Brasil. Curitiba: Juruá, 2007.

89 SEN, A. *A ideia de justiça*. São Paulo: Companhia das letras, 2011.

Figura 17
A República de Weimar

Coube à Friedrich Ebert a missão de criar o primeiro governo republicano em uma Alemanha enfraquecida pela I Guerra Mundial e pelas condições impostas pelo Tratado de Versalhes. Weimar é o nome da cidade onde passou a funcionar a sede do governo e onde foi promulgada a nova Constituição, em 1919. O social-democrata, filho de um mestre-alfaiate, substituiu o Imperador Guilherme II e é hoje considerado um pioneiro da democracia. Ele deixou a presidência em 1925, quando morreu aos 54 anos. A República de Weimar durou até 1933, quando o Partido nazista assumiu poder.

Fonte: DW [90] [91] [92] [93]

O entendimento da necessidade de ser individualizado dentro de um determinado grupo social, bem como as diferenças existentes entre os indivíduos e suas necessidades fundamentais, preconiza o debate ao redor da igualdade material. Nesse sentido, Melo afirma que a igual-

90 "Ascensão de Hitler, há 75 anos, marcou fim da República de Weimar'. DW, 29 de janeiro de 2008. Disponível em: https://www.dw.com/pt-br/ascens%C3%A3o-de-hitler-h%C3%A1-75-anos-marcou-fim-da-rep%C3%BAblica-de-weimar/a-3095383#:~:text=Alemanha-,Ascens%C3%A3o%20de%20Hitler%2C%20h%C3%A1%2075%20anos%2C%20marcou%20fim%20da%20Rep%C3%BAblica,fim%20%C3%A0o%20Rep%C3%BAblica%20de%20Weimar.&text=Em%2030%20de%20janeiro%20de,alem%C3%A3o%20entre%201919%20e%201933. Último Acesso: 21 abr.2021.

91 "A República de Weimar". DW, 5 de abril de 2013. Disponível em: https://www.dw.com/pt-br/a-rep%C3%BAblica-de-weimar/a-890198. Último Acesso: 21 abl. 2021.

92 "1918: Fim da era imperial da Alemanha". DW, 9 de novembro de 2020. Disponível em: https://www.dw.com/pt-br/1918-fim-da-era-imperial-da-alemanha/a-4292820. Último Acesso: 21/04/2021.

93 "Há 150 anos nascia Friedrich Ebert, pioneiro da democracia na Alemanha". DW, 4 de fevereiro de 2021. Disponível em: https://www.dw.com/pt-br/h%-C3%A1-150-anos-nascia-friedrich-ebert-pioneiro-da-democracia-na-alemanha/a-56446248. Último Acesso: 21 abr.2021.

dade material "é aquela que assegura o tratamento uniforme de todos os indivíduos, ocorrendo assim, uma igualdade real e efetiva de todos, perante todos os bens da vida".[94]

A importância de garantir a igualdade material como fundamental para a eficácia do princípio da igualdade transita pela necessidade de tratarmos como iguais somente aqueles que possuem as mesmas condições físicas, psíquicas e econômicas, sendo assim capazes de competir entre si e de se colocar, de igual para igual, nas atividades exigidas pela vida moderna. Entretanto, não se limita meramente a essa possibilidade, mas também à condição do Estado de não tolerar formas de discriminação ou diferenciação de tratamento em detrimento de uma limitação ou dificuldade de realização de um ato da vida. A necessidade do ordenamento jurídico de permitir tratamentos diferenciados a determinados indivíduos repousa no desfavorecimento de alguns agentes dentro de grupos sociais e na fundamental necessidade de equipá-los por meio de medidas protetivas e ações afirmativas promovidas pelo Estado, trazendo para dentro da sociedade um real sentido prático de equidade.

Segundo o jurista e ex-presidente do Supremo Tribunal Federal Joaquim Benedito Barbosa Gomes, pode-se afirmar que esse tipo de manifestação estatal pode ser ilustrado, por exemplo, pela proteção da gestante, prevista no artigo 7°, inciso XVIII, ou ao idoso, prevista no artigo 230, ou, ainda, ao índio, positivado junto ao artigo 227, todos do texto constitucional em vigor.[95] Esse tipo de proteção, do princípio da igualdade material, tem íntima ligação com a tentativa de integração e inclusão da PcD, não restando dúvida quanto à sua necessidade em favor desse grupo, dado o tratamento desigual no acesso a oportunidades que, sem esse tipo de abordagem, não seriam atingíveis, face à limitação existente.

---

94 MELO, S.N. *O direito ao trabalho da pessoa portadora de deficiência*: o princípio constitucional da igualdade – ação afirmativa. São Paulo: LTr, 2004.

95 GOMES, J.B.B. *Ação afirmativa & princípio constitucional da igualdade*: o direito como instrumento de transformação social. A experiência dos EUA. São Paulo: Renovar, 2001.

2.1. BRASIL E SEUS MARCOS LEGAIS CONTEMPORÂNEOS NA PROFISSIONALIZAÇÃO DA PCD

Como já foi dito, a Constituição de 1988 possui um papel fundamental na forma como o ordenamento jurídico e a sociedade como um todo passou a enxergar a pessoa com deficiência. Muito desse processo se deu a partir da adoção de ações afirmativas, amparadas pelo princípio da igualdade material, a qual buscou o legislador suavizar a distância entre a situação real da PcD e sua evolução. Ou, para ser mais específico, um ano depois, com a criação da Coordenadoria Nacional para Integração da Pessoa Portadora de Deficiência (CORDE), a partir da Lei 7.853 de 24 de outubro de 1989, com a qual foi assegurado à pessoa com deficiência o pleno exercício dos direitos individuais e sociais, vedando manifestações preconceituosas de qualquer natureza, delimitando a atuação do Ministério Público (MP). Determina ainda o instrumento, o apoio por parte do governo da formação e da orientação profissional, além de estabelecer a utilização de legislação específica para disciplinar a reserva de mercado da administração pública e do setor privado às PcDs. É um primeiro sinal de mudanças que ocorreriam em termos de movimento em prol da inserção no mercado de trabalho da pessoa com deficiência.

Em 24 de julho de 1991 foi sancionada e entrou em vigor a Lei 8.213, que dispôs sobre os planos de benefícios da Previdência Social. Essa lei ficou conhecida no Brasil como a "Lei de Cotas"[96] em função do disposto em seu artigo 93, em que fica estabelecida a obrigatoriedade de preenchimento de postos de trabalho em sistema de cotas por pessoas com deficiência nas empresas com quadros de profissionais superiores a 100 empregados. Com as atenções voltadas para o campo previdenciário, a legislação inicialmente deixou de despertar no corpo empresarial o zelo e o respeito esperado – em especial, pelo risco de fiscalização quanto ao cumprimento das cotas, a cargo de órgãos previdenciários.

Oito anos depois, o Decreto 3.298/99, que reforçou as disposições do artigo 93 da Lei 8.213/91 e conceituou o que deveria ser considerada uma pessoa com deficiência habilitada a ocupar as cotas, colocou de

---

96 BRASIL. Lei 8.213 de 24 de Julho de 1991. Dispõe sobre os Planos de Benefícios da Previdência Social e dá outras providências. Brasília, DF: Presidência da República. Disponível em: http://www.planalto.gov.br/ccivil_03/leis/l8213cons.htm. Último acesso: 01 set. 2019.

novo o tema em pauta. Instituiu uma mudança fundamental na lei de 1991, estabelecendo a competência de fiscalização, avaliação e controle das empresas pelo Ministério do Trabalho e Emprego (MTE). Essa mudança mudou a mentalidade do empresariado no país, passando esse grupo a encarar com mais seriedade a legislação do início da década.

A promoção da inclusão da pessoa com deficiência fica evidente no artigo 34 do mencionado decreto, como bem aponta Fonseca: é finalidade primordial da política de emprego "a inserção da pessoa com deficiência no mercado de trabalho ou sua incorporação no sistema produtivo mediante regime especial de trabalho protegido."[97] Ainda para o autor, a ideia consiste em impulsionar medidas que permitam à "pessoa com deficiência avançar da condição de cidadão assistido pela sociedade para a posição de cidadão produtivo, independente, por meio de seu trabalho."[98]

Definiu-se, portanto, um papel fundamental do Direito do Trabalho no ordenamento jurídico pátrio no que tange à inclusão social da PcD. Além de garantir o autossustento, o trabalho coloca o homem em condição de adquirir bens e utilidades e o inclui economicamente no mundo do capital possibilitando assim sentir-se em iguais condições com os demais indivíduos inseridos na sociedade.[99]

No Brasil, por força dessas legislações infraconstitucionais, a intenção de inclusão social da PcD se deu pela adoção de ações afirmativas, como fica explícito ao ser mencionada a Lei de Cotas. Os escopos dessas ações afirmativas são de características distintas, sejam de fixar políticas de formação profissional, incentivos fiscais, cotas obrigatórias, cotas estimuladas por incentivos fiscais, conjugando as duas anteriores; seja nos limites e moldes indicados para a realização da contratação e manutenção das pessoas portadoras de deficiência em seus cargos de trabalho.[100]

---

97 FONSECA, R.T.M. *O trabalho da pessoa com deficiência e a lapidação dos direitos humanos*: o direito do trabalho, uma ação afirmativa. São Paulo: LTr, 2006.

98 Idem

99 COSTA, N.R. et al. *Proteção social da pessoa com deficiência no Brasil*. ABRASCO – Associação Brasileira de Saúde Coletiva. São Paulo: Ciência Saúde Coletiva, 2016.

100 PASTORE, J. *Oportunidades de trabalho para as pessoas com deficiência*. São Paulo: LTr, 2000.

Figura 18
A importância de um decreto

Quem fiscaliza?

A mudança de um órgão para outro, da Previdência Social para o MTE, poderia ser mera formalidade, mas aumentou a legitimidade da conhecida de "Lei de Cotas". Dignificou o trabalho para a PCD e abriu espaço para ações afirmativas, que ajudam na conscientização e, principalmente na inclusão.

Fonte: Elaboração própria

Ainda no entendimento de Fonseca, as ações afirmativas importam em uma postura "proativa do Estado, manifestada pela lei e pelo judiciário, no sentido de compensar o déficit histórico que gerou a exclusão evidente desse grupo específico" de indivíduos dentro da sociedade. Joaquim B. Barbosa Gomes corrobora essa visão, afirmando que

> ações afirmativas são um conjunto de políticas públicas e privadas de caráter compulsório, facultativo ou voluntário, concebidas com vistas ao combate à discriminação racial, de gênero e de origem nacional, bem como para corrigir os efeitos presentes da discriminação praticadas no passado, tendo por objetivo a concretização do ideal de efetiva igualdade de acesso a bens fundamentais como a educação e o emprego.[101]

Segundo Neri, da FGV, a reserva legal de vagas ou cotas "é um sistema voltado para a inserção e participação de pessoas com deficiência no mundo do trabalho" e prossegue como um mecanismo compensatório inserido no "contexto de ação afirmativa que busca a igualdade de oportunidades de grupos em relação ao social mais amplo." Entendimento semelhante possui Goldfarb ao apontar as ações afirmativas como remédios ou medidas tendentes a compensar a fragilidade "econômica e social de certas minorias (raciais ou culturais) por políticas de garantia de vagas de trabalho, [...] em escolas [...] e até em hospitais", tudo voltado a trazer um equilíbrio dentro da sociedade, sem prejudicar grupos tidos como "maioria", somente propiciando o alcance de oportunidades por grupos caracterizados por flagelos sociais profundos.

---

101 GOMES, J.B.B. *Ação afirmativa & princípio constitucional da igualdade*: o direito como instrumento de transformação social. A experiência dos EUA. São Paulo: Renovar, 2001.

Para o ex-presidente do STF Joaquim Barbosa há duas esferas que embasam a teoria das ações afirmativas:

- Justiça compensatória: reparar os efeitos da discriminação admitida no passado, buscando restaurar o equilíbrio entre as partes;
- Justiça distributiva: equiparar no presente as oportunidades de maneira justa.

Conforme o entendimento de Oliveira e Resende, para que o paradigma da inclusão social aconteça de fato, a sociedade brasileira "ainda precisa tornar sua prática consistente com seu discurso". E continua: "há que buscar soluções para a convivência na diversidade que a caracteriza, enriquece, dá sentido e significado".[102]

Entende-se, portanto que, a partir da adoção de ações afirmativas, com a promulgação de reserva de posições profissionais em empresas, a caminhada rumo à equiparação de oportunidades está iniciada.

Mas será que a medida realmente contribuiu para a inclusão da pessoa com deficiência no Brasil?

2.2. O MODELO DE COTAS

O sistema de cotas empregatícias não foi uma invenção brasileira – ele surgiu na Europa, no início do século XX, com foco em empregar os soldados de guerra, que precisavam retomar suas atividades laborais e prover recursos e subsistência a suas famílias. O empregador que não podia, por questões técnicas, absorver ex-combatentes tinha a opção de contribuir para um fundo público destinado à habilitação a à reabilitação profissional das pessoas com deficiência. De acordo com Joaquim Barbosa, a evolução deste sistema foi a expansão para outras pessoas que não haviam desempenhado atividades militares em períodos de guerra.

Os primeiros países a adotar esse sistema de cotas foram Inglaterra e Holanda; depois aderiram Grécia e Luxemburgo, seguidas por Espanha, Irlanda, Bélgica e Japão, todos da década de 1960.[103] A partir

---

102 OLIVEIRA, A.L.M.; RESENDE, M.C. *Oficinas vivenciais*: reflexões sobre direitos humanos de pessoas com deficiências. São Paulo: Psicologia Escolar e Educacional, 2017. Disponível em: http://dx.doi.org./10.1590/2175-3539/2017/02121118. Acesso em: 01 set. 2019

103 FONSECA, R.T.M. *O trabalho da pessoa com deficiência e a lapidação dos direitos humanos*: o direito do trabalho, uma ação afirmativa. São Paulo: LTr, 2006.

de 1980, o modelo se expandiu para outros países, vigorando hoje em um grande número de nações. Em algumas delas, como Áustria e Alemanha, os empresários sem condições de contratar essa mão de obra contribuem para um tipo de fundo, como já explicado anteriormente. Entretanto, nos países que adotam o sistema de contribuição pecuniária, a legislação é extremamente severa quanto ao processo de demissão do profissional com deficiência: exige-se, em alguns casos, a autorização prévia de um órgão oficial.[104] [105] [106]

Na América Latina, somente Brasil e Honduras adotam o sistema de reserva de cotas em empresas privadas. Na Argentina, Uruguai e Venezuela há apenas a previsão para o setor público, fazendo com que 1% dos cargos públicos seja preenchido por PcDs. Nos três países citados, bem como em outros países latino-americanos, o governo oferece deduções e abatimentos na esfera tributária para empresas privadas que contratam profissionais com deficiência. A ação destas se limita a este tipo de contraprestação social. Existe ainda um cuidado com a pessoa com deficiência em legislações do Chile, da Colômbia, de El Salvador, do Peru, entre outros, com foco não em cotas, mas na defesa de igualdade de tratamento.[107]

Alinhado à ideia de ação afirmativa praticada em outros Estados, conforme já apresentado, o Estado brasileiro importou o modelo europeu para estimular a contratação de pessoas com deficiência. Na iniciativa privada, o sistema de cotas brasileiro é apresentado, como já foi dito, no artigo 93 da Lei 8.213, promulgada em 24 de julho de 1991, que prevê percentuais objetivos quanto à obrigatoriedade de contratação de PcDs pelas empresas privadas da seguinte forma, *in verbis*:

> Art. 93. A empresa com 100 (cem) ou mais empregados está obrigada a preencher de 2% (dois por cento) a 5% (cinco por cento) dos seus cargos com beneficiários reabilitados ou pessoas portadoras de deficiência, habilitadas na seguinte proporção:

---

104 FONSECA, R.T.M. *O trabalho da pessoa com deficiência e a lapidação dos direitos humanos*: o direito do trabalho, uma ação afirmativa. São Paulo: LTr, 2006.

105 GOLDFARB, C.L. *Pessoas portadoras de deficiência e a relação de emprego*: o sistema de cotas no Brasil. Curitiba: Juruá, 2007.

106 GOMES, J.B.B. *Ação afirmativa & princípio constitucional da igualdade*: o direito como instrumento de transformação social. A experiência dos EUA. São Paulo: Renovar, 2001.

107 COSTA, N.R. et al. *Proteção social da pessoa com deficiência no Brasil*. ABRASCO – Associação Brasileira de Saúde Coletiva. São Paulo: Ciência Saúde Coletiva, 2016.

I - até 200 empregados - 2%;

II - de 201 a 500 - 3%;

III - de 501 a 1000 - 4%;

IV - de 1001 em diante - 5%;

§ 1º A dispensa de trabalhador reabilitado ou de deficiente habilitado ao final do contrato por prazo determinado de mais de 90 (noventa) dias, e a imotivada, no contrato por prazo indeterminado, só poderá ocorrer após a contratação de substituto de condições semelhantes.

§ 2º O Ministério do Trabalho e a Previdência Social deverá gerar estatística sobre o total de empregados e as vagas preenchidas por reabilitados e deficientes habilitados fornecendo-as quando solicitadas, aos sindicatos ou entidades representativas dos empregados.

Conforme apontado por Goldfarb, o Decreto 3.298/99 introduziu algumas disposições adicionais ao conceito de pessoa com deficiência habilitada, bem como delimitou a atuação importante do Ministério do Trabalho e Emprego quanto à fiscalização e à geração de estatística sobre os profissionais PcDs. Tal decreto, que possui importante papel no sentido da política de reserva legal, apresenta a delimitação do público que se quer incluir no mercado formal de trabalho como PcD, no artigo 4º, cuja redação foi alterada pelo Decreto 5.296/04, o qual apresenta os atuais enquadramentos médicos do que são pessoas com deficiência.[108]

São consideradas pessoas com deficiência no Brasil todo indivíduo com alteração, completa ou parcial, de um ou mais segmentos do corpo, capaz de acarretar o comprometimento da função física e apresenta-se sob a forma de:

- paraplegia;
- paraparesia;
- monoplegia;
- monoparesia;
- tetraplegia;
- tetraparesia;
- triplegia;
- triparesia;

---

108 BRASIL. Lei 5.296 de 02 de dezembro de 2004. Regulamenta as Leis nos 10.048, de 8 de novembro de 2000, que dá prioridade de atendimento às pessoas que especifica, e 10.098, de 19 de dezembro de 2000, que estabelece normas gerais e critérios básicos para a promoção da acessibilidade das pessoas portadoras de deficiência ou com mobilidade reduzida, e dá outras providências. Brasília, DF: Presidência da República. Disponível em: http://www.planalto.gov.br/ccivil_03/_ato2004-2006/2004/decreto/d5296.htm. Último acesso: 21 out. 2019.

- hemiplegia;
- hemiparesia;
- ostomia;
- amputação ou ausência de membro;
- paralisia cerebral;
- nanismo;
- membros com deformidade congênita ou adquirida, exceto deformidades estéticas e que não produzam dificuldades para o desempenho de funções.

A deficiência auditiva é considerada a partir da constatação clínica da perda bilateral, parcial ou total, de 41 decibéis ou superior, diagnosticada por audiograma nas frequências de 500 hz, 1000 hz, 2000 hz, e 3000 hz.[109] O indivíduo é enquadrado como deficiente visual, pelo Decreto 3.298/99, quando a acuidade visual for igual ou menor que 0.05 no melhor olho, após a correção possuir baixa visão, considerada segundo Bahia,[110] acuidade visual entre 0,3 e 0,05 no melhor olho, após a melhor correção óptica; ou em casos que a somatória da medida do campo visual em ambos os olhos for igual ou menor que 60°; ou, ainda, quando ocorrer simultaneamente qualquer situação das descritas.

Valendo-se da generalidade da expressão "pessoas com deficiência", o legislador incluiu a deficiência intelectual. É considerado com esta o indivíduo com o funcionamento intelectual individual significativamente inferior à média, desde que manifestada antes dos 18 anos de idade e com limitações associadas a duas ou mais áreas de habilidades adaptativas. Entre as habilidades que se enquadram estão:

- comunicação;
- cuidado pessoal;
- habilidades sociais;
- utilização dos recursos da comunidade;
- saúde e segurança;
- habilidades acadêmicas;

---

109 BRASIL. Lei 3.298 de 20 de dezembro de 1999. Regulamenta a Lei no 7.853, de 24 de outubro de 1989, dispõe sobre a Política Nacional para a Integração da Pessoa Portadora de Deficiência, consolida as normas de proteção, e dá outras providências. Brasília, DF: Presidência da República. Disponível em: http://www.planalto.gov.br/ccivil_03/decreto/d3298.htm. Último acesso: 21 out. 2019.

110 BAHIA, M.S. *Responsabilidade social e diversidade nas organizações*: contratando pessoas com deficiência. Rio de Janeiro: Qualitymark, 2006.

- lazer;
- trabalho.

Por fim, considera-se PcD quem possui deficiência múltipla, isto é, duas ou mais deficiências acima apresentadas. Todos os cidadãos diagnosticados com as doenças elencadas, dentro dos padrões apresentados, estão também amparados pela reserva legal de cotas. O professor Sandro Nahmias Melo reforça que o enquadramento quanto à existência ou não de limitação ocorre por uma análise clínica.

Como bem aponta Bahia, a importância da criação do sistema de cotas no Brasil possui impactos diretos na vida dessa camada social, colocada há muito tempo à margem. Colabora, ainda, para uma suavização da necessidade de utilização de recursos previdenciários tanto para a manutenção, quanto para a sobrevivência do indivíduo, que deixa de recorrer aos cofres públicos para essa finalidade. No entanto, ainda persistem as dificuldades para o cumprimento das cotas estabelecidas para as empresas privadas e públicas, prejudicando aparentemente a materialização da legislação vigente.

2.3. LEI DE COTAS: SOLUÇÃO INCLUSIVA?

Feita a análise sobre as possibilidades de inclusão social da pessoa com deficiência pelas vias legislativas, por meio de ações afirmativas, que possuem o condão de equilibrar as relações entre desiguais, e, por fim, pela Lei de Cotas aplicadas à iniciativa privada, é preciso questionar a garantia de inclusão social de uma camada marginalizada da sociedade pela mera promulgação de um instrumento mandatório determinando a contratação de PcDs.

No entendimento de Melo, não basta a criação, isoladamente, de cotas rígidas. É preciso "uma parceria entre Estado e corpo empresarial, em busca da adoção de ações afirmativas positivas" voltadas à inclusão social. Este é, também, inclusive o entendimento da Organização Internacional do Trabalho:[111]

> Alguns países, por exemplo, introduziram um 'sistema de quotas' que requer que cada empresa propicie um número certo de vagas para portadores de deficiência. Mas, na prática, esses sistemas não resolvem o problema do desemprego dos portadores de deficiência.

---

111 OIT. *Oportunidades de trabalho para portadores de deficiência*: um guia para as organizações de empregadores, Brasília: CORDE, 1994.

Em alguns casos, os empregadores pagavam os portadores de deficiência para ficarem em casa, e os mantinham na folha de pagamento só para suprirem a sua cota. Ou ainda, o empregador preferia pagar as multas a empregar um portador de deficiência Dessa forma, o objetivo primordial de integrar o portador de deficiência na comunidade não é atendido.

Para Neri, o desafio da PcD não é a ausência de leis, mas a eficácia das normas existentes. No estudo realizado pelo autor, fica evidente como o Brasil dispõe das mais avançadas legislações mundiais de proteção da PcD, porém "há uma lacuna grande na sua aplicação prática, ainda arraigada de preconceitos".[112] Esses preconceitos podem ser materializados no descrédito quanto ao desempenho desses profissionais.

Percebe-se, a partir dos preceituados pela OIT e pelos entendimento de estudiosos da temática, o sucesso da política de cotas depende, fundamentalmente, da adesão da sociedade à causa da inclusão social da PcD – caso contrário, modelos do passado serão lamentavelmente reproduzidos, mantendo esse grupo considerável de cidadãos à margem das oportunidades profissionais.

Em muitos países desenvolvidos, há um movimento para se substituir a filosofia do "sistema de cotas" por uma "rede de apoio" que atue na educação, formação, reabilitação, informação, intermediação e criação de estímulos para inserção, retenção e recolocação das PcDs no mercado de trabalho. Uma vez ingressos no mercado, essa assistência é prestada de forma a permitir que esses profissionais construam sua vida da maneira mais próxima possível dos demais.

Cotas isoladas, nas palavras de Goldfarb, mostram-se "ineficientes, em seu lugar deveriam entrar cotas articuladas com contribuições, prêmios, subsídios e benefícios." Pastore destaca que a legislação amarrou a contratação das pessoas com deficiência à "mais difícil modalidade de trabalho nos dias atuais – o emprego com vínculo empregatício, e diretamente ligado à empresa contratante". Para o sociólogo, essa modalidade gera desigualdade e disparidade social, na contramão do que ocorre em outros países do mundo, nos quais já se observa a diminuição do emprego fixo com salário predeterminado e o aparecimento de novas modalidades de trabalho, como o trabalho por projeto ou por temporada, sem vínculo empregatício direto.

Fisioterapeuta e professor da Universidade Estadual da Paraíba, Bertran Gonçalves Coutinho reforça que a Lei de Cotas, bem como os seus dispositivos auxiliares, pressiona o RH a "incorporar projetos inclusivos que propiciem a contratação de colaboradores com deficiên-

---

112 NERI, M. *Retratos da deficiência no Brasil (PPD)*. Rio de Janeiro: FGV/IBRE, 2003.

cia", mesmo sem ter condições ou atividades adequadas, prejudicando, em muitos casos, o desenvolvimento profissional desses agentes.[113] Para o autor, tal compromisso desconsidera "dificuldades contextuais próprias da realidade histórica e social da atividade laboral" brasileira, materializada por indicadores econômicos. Essa visão é corroborada por estudo feito na Universidade Federal do Rio Grande do Sul, publicado na *Revista Brasileira de Educação Especial*. Enquanto em países desenvolvidos a empregabilidade da PcD no mercado formal gira em torno de 30% e 45%, no Brasil "este indicador fica em torno de apenas 2%."[114]

Durante os períodos compreendidos entre 2000 e 2018, o portal Inspeção do Trabalho, levantou o comportamento de posições destinadas a PcDs e confrontou com o número de profissionais enquadrados como pessoa com deficiência contratada.

Para avaliar o resultado, assumiu-se uma escala, dentro dessa janela temporal de 18 anos, que considerou como:

- Péssimo: apenas 0 a 25% das vagas disponíveis ocupadas;
- Ruim: entre 25 e 50% das vagas ocupadas;
- Bom: entre 50 e 75% das vagas ocupadas;
- Ótimo: entre 75 e 100% das vagas disponíveis ocupadas.

Os estados sairiam de uma condição considerada "péssima" para um ambiente tido como "bom". A média consolidada do país no ano de 2018 foi de 50,7%. Embora o nível de contratação possa ser enquadrado como "bom" e esteja alinhada com a evolução observada dentro desta janela temporal, o resultado coloca o Brasil em uma condição limite, uma vez que também indica que metade das posições abertas e colocadas à disposição do PcD no mercado de trabalho nacional não foram fechadas. Logo, uma oportunidade de acesso deste público a uma função remunerada não está sendo aproveitada.

Os números e a sua evolução ficam de modo claro representado pelo **Quadro 2**.

---

113 COUTINHO, B.G. et al. Qualidade de vida no trabalho de pessoas com deficiência física. Trab. Educ. Saúde. v.15, n. 2, p.561-573. Rio de Janeiro, maio/ago, 2017. Disponível em: https://www.scielo.br/pdf/tes/v15n2/1678-1007-tes-1981-77 46-sol00061.pdf. Último acesso: 1 out. 2019.

114 COUTINHO, K.S.; ROGRIGUES, G.F.; PASSERINO, L.M. O trabalho de colaboradores com deficiência nas empresas: com a voz os gestores de Recursos Humanos. Marília: *Rev. Bras. Ed. Esp.*, 2017. Disponível em: http://www.scielo.br/pdf/rbee/v23n2/1413-6538-rbee-23-02-0261.pdf. Último acesso: 1 ago. 2019.

Quadro 2
Índice percentual de vagas ocupadas x vagas reservadas por estado

UF	2000	2001	2002	2003	2004	2005	2006	2007	2008	2009	2010	2011	2012	2013	2014	2015	2016	2017	2018	MÉDIA	MÁXIMA	MÍNIMO
Rondônia	9,3	11,7	19,9	22,0	22,5	33,3	22,2	29,1	32,4	23,8	18,6	28,3	29,6	34,0	42,2	52,6	64,1	68,4	69,7	33,0	69,7	9,3
Acre	2,2	2,6	12,3	13,2	13,2	12,0	10,9	18,0	14,2	21,4	19,7	22,4	26,0	27,4	32,8	41,6	43,7	37,6	39,5	23,2	43,7	2,2
Amazonas	6,9	7,1	23,6	27,5	30,6	30,0	29,4	29,7	28,1	30,6	29,2	31,4	34,4	33,2	37,5	51,1	61,4	59,0	62,6	34,4	62,6	6,9
Roraima	6,0	3,8	22,6	15,6	6,3	4,7	14,6	14,0	16,2	20,5	26,0	36,3	32,7	50,2	40,9	67,1	66,5	66,5	71,9	33,0	71,9	3,8
Pará	11,7	14,5	17,0	21,4	20,6	26,0	25,3	24,8	27,0	29,3	26,3	30,1	29,5	28,0	30,9	44,5	51,9	51,8	49,9	29,6	51,9	11,7
Amapá	16,6	30,6	34,2	29,3	28,3	27,4	31,9	36,4	29,7	24,3	30,1	30,1	26,0	02,8	54,4	55,2	50,7	55,2	51,2	35,1	55,2	16,6
Tocantins	1,8	17,7	16,8	19,5	19,4	33,8	35,4	25,5	25,7	25,8	23,5	32,6	31,9	48,6	44,7	50,7	62,8	68,1	70,8	33,9	70,8	1,8
Maranhão	5,4	9,1	11,6	14,4	18,0	21,8	23,3	25,6	30,6	28,6	32,0	29,7	30,6	22,3	31,6	37,7	42,3	46,7	46,9	27,1	46,7	5,4
Piauí	54,5	8,9	9,2	8,3	8,8	8,9	31,4	38,8	40,2	39,1	40,0	40,0	42,3	42,1	39,3	40,0	39,6	42,8	49,1	32,8	54,5	8,3
Ceará	20,4	20,5	25,7	25,2	29,4	37,2	36,7	39,2	38,0	30,1	41,0	37,2	37,6	43,2	44,7	48,1	51,4	53,0	50,7	37,9	53,7	18,7
Rio Grande do Norte	13,4	16,7	28,1	29,8	31,9	38,8	35,7	36,6	43,0	38,7	36,2	39,0	42,1	49,6	50,8	50,3	64,5	68,7	59,9	39,2	68,7	13,4
Paraíba	17,0	24,4	29,0	29,0	32,4	32,7	33,4	38,2	39,9	40,9	48,3	39,0	39,4	42,8	47,6	49,9	54,0	53,6	58,1	39,4	58,1	17,0
Pernambuco	7,8	10,5	17,3	19,8	19,2	19,6	20,2	22,0	25,2	24,6	25,8	28,1	30,4	32,3	33,8	38,9	41,1	43,7	47,0	26,8	47,9	7,8
Alagoas	12,2	12,8	10,4	11,1	11,4	13,9	15,5	16,4	20,2	20,1	18,8	22,5	26,0	29,1	31,6	33,9	34,8	37,2		20,4	37,2	10,4
Sergipe	10,2	12,8	21,7	31,7	31,1	27,0	19,0	23,4	35,9	30,0	33,1	30,5	33,6	35,8	33,6	37,0	41,0	50,8	62,1	31,7	62,1	10,2
Bahia	8,2	8,0	11,6	14,4	15,1	13,7	17,2	22,6	23,2	23,1	24,3	24,6	24,7	27,9	30,4	34,9	43,1	46,6	48,6	24,3	48,6	8,0
Minas Gerais	9,2	14,4	15,9	18,6	19,0	23,9	22,7	28,0	28,9	29,9	29,0	34,3	30,9	36,0	40,2	46,6	50,4	53,3	55,8	30,7	55,8	9,2
Espírito Santo	16,6	19,0	23,8	24,6	26,1	26,9	28,2	32,6	35,8	37,3	36,6	43,1	47,2	47,6	58,1	63,7	66,8	68,3		39,9	68,3	16,6
Rio de Janeiro	6,9	7,8	10,6	12,8	22,3	14,7	19,4	14,6	16,8	16,7	19,4	20,6	22,4	24,9	27,1	30,8	38,3	38,6		27,4	45,4	6,9
São Paulo	12,0	13,4	14,9	18,7	21,2	23,9	25,8	28,7	30,3	31,9	31,9	32,1	32,7	33,6	38,1	41,4	42,6	40,6		29,3	42,6	12,0
Paraná	8,1	16,9	21,5	21,8	22,3	26,3	25,8	28,5	30,1	30,4	30,9	32,1	32,6	36,0	39,0	43,1	41,4	54,9	56,6	31,9	56,6	8,1
Santa Catarina	17,8	17,8	18,3	20,9	20,2	19,6	18,6	18,7	22,8	22,9	24,1	26,2	30,9	34,0	30,7	42,9	49,0	51,3	57,7	28,9	57,7	17,8
Rio Grande do Sul	11,2	23,6	26,3	30,0	29,4	26,1	26,8	31,8	35,5	38,2	41,0	44,2	46,6	49,4	54,9	58,8	61,1	63,4		38,7	63,4	11,2
Mato Grosso do Sul	8,9	7,3	9,0	11,4	12,2	16,5	15,5	20,3	18,2	20,4	18,5	17,8	18,2	18,9	20,5	21,9	24,9	27,8	33,5	19,0	33,5	7,3
Mato Grosso	20,9	13,8	19,0	25,3	24,3	23,0	19,6	27,2	23,3	23,6	20,6	23,3	23,6	26,1	30,7	36,3	38,4	43,1	46,2	26,9	46,2	13,8
Goiás	9,7	18,9	24,5	26,1	27,2	26,3	24,9	24,3	24,5	22,7	23,9	26,3	27,2	26,9	30,1	37,0	40,9	41,0	44,8	27,8	44,8	9,7
Distrito Federal	5,1	6,6	7,5	8,6	9,7	11,3	27,5	30,4	32,7	37,3	40,2	41,1	42,1	43,5	42,2	47,4	51,5	54,7	55,8	31,5	55,8	5,1

UF	2000	2001	2002	2003	2004	2005	2006	2007	2008	2009	2010	2011	2012	2013	2014	2015	2016	2017	2018
BRASIL	11,2	13,7	15,9	18,8	21,2	22,3	24,4	26,7	28,5	29,7	30,2	31,6	32,1	34,4	36,6	40,6	44,8	47,6	50,7

ÍNDICE

75-100	ÓTIMO
50-75	BOM
25-50	RUIM
0-25	PÉSSIMO

ÍNDICE

75-100	ÓTIMO
50-75	BOM
25-50	RUIM
0-25	PÉSSIMO

Fonte: Elaboração própria

Para analisarmos um índice geral de todas as regiões do Brasil, foi proposto um cálculo de médias já normalizadas, considerando indicadores como: PcD com vínculo empregatício, autos de infração, fiscalizações e percentual de vagas reservadas por vagas ocupadas. Assim, foi possível traçar um ranking dos estados do Brasil.

Dessa forma, ao traçarmos o ranking quanto aos estados com melhores resultados frente ao índice proposto, percebe-se que o estado do Rio Grande do Sul possuiu um melhor desempenho, garantindo que 57% das vagas de trabalho abertas tenham se transformado em contratações de PcDs; é seguido de perto por Ceará (54%), Espírito Santo (53%), Paraíba, Rio Grande do Norte (52%) e o Distrito Federal (51%), todos dentro do que foi considerado um índice "bom" de contratação de PcDs.

Destaca-se, uma vez mais, o papel importante de São Paulo neste levantamento, haja vista que há uma grande concentração de empresas com 100 empregados ou mais, justamente o foco da Lei de Cotas. O estado ficou, nessa janela temporal, classificado como "ruim" na taxa de abertura e preenchimento de vagas, consoante o que o **Quadro 3** apresenta.

Quadro 3
**Ranking de estados com maior taxa de contratação de PcDs frente
ao número de posições à disposição desta população**

Classificação	UF	ÍNDICE FINAL
1º	Rio Grande do Sul	0,57
2º	Ceará	0,54
3º	Espírito Santo	0,53
4º	Paraíba	0,52
5º	Rio Grande do Norte	0,52
6º	Distrito Federal	0,51
7º	Amazonas	0,47
8º	Minas Gerais	0,46
9º	Amapá	0,46
10º	Piauí	0,46
11º	São Paulo	0,46
12º	Paraná	0,44
13º	Tocantins	0,44
14º	Rondônia	0,44
15º	Sergipe	0,43
16º	Santa Catarina	0,43
17º	Roraima	0,41
18º	Pará	0,40
19º	Goiás	0,40
20º	Pernambuco	0,40
21º	Maranhão	0,38
22º	Mato Grosso	0,36
23º	Bahia	0,33
24º	Acre	0,33
25º	Rio de Janeiro	0,30
26º	Alagoas	0,28
27º	Mato Grosso do Sul	0,27

Fonte: Elaboração própria

Ademais, desde o último Censo há o entendimento de que 54% das PcDs em idade laboral não faziam parte do mercado de trabalho no ano de 2010.[115] Isso torna ainda mais alarmante a situação, visto que muito pouco se evoluiu em quase dez anos no país, reforçando que

---

115 IBGE. Censo demográfico: Características gerais da população, religião e pessoas com deficiência. Rio de Janeiro: Censo demográfico, 2010. Disponível em https://biblioteca.ibge.gov.br/visualizacao/periodicos/94/cd_2010_religiao_deficiencia.pdf. Último acesso: 22 set. 2019.

a Política Nacional de Cotas tem sido insuficiente para a inclusão da PcD no mercado de trabalho.[116] É inegável, porém, as mudanças ocorridas desde a promulgação desse sistema. Até então as empresas contratavam profissionais com aptidões técnicas alinhadas ao negócio ou profissionais com experiência prática na atividade fim. A partir do sancionamento da Lei 8.213/91 e de seu posterior Decreto 3.298/99, os critérios passaram a ser outros em face da necessidade de contratar PcDs que muitas vezes nunca haviam trabalhado, conforme reforçam os pedagogos Lucídio Bianchetti e Ida Maria Freire.[117].

Ratificando esse pensamento, Goldfarb afirma, em *Pessoas portadoras de deficiência e a relação de emprego: o sistema de cotas no Brasil*, que considerando o "alto índice de desemprego no Brasil, o baixo índice de escolaridade da população, [...] as empresas argumentam que o cumprimento da legislação não é simples", devendo esta possuir um aporte de maior envolvimento do governo federal, trazendo alternativas ao cumprimento da cota estabelecida.

Em pensamento oposto, Fonseca defende em *O trabalho da pessoa com deficiência e a lapidação dos direitos humanos: o direito do trabalho, uma ação afirmativa* que "as pessoas com deficiência no Brasil tiveram sempre atendimento assistencial e, por isso a sociedade desconhece o potencial produtivo que essas pessoas têm a oferecer". Isso muitas vezes abre margem à geração de preconceitos anteriores à contratação do profissional com deficiência.

Essa análise ganha mais pertinência ao considerar que, além de visar lucro e rentabilidade econômica, a empresa privada possui uma função social, expressa nos artigos 1º, 5º, XXIII e 170 da CRFB/88. É óbvio que não se exige que as companhias abdiquem da rentabilidade. No entanto, como reforça Fonseca, toda organização deve estar ciente do impacto social de sua atividade não só em relação ao emprego, mas também ao meio ambiente e à sustentabilidade social. Seguindo esse raciocínio, o empregador não poderia se eximir de contratar PcDs apenas em função da baixa qualificação técnica, pois há uma responsabili-

---

116 GALVÃO, M. F.G.; LEMOS, A.H.C.; CAVAZOTTE, F.S.C.N. Revisiting the mainstream: the meaning of work for people with acquired disabilities. Disponível em: http://www.scielo.br/scielo.php?script=sci_arttext&pid=S1678-69712018001000604. Último acesso: 1 jul. 2019.

117 BIANCHETTI L.; LUCÍDIO, M.; FREIRE I.M. *Um olhar sobre a diferença*: Interação, trabalho e cidadania. Campinas: Papirus, 2000.

dade na "lapidação" profissional por meio de treinamentos específicos sobre seu produto, mercado, clientes e demais *stakeholders* ligados ao seu negócio. Há ainda uma expectativa quanto ao desenvolvimento de competências técnicas exigidas para o melhor desempenho dos times, tudo realizado internamente, por meio de equipes multidisciplinares e, como reforçam especialistas, com apoio do "Sistema S" ou, ainda, de organizações sociais especializadas no desenvolvimento deste perfil profissional.[118] [119] [120]

Para a consultora Melissa Santos Bahia, a contratação de PcDs, por parte das empresas, faz parte do "compromisso ético de promover a diversidade, respeitar as diferenças e reduzir desigualdades sociais", mantendo o papel e função social dentro da sociedade, colaborando para tornar esta mais inclusiva e promissora a esse público.

Estudo realizado pelo doutor e mestre em direito das Relações Sociais Sandro Nahmias Melo aponta alguns fatores que contribuem para o desafio da inclusão. "O mundo do trabalho não aceita mais pessoas com habilidades específicas", explica, citando efeitos agressivos da globalização da economia, elevados encargos sociais, as altas taxas de juros, entre outros motivos. Dessa forma, é exigido um novo perfil de profissional, com formação básica sólida, senso de inovação apurado, facilidade de socialização e trabalho em equipe, "uma clareza de comunicação e exposição de ideias, e por fim que seja mais versátil", capacitando-o a trabalhar em diferentes postos de trabalho. Essas características muitas vezes enaltecem ainda mais as limitações das pessoas com deficiência.

Ribas corrobora com esse entendimento, ao responder, em *O que são pessoas deficientes?*, à pergunta: "Por que os deficientes são marginalizados e não encontram emprego?". Faz, então, uma forte afirmação sobre o mercado de trabalho e a condição atual retratada no parágrafo anterior:

> Porque vivemos numa estrutura econômica e social que implica alto grau de competitividade a nível de oferta de mão de obra. É, pois, uma estrutura discriminativa. Não é preciso ser deficiente (ser portador de um impe-

118 NERI, M. *Retratos da deficiência n Brasil (PPD)*. Rio de Janeiro: FGV/IBRE, 2003.

119 GOLDFARB, C.L. *Pessoas portadoras de deficiência e a relação de emprego*: o sistema de cotas no Brasil. Curitiba: Juruá, 2007.

120 FONSECA, R.T.M. *O trabalho da pessoa com deficiência e a lapidação dos direitos humanos*: o direito do trabalho, uma ação afirmativa. São Paulo: LTr, 2006.

dimento ou incapacidade) para que os trabalhadores sintam que aqueles que não se adequam ao ritmo de produção – seja ela, em sentido amplo, industrial, comercial ou financeira – não estão aptos para determinadas tarefas sem dúvida alguma é uma questão de aptidão. [121]

Em uma breve reflexão sobre a questão, percebe-se que as exigências profissionais as quais são submetidas as PcDs estão no mesmo patamar dos profissionais que não possuem deficiência, o que em muitas situações os coloca fatalmente, à margem de um processo seletivo, por inadequação ao perfil exigido. Como reforçado por variados autores dedicados ao tema, é preciso buscar alternativas para o desenvolvimento dessa parcela da sociedade, por meio de uma política de inclusão laboral alinhada a uma política educacional.[122] [123]

2.4. O DESAFIO DA EDUCAÇÃO

Vale ressaltar que o Estado possui parcela fundamental na derrubada do argumento da baixa escolaridade para a não contratação de PcDs. Ao fortalecer os sistemas sociais de desenvolvimento educacional e profissional, há muito tempo "apagados" dentro do país, cumprindo mais um papel de "recebedor" de interessados nos desenvolvimentos e profissionalização oferecidas do que de "captador" de jovens à profissionalização, como praticado no passado.

Seguindo esse raciocínio, o reaparelhamento de instituições como o SENAI, tornando-as aptas para receber pessoas com deficiência, é fundamental para o rompimento desse paradigma da inclusão social.[124]

121 RIBAS, J.B.C. *O que são deficientes*. São Paulo: Brasilense. 2003.

122 BAHIA, M.S. Responsabilidade social e diversidade nas organizações: contratando pessoas com deficiência. Rio de Janeiro: Qualitymark, 2006.

123 RODRIGUES, G.F.; PASSERINO, L.M. A formação profissional de pessoas com deficiência e suas repercussões na formação dos professores. *Rev. Bras. Educ. Espec.* vol.24, no.3, Bauru, Jul/Set. 2018. Disponível em: http://www.scielo.br/scielo.php?script=sci_arttext&pid=S1413-65382018000300407. Último acesso: 7 set. 2019.

124 O SENAI faz parte de um conjunto de instituições ligadas ao chamado "Sistema S", criado durante o governo de Getúlio Vargas e orientado para o treinamento profissional, assistência social, consultoria, pesquisa e assistência técnica. O Sistema S visa apoiar o trabalhador tanto no que diz respeito à capacitação profissional quanto em questões ligadas ao bem-estar. Há ainda uma expectativa para o fomento ao

Diante desse cenário, há um consenso na comunidade acadêmica sobre a importância dos profissionais voltados à pedagogia especial, com foco no aprendizado profissional da PcD. Ao aumentar o número de intérpretes de Linguagem Brasileira de Sinais (LIBRAS), por exemplo, valoriza-se também essa camada da sociedade ao promover o sentimento de pertencimento a uma sala de aula, justamente em um dos momentos fundamentais na formação da personalidade dos indivíduos.[125] [126] [127] [128]

Os dados do último Censo estimaram que apenas 21% das pessoas com deficiência em idade escolar no Brasil, compreendido entre a Educação Infantil e o Ensino Médio, encontram-se matriculados e frequentando os ambientes de educação.[129] Recentemente, o Censo Escolar de 2018, realizado pelo Instituto Nacional de Estudos e Pesquisas Educacionais Anísio Teixeira (INEP), ligado ao Ministério da Educação, também reforça essa visão ao apontar que 85,9% dos alunos com deficiência se encontram em classes comuns, distribuídos em 64,6% das escolas brasileiras[130]. A representação visual do que signifi-

empreendedorismo e à inovação, elementos que se percebem carentes na sociedade como um todo ainda nos dias atuais.

125 FONSECA, R.T.M. *O trabalho da pessoa com deficiência e a lapidação dos direitos humanos*: o direito do trabalho, uma ação afirmativa. São Paulo: LTr, 2006.;

126 VIDEA, R.A.P. Comprendiendo la discapacidad intelectual: datos, criterios y reflexiones. RIP: reflexiones en psicología 15: pág. 101 – pág. 122, junio 2016. Disponível em: http://www.scielo.org.bo/pdf/rip/n15/n15_a07. Último acesso: 22 ago. 2019.

127 FREITAS, M. L. et al. A inserção de pessoas com deficiência no mercado de trabalho: uma reflexão à luz da responsabilidade social empresarial. E&G, Economia e Gestão, Belo Horizonte, v.17, n.48, set/dez, 2017. Disponível em: https://doi.org/10.5752/P.1984-6606.2017v17n48p98-118. Último acesso: 1 set. 2019.

128 SILVA, C. A.; MENEZES, M. A.; OLIVEIRA, R.V. Às margens do desenvolvimento: o trabalho das mulheres e a luta por direitos no polo de fruticultura de Petrolina/PE-Juazeiro/BA. *Cad. Pagu*, n.52, Campinas, 2018. Disponível em: http://dx.doi.org/10.1590/18094449201800520008. Acesso em: 23 out. 2019.

129 IBGE. *Censo demográfico*: Características gerais da população, religião e pessoas com deficiência. Rio de Janeiro: Censo demográfico, 2010. Disponível em https://biblioteca.ibge.gov.br/visualizacao/periodicos/94/cd_2010_religiao_deficiencia.pdf. Último acesso: 22 set. 2019.

130 INEP. Censo Escolar 2018. Brasília, 2018. Disponível em: http://download.inep.gov.br/educacao_basica/censo_escolar/apresentacao/2019/apresentacao_coletiva_censo_escolar_2018.pdf. Último acesso: 9 dez. 2019.

cam esses números, quanto à ocupação das escolas comuns, ou seja, com baixa adaptação orientada à acessibilidade, pode ser percebida na figura a seguir

Figura 19
Percentual de alunos com deficiência, transtornos globais do desenvolvimento ou altas habilidades de 4 a 17 anos incluídos em classes comuns por município – 2018

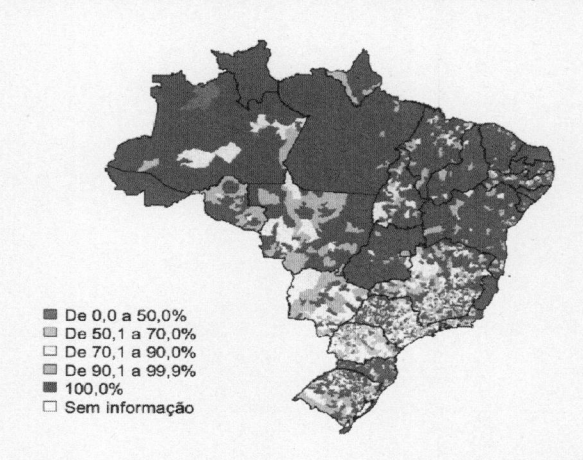

De 0,0 a 50,0%
De 50,1 a 70,0%
De 70,1 a 90,0%
De 90,1 a 99,9%
100,0%
Sem informação

Fonte: Instituto Nacional de Estudos e Pesquisas Educacionais Anísio Teixeira (INEP) (2018)

Percebe-se, na **Figura 19**, uma concentração, quase que em sua totalidade, de pessoas com deficiência em classes comuns nas regiões Norte, Nordeste e Central do Brasil, enquanto nas regiões Sul e Centro-Oeste, a taxa de preenchimento de classes regulares encontra-se em um patamar acima de 90%, índices muito distantes do ideal para alavancar o desenvolvimento humano e atender às expectativas futuras de inserção desse grupo no mercado de trabalho.

O levantamento também identificou uma importante lacuna quanto à acessibilidade dessas instituições para o acolhimento adequado da PcD:

- apenas 39,1% das escolas oferecem os anos iniciais;
- 52,5% oferecem os anos finais;
- 62,5% das que possuem o Ensino Médio possuem banheiros adequados a alunos com deficiência ou mobilidade reduzida.[131]

---

131 INEP. Censo Escolar 2018. Brasília, 2018. Disponível em: http://download.inep.gov.br/educacao_basica/censo_escolar/apresentacao/2019/apresentacao_coletiva_censo_escolar_2018.pdf. Último acesso: 9 dez. 2019.

Nota-se ainda no Censo Estudantil de 2018 uma expressiva redução de classes especiais e escolas exclusivas, além de uma curva exponencial crescente para a ocupação das escolas comuns por parte da PcD. A **Figura 20** demonstra, graficamente, o número de matrículas na Educação Infantil, com uma clara inversão no movimento das linhas em relação à jornada da pessoa com deficiência em busca da formação elementar para crianças nos mais distintos municípios do país.

Figura 20
Educação Especial – Número de matrículas de educação infantil: Brasil 2008–2018

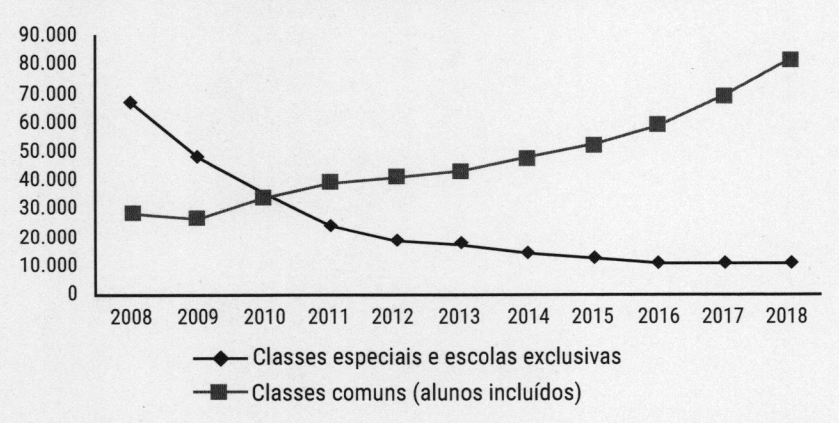

Fonte: Instituto Nacional de Estudos e Pesquisas Educacionais Anísio Teixeira (INEP) (2018)

Veja, na **Figura 20**, a significativa redução de matrículas em classes especiais no Brasil, no intervalo de 10 anos, entre 2008 e 2018. Houve um encolhimento de aproximadamente 70 mil matrículas, no início da série histórica, para apenas 10 mil no final do período de apuração. A situação fica ainda mais grave ao analisar os dados do Ensino Fundamental, conforme demonstrado na **Figura 21**.

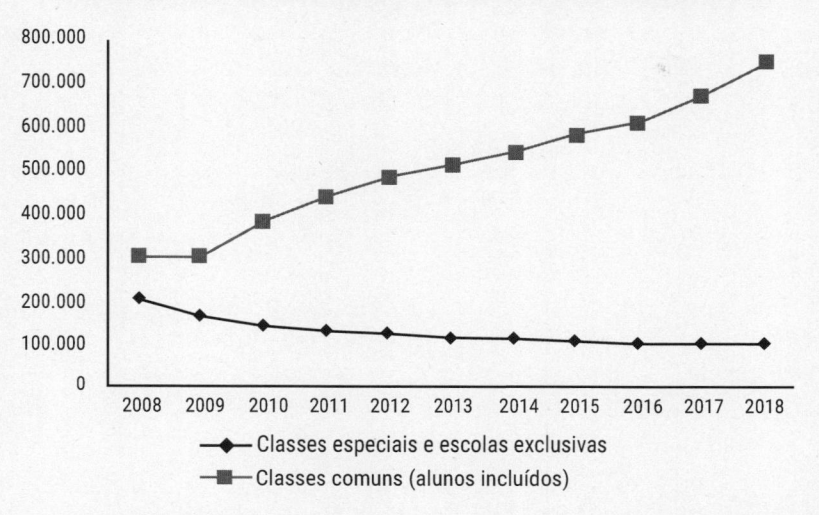

Figura 21
Educação Especial – Número de Matrículas no Ensino Fundamental: Brasil 2008–2018

Fonte: Instituto Nacional de Estudos e Pesquisas Educacionais Anísio Teixeira (INEP) (2018)

O gráfico torna possível compreender que, de 2008 para 2018, o número de matrículas de pessoas com deficiência no Ensino Fundamental em classes comuns mais do que dobrou, enquanto a presença em classes adaptadas caiu pela metade em todo o território nacional. Situação igualmente relevante ocorre no Ensino Médio, conforme apontado pelo Censo Estudantil de 2018.

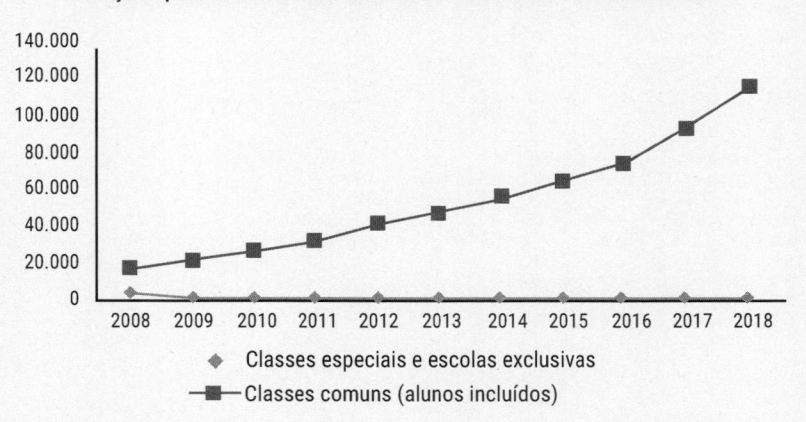

Figura 22
Educação Especial – Número de matrículas no ensino médio: Brasil 2008 – 2018

Fonte: Instituto Nacional de Estudos e Pesquisas Educacionais Anísio Teixeira (INEP) (2018)

O movimento da curva gráfica indica um crescimento de matrículas em classes comuns cinco vezes maior no Ensino Médio do que no início da série, o que aponta para uma realidade preocupante quanto ao ambiente preparado para receber a pessoa com deficiência. Elementos ambientais físicos, recursos humanos colaborativos a esse desenvolvimento ou ainda o material e conteúdo programático dessas aulas ligadas a uma das etapas mais fundamentais do desenvolvimento intelectual da PcD, a educação de base. Em artigo publicado na *Revista Brasileira de Educação Especial*, as docentes Graciela Fagundes Rodrigues e Liliana Maria Passerino reforçam que a preparação e "a formação docente na atuação com PcD [...] transcende uma formação técnica, indicando a possibilidade de ultrapassar uma ênfase na questão prática".[132] Segundo as autoras, "tal conjuntura evidencia a necessidade do conhecimento e da atuação da Educação Especial ultrapassar processos inclusivos de âmbito escolar" tradicional.

Núria Padrós Tuneu, pesquisadora sobre Diversidade na Universidade de Vic, na Catalunha (Espanha), reforça esse entendimento ao mencionar em artigo sobre o tema que "outro aspecto controverso do conceito de inclusão é que muitas vezes utiliza-se como sinônimo a incorporação de alunos com deficiência em classes normais", porém, esquece-se "a inclusão na escola de outros tipos de diferenças", sejam elas "ambientais, de atenção e de formação aos profissionais."[133]

Em sentido oposto, os professores da Fundación Universitaria María Cano, na Colômbia, Jhon Fredy Quintero-Uribe e Mary Luz Osorio-Montoya afirmam, em ensaio, que pensar em "deficiência como defeito também pode levar a pensar em educação inclusiva a partir de ações corretivas e, portanto, exclusivas", vetando a pessoa com deficiência de um convívio que estimule o progresso em meio a pessoas sem aparente deficiência. Para a dupla de catedráticos, o cará-

---

132 RODRIGUES, G.F.; PASSERINO, L.M. A formação profissional de pessoas com deficiência e suas repercussões na formação dos professores. *Rev. Bras. Educ. Espec.* vol.24, no.3, Bauru, Jul/Set. 2018. Disponível em: http://www.scielo.br/scielo.php?script=sci_arttext&pid=S1413-65382018000300407. Último acesso: 7 set. 2019.

133 PADRÓS, N. La teoria de la inclusión entre el desarrollo cientifico y la casualidade cotidiana. XV Coloquio de Historia de la Educación, Pamplona-Iruñea, 29, 30 de Junio y 01 de Julio de 2009. Ed. Universidad Pública de Navarra, 2009. Disponível em: https://dialnet.unirioja.es/descarga/articulo/2962540.pdf. Último acesso: 30 maio 2019.

ter que o conceito de diversidade na sociedade assume "é interessante, como algo típico da natureza ou da sociedade e, portanto, como algo inerente ao ser humano", sendo então "um ensinamento sobre diversidade e sobre educação como um todo mundo."[134]

Com base nos dados capturados, percebe-se que, embora existam entendimentos distintos quanto a perdas e ganhos em manter a PcD em classes comuns, o ambiente pouco adaptado propõe uma árdua jornada para acesso à educação formal disponível nos municípios brasileiros. Pode-se compreender frente ao apresentado que o sistema educacional nacional se ampara através do tempo nos fundamentos da integração deixando a inclusão de lado, o que, ainda que momentaneamente, reforça os elementos dificultadores da inclusão social debatida até aqui.

As figuras 19, 20, 21 e 22, que refletem o Censo Escolar de 2018, bem como a doutrina dominante, deflagram uma situação presente no dia a dia da pessoa com deficiência e revelam a importância de se repensar o valor da adaptação do espaço para receber e propiciar condições iguais de desenvolvimento das atividades, de forma a não prejudicar a atração para a escola.

2.5. A EMPREGABILIDADE

A dificuldade na atração e na captação desses jovens reside, em grande parte, na acessibilidade, item igualmente prejudicial na entrada nas organizações de trabalho, embora exista o direito constitucionalmente garantido à educação, presente no inciso III, do artigo 208 da CRFB/88, além da obrigação da adequação das organizações de ensino.[135]

O paradoxo se constrói e se apresenta como uma fenda no país: de um lado, expectativas do mercado de trabalho; de outro, as possibilidades de entrega da PcD, já que o acesso à educação demonstra-se um obstáculo tão grande quanto a capacidade de adaptação da pessoa com deficiência ao ambiente laboral pouco adaptado à sua presença. Em artigo publicado na *Revista Brasileira de Educação Especial*, as psicólogas Janine Plaça Araújo e Andreia Schmidt destacam que, nesse contexto,

---

134 URIBE, J.F.Q.; MONTOYA, M.L.O. Discapacidad, diversidad e inclusión: concepciones de fonoaudiólogos que trabajan en educación inclusiva. Colombia: Rev. Fac. Nac. Salud Pública, 2018. Disponível em: https://creativecommons.org/licenses/by-nc-sa/4.0/. Último acesso: 15 set. 2019.

135 NERI, M. *Retratos da deficiência n Brasil (PPD)*. Rio de Janeiro: FGV/IBRE, 2003.

um problema de difícil solução e que retroalimenta esta dinâmica no universo da PcD:

> Se as empresas têm uma exigência de pelo menos oito anos de escolarização para contratação de funcionários e se as instituições que atendem PNE's não oferecem esse serviço, certamente tal nível de escolarização só poderia ser atingido por aquelas PNE's que frequentam o ensino regular.
> [...]
> Além disso, é preciso considerar que a matrícula no ensino regular não garante que tais alunos conseguirão completar o ensino fundamental.
> [...]
> As deficiências da educação básica no Brasil são de ordem geral e os dados apresentados pelos relatórios anuais do Ministério da Educação sobre a educação inclusiva no país apontam para uma série de problemas e dificuldades do poder público para oferecer educação formal de indivíduos que apresentem necessidades especiais. [136]

O fator "ensino" é a base elementar para o desenvolvimento da pessoa com deficiência. Conforme reforçam autores até aqui citados, sem educação o acesso ao trabalho será pouco estimulado frente ao empresariado, além de retardar demasiadamente a inserção na sociedade da PcD, dificultando o abandono dos ambientes familiares e restritivos por força do preconceito.[137] [138]

Também na *Revista Brasileira de Educação Especial*, as acadêmicas especializadas em Educação, Graciela F. Rodrigues e Liliana Maria Passerino destacam no estudo "A formação profissional de pessoas com deficiência e suas repercussões na formação de professores" que:

> [...] a formação profissional de PcD não se resume, diretamente, a uma questão de empregabilidade ou à realização de um curso em si, mas a refletir como essas ações poderão viabilizar a continuidade da qualificação pro-

136 ARAÚJO, J.P.; SCHMIDT, A. A inclusão de pessoas com necessidades especiais no trabalho: a visão de empresas e de instituições educacionais especiais na cidade de Curitiba. *Rev. bras. educ. espec.* 2006, v. 12, n.2, pp. 241-254. Disponível em: http://www.scielo.br/pdf/rbee/v12n2/a07v12n2.pdf. Último acesso: 19 jan. 2020.

137 VIDEA, R.A.P. Comprendiendo la discapacidad intelectual: datos, criterios y reflexiones. RIP: reflexiones en psicología 15: pág. 101 – pág. 122, junio 2016. Disponível em: http://www.scielo.org.bo/pdf/rip/n15/n15_a07. Último acesso: 22 ago. 2019.

138 FREITAS, M. L. et al. A inserção de pessoas com deficiência no mercado de trabalho: uma reflexão à luz da responsabilidade social empresarial. *E&G*, Economia e Gestão, Belo Horizonte, v.17, n.48, set/dez, 2017. Disponível em: https://doi.org/10.5752/P.1984-6606.2017v17n48p98-118. Último acesso: 1 set. 2019.

fissional e a ascensão a um trabalho com condições favoráveis de realização pessoal e profissional para o trabalhador. Em se tratando de pessoas com deficiência, a Lei de aprendizagem profissional torna-se um dos caminhos propícios para o mundo laboral, apesar de as políticas de inclusão ficarem à margem desse âmbito, ainda. Desse modo, tal conjuntura evidencia a necessidade do conhecimento e da atuação da Educação Especial ultrapassar processos inclusivos de âmbito escolar e contemplar, também, o laboral pelo viés da EP (Educação Profissional).

Dessa forma, ao longo de tudo aqui apresentado, a dimensão do trabalho demonstra-se fundamental para o desenvolvimento sustentável da PcD. As alternativas para romper as dificuldades empresariais para a contratação de pessoas com deficiência deveriam ser o objetivo principal do Estado. Por meio do trabalho desenvolvido por Goldfarb, é possível identificar modelos adotados em outros países, orientados ao estímulo de práticas inclusivas:

- Primeiramente, a autora entende que é papel fundamental do Estado "promover subsídios para a realização de adequações prediais eventualmente necessárias para o desenvolvimento" profissional.
- Em segundo lugar, devem-se reduzir os valores e alíquotas de "contribuições previdenciárias incidentes sobre o salário das pessoas com deficiência", suportadas pelos empregadores. Entende-se como fundamental a concessão de "incentivos fiscais, como prêmio para as empresas que ultrapassarem a cota" exigida em lei;
- Por fim, verifica-se a necessidade do "cumprimento integral da legislação referente à PcD para a participação de licitações e financiamentos" de recursos dos cofres públicos.

Ainda que tenha-se a visão de que cotas laborais contribuem para o necessário movimento empresarial de contratação de PcDs, há de se entender, conforme lecionam Araújo e Schmidt, que "existem metas de inclusão anteriores ao acesso ao mercado de trabalho e que não estão sendo cumpridas", como o acesso a classes adaptadas e professores preparados para receber as pessoas com deficiência nas escolas na totalidade do Brasil.

Ademais, para a pedagoga Carmeci Maria de Lourdes Freitas, existe ainda a necessidade de preparação e desenvolvimento dos gestores que receberão a incumbência de contar em seu time com uma pessoa com deficiência, sendo que ainda se percebe nos ambientes laborais a presença do preconceito, embora, em sua maioria, velado.[139]

Dessa forma, a partir da melhor doutrina e dos dados levantados pelo IBGE e INEP, fica evidente que não se podem limitar esforços em cumprir ou não cotas profissionais, modelo que, sozinho, não tem sido efetivo no Brasil. Revisitando o ambiente apresentado até aqui, percebe-se que o Estado precisa mudar o seu foco de atuação, do modelo vigente, fiscalizador e punitivo, para um papel de facilitador entre o grupo de profissionais com deficiência e a comunidade empresarial brasileira, auxiliando no processo de colocação e recolocação no mercado de trabalho.

---

[139] FREITAS, M. L. et al. A inserção de pessoas com deficiência no mercado de trabalho: uma reflexão à luz da responsabilidade social empresarial. *E&G*, Economia e Gestão, Belo Horizonte, v.17, n.48, set/dez, 2017. Disponível em: https://doi.org/10.5752/P.1984-6606.2017v17n48p98-118. Último acesso: 1 set. 2019.

Capítulo 3.
O QUE É TRABALHO DECENTE?

O labor é uma condição presente ao longo de toda a existência do ser humano. Desde a afirmativa que "com o suor do teu rosto comerás o teu pão", Adão foi condenado a trabalhar, deixando o paraíso vivido na narrativa bíblica.[140]

Durante muito tempo, o trabalho foi percebido como condição de sofrimento, sendo que, em algumas regiões do planeta e em lapsos temporais definidos, esta era uma atribuição análoga aos castigos.

No entanto, desde 13 de maio de 1888, com a assinatura da Lei Áurea, que aboliu a escravidão no Brasil, há um esforço para atribuir ao trabalho, segundo o professor da Faculdade de Direito da USP e autor de vários livros da área trabalhista Gustavo Filipe Barbosa Garcia,[141] o status de fator primordial para o desenvolvimento das capacidades do homem no Brasil. Essa visão é corroborada por outros docentes como Gabriela Neves Delgado, da Universidade de Brasília (UnB), para quem o trabalho, além de elemento vital, concretiza a identidade social do homem, possibilitando-lhe autoconhecimento e plena socialização, sendo um componente de sua essência humana.[142]

Ao acompanhar o desenvolvimento do conceito de trabalho, no processo de civilização da sociedade organizada, e ao entender a sua necessária existência para a plena vida do ser, é possível identificar todo o tipo de arbitrariedade, abuso e desvios. Já nas civilizações mais antigas,

---

140 GÊNESIS. Gênesis 3:19. Disponível em: https://bibliaportugues.com/genesis/3-19.htm. Último acesso: 28 out. 2019.

141 GARCIA, G.F.B. *Curso de direito do trabalho*. Rio de Janeiro: Forense, 2015.

142 DELGADO, G.N. *Direito fundamental ao trabalho digno*. São Paulo: LTr, 2015.

por exemplo, imperava um desprezo pelas atividades manuais, motivo para a criação do trabalho escravo e tipicamente exploratório.[143]

Figura 23

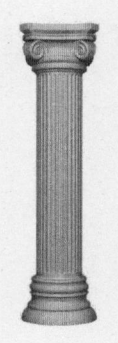

Na Grécia Antiga, os escravos eram capturados durante as guerras e serviam a diferentes propósitos nas cidades gregas. Ocupavam, obviamente, a base da pirâmide. Na Roma Antiga, não era diferente. Uma curiosidade: Epicteto foi escravo de Nero e, entre tantas agruras, tornou-se um dos maiores expoentes da filosofia estoica.

Fonte: Elaboração própria.

A busca pela ampla manifestação do ser humano e de suas potencialidades é, ao fim e ao cabo, um dos objetivos principais da expressão "trabalho decente". O termo nasce como um compromisso pós-período escravocrata, em países que possuíram a exploração da mão de obra africana, em tempos das grandes navegações. Nesse duro período da história, muitas foram as mazelas suplantadas nas relações de trabalho, com a exploração da mão de obra se dando à margem dos entendimentos da dignidade do ser humano. A escravidão advinda das grandes navegações construiu-se sob o duro signo da violência e sofrimento, implantando na sociedade através das gerações elementos segregatórios e ainda carentes de maior discussão em muitos países do mundo, dentre os quais figura o Brasil.[144]

---

143 SILVA, L.M.M.; BERNARDINELI, M.C. *Temáticas do meio ambiente de trabalho digno.* São Paulo: LTr, 2017.

144 GOMES, Laurentino. *Escravidão*: do primeiro leilão de cativos em Portugal à morte de Zumbi dos Palmares, volume 01. Rio de Janeiro: Globo Livros, 2019.

Figura 24
A Escravidão nas Américas de Colombo

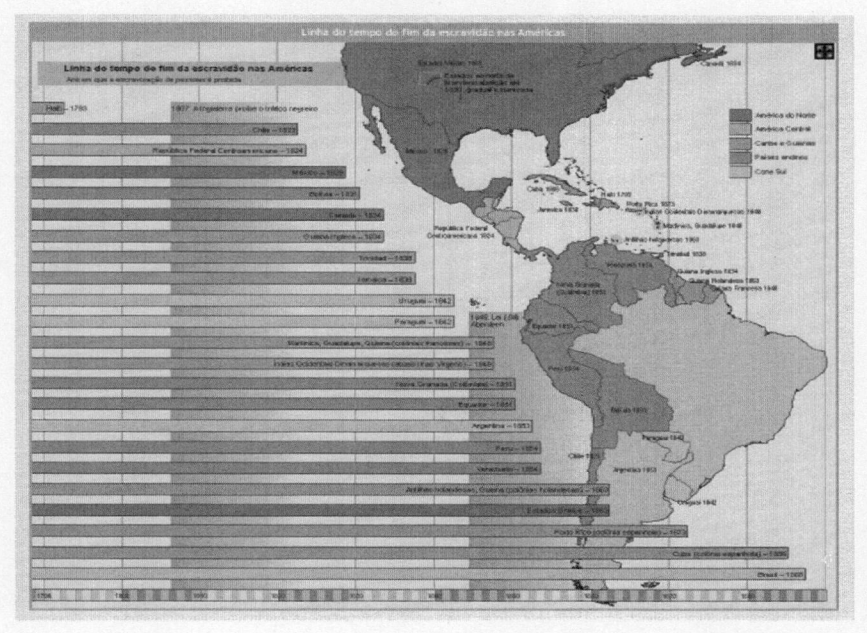

Fonte: O Fim da Escravidão nas Américas – Atlas FGV[145]

Nos dias atuais, são recorrentes os relatos da existência de trabalho forçado ou cativo, sendo ainda percebida a condição análoga à escravidão uma manifestação hereditária desse período vivido no mundo. Atualizada para a realidade do mundo globalizado, a OIT desenvolve estudos em que fica evidente essa situação. Empresas baseadas em localidades remotas do planeta submetem seus profissionais, por meio do emprego não regulado de imigrantes, refugiados, representantes de grupos minoritários e em fragilidade social, ao confisco de seus documentos e demais pertences pessoais, além do confinamento em ambientes impróprios, insalubres e perigosos para o desempenho de suas atividades laborais.[146]

Ainda assim, essa situação parece minimamente regulada ao redor do globo terrestre. Ainda que existam medidas protecionistas de modo amplo, é utópico imaginar que aqueles que vivem de sua força de tra-

---

145 Atlas FGV: https://atlas.fgv.br/marcos/o-fim-da-escravidao/mapas/linha-do-tempo-do-fim-da-escravidao-nas-americas. Último Acesso: 15 mar. 2021.

146 OIT. Trabalho Forçado. https://www.ilo.org/brasilia/temas/trabalho-escravo/lang--pt/index.htm. Último acesso: 18 abr. 2021.

balho tenham iguais condições protetivas nos mais diferentes ecossistemas do planeta, dada a complexidade existente em cada nação em relação às condições de tratamento concedidas ao trabalhador e à sua atividade de agregação de valor.[147] [148] [149]

Diante dessa afirmativa, Delgado declara que a análise em favor de qualquer trabalho digno requer, como elemento fundamental, "o desenvolvimento de interpretações críticas, que considerem a história como elemento integrado" às transformações e às conformações do mundo moderno.[150]

Em seu livro de memórias, o economista Ignacy Sachs define a transição necessária no mundo do trabalho ao

> passar de estratégias de sobrevivência às estratégias de desenvolvimento, (...) oportunidades de trabalho decente, mais produtivo, mais bem remunerado e com acesso à cobertura social. Vasta empreitada, que não poderá ter êxito sem um feixe de políticas simultâneas e convergentes, baseadas no princípio do tratamento desigual dos desiguais, ou seja, da discriminação positiva em favor dos mais fracos. [151]

Desde 1999, a OIT difunde o conceito de "trabalho decente", perseguindo em sua essência a promoção de oportunidades para que homens e mulheres tenham acesso ao trabalho produtivo e de qualidade, em condições de liberdade, equidade, segurança e dignidade humana. Estes são considerados elementos-chave para a superação da pobreza, a redução das desigualdades sociais, a garantia da governabilidade democrática e o desenvolvimento sustentável.[152]

Trabalho decente é também uma dimensão fundamental para o bem-estar de todas as pessoas ao redor do planeta. Nesse conceito, destaca a professora de Direito do Trabalho, Processo do Trabalho e de Direito Previdenciário, Rúbia Zanotelli de Alvarenga, entende-se que o

---

147 AZEVEDO NETO, P.T. *O trabalho decente como um direito humano*. São Paulo: LTr, 2015.

148 ALVARENGA, R.Z. *Trabalho decente*: direito humano e fundamental. São Paulo: LTr, 2016.

149 BRITO FILHO, J.C.M. *Trabalho decente*: análise jurídica da exploração do trabalho. Trabalho escravo e outras formas de trabalho indigno. São Paulo: LTr, 2018.

150 DELGADO, G.N. *Direito fundamental ao trabalho digno*. São Paulo: LTr, 2015.

151 SACHS, I. *A terceira margem*: em busca do ecodesenvolvimento. São Paulo: Companhia das Letras, 2009.

152 OIT. Trabalho Decente. Brasília: OIT, 2019. Disponível em: https://www.ilo.org/brasilia/temas/trabalho-decente/lang--pt/index.htm. Último acesso em: 2 nov. 2019.

indivíduo terá, além de um ambiente saudável, seguro e próspero para desempenhar suas atividades, uma remuneração justa, que contemple todas as suas necessidades, tanto no que tange ao seu sustento, como daqueles que dele dependem economicamente.[153]

Se o trabalho decente está intimamente relacionado ao eixo axiológico do princípio da dignidade da pessoa humana, compreende-se que, como ressalta Delgado, esse é um sustentáculo dos direitos fundamentais, que se conecta a outros elementos primários, garantidores ao homem de uma condição de preservação individual dentro do coletivo, independente da condição de subordinação, inerente a essa atividade.

Demonstrando-se cada vez mais relevante e se sobrepondo à busca por meramente uma posição que garanta o seu sustento, a comunidade mundial passa a perseguir uma condição que aporta o elemento "dignidade" ao universo laboral, uma tarefa nada fácil, como apresentado a seguir.

3.1. O DESAFIO GLOBAL

A virada do milênio elevou as expectativas de vida no planeta Terra a partir da busca por crescimento econômico das nações ao redor do globo. As transformações tecnológicas impactaram profundamente a sociedade e, consequentemente, em maior ou menor grau, o ambiente laboral, conforme relatam os pesquisadores Anatoliy Kolot e Oksana Herasymenko.[154]

---

153 ALVARENGA, R.Z. *Trabalho decente*: direito humano e fundamental. São Paulo: LTr, 2016.

154 KOLOT, A.; HERASYMENKO, O. The deficit of decent work as a global problem of social and labor segment. IEP, n.º 25, 2016. Disponível em: http://oaji.net/articles/2017/875-1485175871.pdf. Último acesso em: 1 mar. 2020.

Figura 25
A evolução da expectativa de vida no mundo e no Brasil

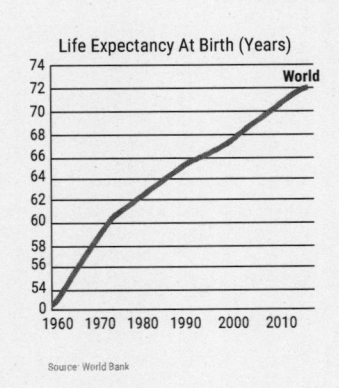

Life Expectancy At Birth (Years)

Source: World Bank

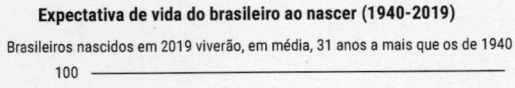

Expectativa de vida do brasileiro ao nascer (1940-2019)

Brasileiros nascidos em 2019 viverão, em média, 31 anos a mais que os de 1940

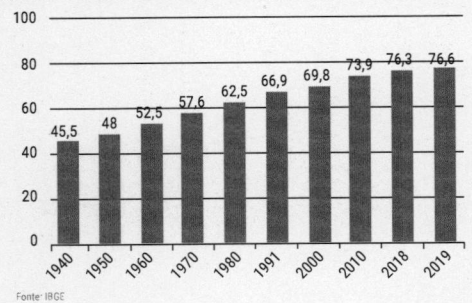

Fonte: IBGE

Fonte: Visual Capitalist;[155] G1[156]

Entre as influências aportadas ao mundo do trabalho estão questões complexas e preocupações que demandam importantes reflexões quanto aos rumos que a função laboral passa a exercer dentro da dimensão social nas diferentes nações ao redor do planeta. Tais questões, reforçam estudiosos contemporâneos do tema, [157] [158] podem ser assim destacadas:

- perspectiva do acelerado crescimento da informalidade;
- elevação da taxa de ocupação de crianças e jovens em idade escolar;
- ocorrência de trabalho cativo ou análogo ao trabalho escravo;
- progressão na disparidade remuneratória entre gêneros.

155 "How Equities Can Reduce Longevity Risk". Visual Capitalist, 15 de Maio de 2019. Disponível em: https://www.visualcapitalist.com/how-equities-can-reduce-longevity-risk/. Último Acesso: 15 mar. 2021.

156 "Expectativa de vida do brasileiro ao nascer foi de 76,6 anos em 2019, diz IBGE". G1, 26 de novembro de 2020. Disponível em: https://g1.globo.com/bemestar/noticia/2020/11/26/expectativa-de-vida-do-brasileiro-ao-nascer-foi-de-766-anos-em-2019-diz-ibge.ghtml. Último Acesso: 15 mar. 2021.

157 HADDAD, M. A.; HELLYER, J. Decent work and social protection in Belo Horizonte, Brazil. Journal of planning education and research, v. 38(I), 2016. Disponível em: https://www.researchgate.net/publication/329815190_Decent_work_and_social_protection_in_Belo_Horizonte_Brazil. Último acesso: 1 mar. 2020.

158 FARIAS, J.M.A. et al. *Trabalho Decente*. São Paulo: LTr, 2017.

Além disso, as mazelas sociais enfrentadas pelas nações em desenvolvimento são completamente diferentes dos desafios existentes nos países desenvolvidos devido a circunstâncias desenvolvimentistas, ao acesso a altas taxas de investimentos em serviços de primeira necessidade na escala social e ao nível de proteção para a saúde, segurança e dignidade do trabalhador.[159] [160] [161]

No Brasil, assim como em outras nações em desenvolvimento, percebe-se um número elevado de trabalhadores enquadrados ao redor da linha da pobreza, envolvidos em atividades ligadas à informalidade. Estudo feito em Belo Horizonte (MG) por Monica A. Haddad e Joshua Hellyer, da Universidade do Estado de Iowa, demonstra que as inseguranças para o profissional ao redor desse tipo de modalidade de trabalho passam por questões de higiene, saúde, segurança, remuneração, proteção previdenciária, tratamento digno e regularidade/previsibilidade da atividade compensatória, tudo isso por força da ausência de regulação e atuação do Estado na totalidade dessas atividades, o que coloca esses trabalhadores em uma condição de distanciamento dos direitos mínimos conferidos a atividade laboral.[162]

159 HOLANDA, M.M. *Análise constitucional do acesso ao trabalho digno, como instrumento do desenvolvimento econômico e social.* Rio de Janeiro: Lumen Juris, 2016.

160 DELGADO, G.N. *Direito fundamental ao trabalho digno.* São Paulo: LTr, 2015.

161 SILVA, L.M.M.; BERNARDINELI, M.C. *Temáticas do meio ambiente de trabalho digno.* São Paulo: LTr, 2017.

162 HADDAD, M. A.; HELLYER, J. Decent work and social protection in Belo Horizonte, Brazil. Journal of planning education and research, v. 38(I), 2016. Disponível em: https://www.researchgate.net/publication/329815190_Decent_work_and_social_protection_in_Belo_Horizonte_Brazil. Último acesso em: 1 mar. 2020.

Figura 26
Um retrato da informalidade no Brasil em 2020

38,4
MILHÕES

- Um Canadá de pessoas dedicadas a atividades informais;
- Principal ocupação em 11 estados brasileiros
- Em 9 estados a taxa de informalidade é superior a 50%

Fonte: Pnad/Folha de S.Paulo.[163]

Desde 2006, o "trabalho decente" figura em agendas e compromissos orientados à evolução dessa temática dentro do país. Com diferentes objetivos e extensão, as iniciativas fracionam a responsabilidade entre estados e municípios, além de envolver lideranças dos setores públicos, privados e ligados a movimentos sociais, ONGs e fundações de amparo ao trabalhador, com diferentes abordagens.

Figura 27
Resumo das agendas pelo Trabalho Decente no Brasil

Título da agenda	Ano	Pricipais compromissos	Extensão de suas iniciativa
Trabalho Decente nas Américas: Uma agenda Hemisférica	2006	1. Cumprimento da legislação do trabalho; 2. Geração de maiores oportunidades para homens e mulheres; 3. Melhorar os sistemas de proteção social e ampliar sua cobertura; 4. A promoção do diálogo social e o fortalecimento das organizações dos atores sociais;	Países membros da OIT nas Américas
Agenda Nacional de Trabalho Decente	2006	1. Gerar mais e melhores empregos com igualdade de oportunidades de tratamento; 2. Erradicar o trabalho escravo e eliminar o trabalho infantil, em especial em suas piores formas; 3. Fortalecer os atores tripartites e o diálogo social como um instrumento de governabilidade democrática;	Brasil

---

163 "Informalidade supera 50% em 11 estados do país, diz IBGE". Folha de S.Paulo, 14 de fevereiro de 2020. Disponível em: https://www1.folha.uol.com.br/mercado/2020/02/informalidade-atinge-recorde-em-19-estados-e-no-df-diz-ibge.shtml. Último Acesso: 15 mar. 2021.

Título da agenda	Ano	Pricipais compromissos	Extensão de suas iniciativa
Plano Nacional de Trabalho Decente	2010	1. Gerar mais e melhores empregos com igualdade de oportunidades de tratamento; 2. Erradicar o trabalho escravo e eliminar o trabalho infantil, em especial em suas piores formas; 3. Fortalecer os atores tripartites e o diálogo social como um instrumento de governabilidade democrática;	Brasil
Agenda Nacional de Trabalho Decente para a Juventude	2011	1. Mais e melhor educação; 2. Conciliação dos estudos trabalho e vida familiar; 3. Inserção ativa e digna no mundo do trabalho com igualdade de oportunidades e tratamento; 4. Diálogo social - juventude, trabalho e educação;	Brasil

Fonte: Elaboração própria.

Esse resumo permite identificar o interesse no crescimento do trabalho decente no país, por força dos documentos firmados, desde o ano de 2006 pelo Governo Federal. Percebe-se que o foco principal dessas agendas centrou-se na busca por ampliação das proteções aos trabalhadores, bem como no avanço de medidas de desenvolvimento para um futuro no mercado de trabalho do país. Apesar do reconhecimento aos movimentos feitos na criação de agendas orientadas, inclusive em âmbito estadual e municipal, como é o caso da Bahia, que concentrou esforços em temas como a erradicação do trabalho infantil e do trabalho escravo, além da promoção da igualdade e da segurança e saúde do trabalhador, ou ainda o proposto pelo munícipio de Belo Horizonte, que firmou em 2008 compromissos junto à OIT para a promoção e elevação dessa dimensão na cidade, especialistas e acadêmicos ressaltam que há ainda muito a se fazer para corrigir discrepâncias e fragilidades no contexto laboral, elevando a preservação da dignidade do trabalhador no país.[164] [165]

Em relatório de tendências do trabalho, publicado pela OIT no ano de 2017, a situação do Brasil foi classificada como preocupante, dado o alto nível de desigualdades sociais, presença da informalidade e desemprego, restrito suporte do Estado e acesso limitado à saúde e à

---

164 BAHIA. Governo da Bahia. Agenda Bahia do Trabalho Decente. Secretaria do Trabalho, Emprego, Renda e Esporte. Salvador: 2011. Disponível em: http://www2.setre.ba.gov.br/trabalhodecente/agenda_bahia_do_trabalho_decente.pdf. Último acesso: 31 mai. 2020.

165 HADDAD, M. A.; HELLYER, J. Decent work and social protection in Belo Horizonte, Brazil. Journal of planning education and research, v. 38(I), 2016. Disponível em: https://www.researchgate.net/publication/329815190_Decent_work_and_social_protection_in_Belo_Horizonte_Brazil. Acesso em: 1 mar. 2020.

educação.[166] Na análise da instituição, essa realidade passou por uma ligeira evolução três anos depois, quando o Brasil foi apontado como membro promissor da macrorregião da América Latina e Caribe. No entanto, é preciso mencionar que muitos dos países relacionados nessa nova versão do estudo se encontravam em regimes bolivarianos, com acesso restrito de boa parte da população ao trabalho regulado, prejudicando desse modo a percepção de progressão nos indicadores sociais ligados ao trabalho.[167]

No artigo publicado no periódico acadêmico *Journal of Vocational Behavior*, os docentes Marcelo Afonso, Marco Antonio Pereira Teixeira e Rodolfo A. M. Ambiel[168] recordam que, no período analisado, o Brasil também passou por uma série de transformações. Além da flexibilização da legislação trabalhista no país, vale destacar o crescente número de terceirizações, informalidade e trabalho intermitente, sem uma prestação remuneratória baseada na previsibilidade de demanda, além do desaparelhamento financeiro das entidades sindicais, o que fez com que a presença e a representação dos trabalhadores fossem diminuídas tanto nas mesas de negociação, quanto na mobilização frente aos empregadores.

Cabe destacar, ainda que brevemente, a desigualdade de gênero no mercado de trabalho. Embora a população brasileira seja majoritariamente feminina,[169] a participação das mulheres na força de trabalho não só é inferior, como a remuneração também é menor, atingindo uma diferença de quase 40% nos salários de cargos gerenciais em com-

---

166 OIT. World Employment and social outlook trends 2017. International Labor Office, Geneva: ILO, 2017. Disponível em: https://www.ilo.org/wcmsp5/groups/public/---dgreports/---dcomm/---publ/documents/publication/wcms_541211.pdf. Último acesso: 1 mar. 2020.

167 OIT. World Employment and social outlook trends 2020. International Labor Office, Geneva: ILO, 2020. Disponível em: https://www.ilo.org/wcmsp5/groups/public/---dgreports/---dcomm/---publ/documents/publication/wcms_734455.pdf. Último acesso: 1 mar. 2020.

168 RIBEIRO, M.A. et al. Decent work in Brazil: context, conceptualization, and assessment. Journal of Vocational Behavior, v. 112. Elsevier, 2019. Disponível em: https://www.sciencedirect.com/science/article/abs/pii/S0001879119300533. Último acesso: 1 mar. 2020.

169 IBGE Educa - Quantidade de homens e Mulheres: https://educa.ibge.gov.br/jovens/conheca-o-brasil/populacao/18320-quantidade-de-homens-e-mulheres.html. Último Acesso: 22 abr. 2021.

paração com os homens.[170] Sabe-se que, além de trabalhar o dobro dos homens,[171] por assumirem mais tarefas domésticas e de cuidados, essa parcela da população foi mais impactada pela pandemia do COVID-19, visto que a taxa de ocupação atingiu, no segundo trimestre de 2020, ainda no início da crise sanitária, níveis somente vistos no início da década de 1990, há 30 anos.[172]

A informalidade e o trabalho por conta própria são um grande desafio e não somente para países latino-americanos, como também na África do Sul, um dos países mais desenvolvidos no continente africano. Há uma dualidade de atividades a ser combatida para a elevação do trabalho decente no país: a informalidade e a condição atípica de trabalho. Segundo estudos realizados por Cohen e Moodley, centrados na condição e cuidado com o trabalho decente na África do Sul, o trabalho informal sul-africano é descrito "como a atividade em situação precária, sem contrato escrito de trabalho e sem benefícios."[173]

Um dos fatores que mais corroboram com essa situação é o "trabalho de fim de semana", propiciado pela indústria do turismo, que acaba por promover uma opressão dos obreiros em condições de amplo descontrole de jornada, levando as pessoas a trabalharem por dias sem o adequado repouso, por uma remuneração exploratória e um distancia-

---

170 "Participação de mulheres no mercado de trabalho tem 5º ano de alta, mas remuneração segue menor que dos homens, diz IBGE". G1, 4 de março de 2021. Disponível em: https://g1.globo.com/economia/noticia/2021/03/04/participacao-de-mulheres-no-mercado-de-trabalho-tem-5o-ano-de-alta-mas-remuneracao-segue-menor-que-dos-homens-diz-ibge.ghtml. Último Acesso: 22 abr. 2021.

171 "Mais homens fazem tarefa doméstica, mas mulheres ainda trabalham o dobro em casa, aponta IBGE". Estadão, 4 de junho de 2020. Disponível em: https://economia.estadao.com.br/noticias/geral,mais-homens-fazem-tarefa-domestica-mas-mulheres-ainda-trabalham-o-dobro-em-casa-aponta-ibge,70003324400. Último Acesso: 22 abr. 2021.

172 "Com pandemia, participação das mulheres no mercado de trabalho é a menor em 30 anos". Estadão, 24 de outubro de 2020. Disponível em: https://www.estadao.com.br/infograficos/economia,com-pandemia-participacao-das-mulheres-no-mercado-de-trabalho-e-a-menor-em-30-anos,1130056. Último Acesso: 22 abr. 2021.

173 COHEN, T.; MOODLEY, L. Achieving "decent work" in South Africa? P.E.R., V. 15, n.º 2, 2012. Acesso em: http://dx.doi.org/10.4314/pelj.v15i2.12. Último acesso: 1 mar. 2020.

mento das liberdades laborais, dos direitos trabalhistas e da segurança da atividade produtiva, conforme destacam vários autores.[174][175]

Outro elemento crescente nesse país do continente africano, que caminha na contramão do pretendido por intermédio do "trabalho decente", é o tratamento desigual entre homens e mulheres por meio de:

- estereotipagem do trabalho feminino;
- desequilíbrio entre a remuneração de homens e mulheres;
- discriminação da maternidade e do trabalho doméstico realizado em descompasso entre os dois gêneros.

Na África do Sul, segundo Cohen e Moodley, as mulheres ocupam aproximadamente 19% dos cargos de liderança, mesmo representando quase 40% dos empregados mais qualificados e quase 44% da mão de obra mais hábil para lidar com situações de complexidade nos negócios.[176]

O trabalho decente, enquanto elemento de atenção na sociedade, não se restringe somente aos países em desenvolvimento. No continente europeu, percebe-se a atenção a essa temática, com um esforço constante da OIT para trabalhar esse conceito com as nações mais desenvolvidas. Portugal é considerado um país com elevada diversidade socioeconômica, além de registrar um êxodo crescente, nos últimos anos, do campo para as estruturadas cidades do ambiente urbano. A mudança não influenciou o comportamento campesino, em que trabalhadores são expostos a jornadas laborais com baixa remuneração e nível alto de trabalho considerado precário. O equilíbrio entre vida pessoal e profissional também é percebido como um tema a ser atacado no país. Diversos estudos[177][178] apontam a necessidade da população por mais espaço para descanso e tempo livre para os tradicionais hábitos da vida em sociedade.

174 OIT. World Employment and social outlook trends 2020. International Labor Office, Geneva: ILO, 2020. Disponível em: https://www.ilo.org/wcmsp5/groups/public/---dgreports/---dcomm/---publ/documents/publication/wcms_734455.pdf. Acesso em: 1 mar. 2020.

175 SILVA, L.M.M.; BERNARDINELI, M.C. *Temáticas do meio ambiente de trabalho digno*. São Paulo: LTr, 2017.

176 *Idem*.

177 FERREIRA, J.A. et al. Decent work in Portugal: context, conceptualization, and assessment. Journal of Vocational Behavior, v. 112, 2019. Elsevier, 2019. Acesso em: https://doi.org/10.1016/j.jvb.2019.01.009. Último acesso: 1 mar. 2020.

178 OIT. World Employment and social outlook trends 2020. International Labor Office, Geneva: ILO, 2020. Disponível em: https://www.ilo.org/wcmsp5/groups/

Em contexto diferente do português se encontra a Itália, um dos países mais impactados na União Europeia (UE) pelo fenômeno do desemprego. Levantamento realizado em 2017 apontava uma taxa de ocupação da população economicamente ativa de 62,3%, sendo que apenas 52,5% das mulheres desse grupo possuíam uma atividade remunerada. As estatísticas renderam à Itália o penúltimo lugar dentro da comunidade europeia, que possuia um objetivo continental de ter 67% da população em idade laboral ocupada até 2020. O último lugar do ranking foi preenchido pela Grécia. A elevada taxa de desocupação, fez com que os salários caíssem a níveis preocupantes, colocando o país na lista de alerta em relação à capacidade de manutenção das necessidades familiares.[179]

Em uma conjuntura híbrida encontra-se a Turquia. Sua política inclusiva, de fronteiras abertas para receber o êxodo populacional de países em guerra ou em graves crises político-institucionais, gerou efeitos colaterais, como a maior taxa de desocupação da UE, além do crescimento exponencial da informalidade, que afeta grupos desfavorecidos no mercado de trabalho, profissionais mais velhos, mulheres e pessoas com deficiência. Estudos publicados no *Journal of Vocational Behavior*[180] demonstram que uma comunidade extensa de refugiados também integra esses grupos. Com baixa escolaridade e desenvolvimento profissional, eles não conseguem participar efetivamente do mercado de trabalho formal.

Agravam esses dados a realidade laboral do país, que atualmente possui uma das mais severas condições de trabalho, dentre os países minimamente regulados, segundo a OIT. O trabalhador na Turquia enfrenta uma jornada de trabalho formal de 46,4 horas semanais, superior à média dos países da UE (37,1 horas), a dos Estados Unidos (34.5 horas) e a do Brasil (44 horas semanais). No que tange à igualdade de gêneros, apenas 32,5% das mulheres estavam empregadas em 2016, data do último Censo realizado no país. Os dados de remuneração são ainda mais preocupantes: as mulheres podem receber até 18% menos

---

public/---dgreports/---dcomm/---publ/documents/publication/wcms_734455.pdf. Último acesso: 1 mar. 2020.

179 FABIO, A.; KENNY, M.E. Decent work in Italy: Context, conceptualization, and assessment. Journal of Vocational Behavior, V. 112, 2019. Elsevier, 2018. Acesso em: https://doi.org/10.1016/j.jvb.2018.10.10014. Último acesso: 1 mar. 2020.

180 BUYUKGOZE-KAVAS, A.; AUTIN, K.L. Decent work in Turkey: context, conceptualization, and assessment. Journal of Vocational Behavior, v. 112, 2019. Elsevier, 2019. Acesso em: https://doi.org/10.1016/j.jvb.2019.01.006. Último acesso: 1 mar. 2020.

que um homem no país. Durante o processo seletivo, sabe-se que, tradicionalmente, elas são questionadas em relação à maternidade, podendo ser preterida por outro candidato caso a resposta seja afirmativa quanto ao desejo de ser mãe. Como se pode imaginar, a situação é ainda mais negativa para comunidade LGBTQIA+, com relatos constantes de humilhações, perda do emprego, assédio sexual e assédio moral institucionalizado dentro das empresas.

Reconhecida globalmente como uma potência econômica, a Suíça possui uma das mais elevadas taxas educacionais do planeta, o que se reflete no índice de 38% dos mais qualificados trabalhadores da UE. Presencia, diferentemente dos demais países europeus já mencionados, um fenômeno atípico: uma percepção de crescimento do emprego nos mercados com maiores demandas de tecnologia, bem como nos segmentos que postulam uma mão de obra menos qualificada ou técnica. Sendo assim, concentra as menores taxas de precarização do universo laboral global – apenas 2,5% das pessoas economicamente ativas atuam em ocupações precárias, segundo estudo publicado no *Journal of Vocation Behavior*. [181]

No entanto, esses fatores não colocam a Suíça em condição favorável quanto à dimensão "trabalho decente". Embora tenha apresentado a menor taxa de desemprego da UE em 2016 (ano estudado), com apenas 4,6% da mão de obra do país sem ocupação, estrangeiros, mulheres, jovens, profissionais com baixa qualificação e imigrantes que não falavam fluentemente os idiomas do país encontravam-se à margem do mercado, com baixa perspectiva de absorção em funções típicas de trabalho. O grupo mais afetado, frente os mencionados, é o feminino, com uma distinção salarial de até 12,5% em relação aos homens. Além disso, aproximadamente 25,4% dos trabalhadores suíços afirmam enfrentar algum tipo de estresse ou pressão excessiva em suas ocupações, acarretando mais licenças médicas – 1,5 a mais que a média dos profissionais da União Europeia. [182]

A análise de dados de Portugal, Itália, Turquia e Suíça, tão diferentes entre si, permite afirmar que, em diferentes escalas e momentos institucionais, há uma urgente demanda por uma evolução nas questões relacionadas ao "trabalho decente". Os pesquisadores desses estudos, além de outros acadêmicos, convergem para o pensamento de que as mudan-

---

181 MASDONATI, J. et al. Decent work in Switzerland: context, conceptualization, and assessment. *Journal of Vocational Behavior*, v. 110, 2018. Elsevier, 2018. Acesso em: https://doi.org/10.1016/j.jvb.2018.11.004. Último acesso: 1 mar. 2020.

182 *Idem.*

ças no mundo do trabalho, influenciadas por fatores internos e externos, apresentam alterações nas dimensões sociais em relação à condição digna, segura, socialmente inclusiva e não precarizada da relação de trabalho. Essas condições devem ser analisadas isoladamente, sem vieses pessoais de governantes, a partir de tendências advindas da média mundial quanto ao tratamento do tema, com escalas de valor em relação à condição individual de uma nação mais favorecida ou à percepção de que, com vantagens tributárias, a informalidade, por exemplo, é aceitável.[183] [184] [185] [186]

Identifica-se, assim, o necessário entendimento quanto ao tratamento do "trabalho decente" enquanto um direito do trabalhador, preceituando elementos basilares da função social do trabalho dentro da sociedade contemporânea, elevando este a membro cativo dos direitos fundamentais de todos os seres humanos.

3.2. O TRABALHO DECENTE COMO DIREITO FUNDAMENTAL

Como recordam o filósofo italiano Norberto Bobbio[187] e a professora de Direito Rúbia Z. Alvarenga,[188] o conjunto de direitos e garantias institucionalizadas, voltadas à erradicação das arbitrariedades estatais e dedicadas a preservação da dignidade do ser humano, conferindo a todos os indivíduos uma vida digna e bem-estar social, são denominados direitos fundamentais.

183 KOLOT, A.; HERASYMENKO, O. The deficit of decent work as a global problem of social and labor segment. IEP, n.º 25, 2016. Disponível em: http://oaji.net/articles/2017/875-1485175871.pdf. Último acesso: 1 mar. 2020.

184 MASDONATI, J. et al. Decent work in Switzerland: context, conceptualization, and assessment. Journal of Vocational Behavior, v. 110, 2018. Elsevier, 2018. Acesso em: https://doi.org/10.1016/j.jvb.2018.11.004. Último acesso: 1 mar. 2020.

185 BUYUKGOZE-KAVAS, A.; AUTIN, K.L. Decent work in Turkey: context, conceptualization, and assessment. *Journal of Vocational Behavior*, v. 112, 2019. Elsevier, 2019. Disponível em: https://doi.org/10.1016/j.jvb.2019.01.006. Último acesso: 1 mar. 2020.

186 FERREIRA, J.A. et al. Decent work in Portugal: context, conceptualization, and assessment. *Journal of Vocational Behavior*, v. 112, 2019. Elsevier, 2019. Acesso em: https://doi.org/10.1016/j.jvb.2019.01.009. Último acesso: 1 mar. 2020.

187 BOBBIO, N. *A era dos direitos*. Rio de Janeiro: Campus, 1992.

188 ALVARENGA, R.Z. *Trabalho decente*: direito humano e fundamental. São Paulo: LTr, 2016.

Por força dos imperativos apresentados sob o condão de proteção de elementos essenciais ao indivíduo, uma das atividades em que se faz necessária a preservação do agente é a dimensão trabalho, forte na existência de subordinação, que nada mais é que manter a pessoa sob comando de outra em troca de dinheiro, elemento vital para a obtenção de seu sustento e de sua família.

Essencialmente, o Direito do Trabalho foi elevado à condição pela Declaração Universal dos Direitos Humanos de 1948. Conforme leciona o juiz Azevedo Neto, foi a partir dela que garantiu-se "toda e qualquer condições justas e favoráveis de trabalho, remuneração justa e satisfatória", sendo que nesta ainda foi incluído um dos elementos principais de atenção a este documento que visava "uma experiência compatível com a dignidade humana."[189]

As atrocidades promovidas pelo holocausto e o regime nazista, que submeteu muitas pessoas à barbárie, levou a Alemanha a positivar o princípio da dignidade humana em sua constituição, colocando o país na condição de berço de tal princípio, como lembra o acadêmico Marcus Mauricius Holanda. O regime de Hitler lesou gravemente a dignidade dos seres humanos a partir de "crimes políticos" que permitiam a usurpação do bem-estar, saúde e até a vida dos, até então, tidos como inimigos.[190]

Desde o ano de 1988, a Constituição Federal (CRFB/88) recepcionou o princípio da dignidade da pessoa humana, por influência de outras constituições (dentre as quais a já mencionada alemã), como sendo o seu principal sustentáculo, pelo qual todo o ordenamento jurídico ampara-se para construir os demais elementos fundamentais para a proteção do indivíduo. Por meio de seu art. 1º, III, o Brasil colocou como um de seus fundamentos tal princípio, sendo que logo na sequência, introduziu os valores sociais do trabalho e da livre iniciativa (art. 1º, IV), posicionando ambos como direitos fundamentais no Estado nacional.[191] [192]

---

189 AZEVEDO NETO, P.T. *O trabalho decente como um direito humano*. São Paulo: LTr, 2015.

190 HOLANDA, M.M. *Análise constitucional do acesso ao trabalho digno, como instrumento do desenvolvimento econômico e social*. Rio de Janeiro: Lumen Juris, 2016.

191 BARROSO, L.R. *Curso de Direito Constitucional contemporâneo*: os conceitos fundamentais e a constituição do novo modelo. São Paulo: Saraiva, 2015.

192 DELGADO, G.N. *Direito fundamental ao trabalho digno*. São Paulo: LTr, 2015.

Nessa toada, Alvarenga afirma que o conteúdo básico do "Direito do Trabalho se insere na busca pela proteção e pela preservação da dignidade do ser humano em todos os seus níveis, seja econômico, social, cultural, [...] ou pessoal". Entende ainda a autora que "os direitos de natureza imaterial, que pretendem tutelar a integridade física, psíquica ou mental, moral, intelectual e social [...] do trabalhador" também fazem parte deste conjunto de elementos fundamentais.[193]

A CRFB/88 reforça a questão ao inserir em seu texto dos Direitos e Garantias Fundamentais (Título II, CRFB/88) o trabalho como um dos elementos-chave dentre o rol de direitos sociais previstos em seu art. 6º, bem como introduz o trabalho como sendo fundamental à ordem econômica, a partir de seu art. 170:

> Art. 6º. São direitos sociais a educação, a saúde, a alimentação, o trabalho, a moradia, o lazer, a segurança, a previdência social, a proteção à maternidade e à infância, a assistência aos desamparados, na forma desta Constituição.
> [...]
> Art. 170. A ordem econômica, fundada na valorização do trabalho humano e na livre iniciativa, tem por finalidade assegurar a todos existência digna, conforme os ditames da justiça social, observados os seguintes princípios:
> [...]
> VIII – busca do pleno emprego.

Como destaca Alvarenga, os artigos supracitados estão muito alinhados à definição da OIT de "trabalho decente", podendo dizer, com base nessa afirmação, que este imperativo internacional foi recepcionado pela Carta Magna brasileira em 1988. Dada a importância, bem como o tratamento cuidadoso do princípio de dignidade da pessoa humana e da valorização do ser humano à luz do trabalho, entende-se este como um princípio basilar do Estado brasileiro, um direito humano e fundamental.

O juiz Azevedo Neto sugere, na obra *O trabalho decente como um direito humano*, que o adjetivo "decente" associado à palavra "trabalho" retira a conotação de sofrimento da dinâmica laboral, perdendo o "sentido de pena ou castigo". Ao ter uma condição protegida e regulada, passa a ser fator de "valorização social e agregador à dignidade da pessoa humana".

Ao assim entender o direito ao trabalho decente, não há meios de afastar esta condição do baluarte dos direitos humanos, que é, também, o direito à liberdade. Para Amartya Sen, "a liberdade política e as

---

193 ALVARENGA, R.Z. *Trabalho decente*: direito humano e fundamental. São Paulo: LTr, 2016.

liberdades civis são importantes por si mesmas, de um modo direto", por assim dizer, não sendo "necessário justificá-las", por se tratar evidentemente de um direito fundamental.[194] Ainda assim, é imprescindível elencar a liberdade como um pressuposto fundamental ao trabalho decente, bem como à condição de atingimento deste pelo trabalhador.

Seguindo o entendimento de que a liberdade é um elemento chave para a construção das bases do "trabalho decente", outro direito fundamental imprescindível é a igualdade, sem a qual não há garantia de tratamento justo na esfera laboral. Estudos de vários autores destacam a disparidade de remuneração entre homens e mulheres, as diferenças raciais e toda a carga pesada embriagada pelo racismo. É, sem dúvida, uma fronteira ainda a ser desbravada pelas pessoas com deficiência, que embora tenham conquistas legislativas ao longo dos anos, ainda carecem de igualdade de tratamento.[195] [196] [197]

O acadêmico Marcus M. Holanda recorda que o princípio da igualdade dá sustentação ao da dignidade do ser humano, conforme prevê a Declaração Universal da Organização das Nações Unidas, que "consagrou que todos os seres humanos são iguais em dignidade e direitos." No mesmo sentido, o autor posiciona o princípio da liberdade como sendo algo irrestrito à condição humana, indo além da liberdade de expressão, abrangendo também "pensamento e religião, mas, sobretudo, a liberdade de locomoção, o direito de ir e vir."

O entendimento aqui é a de que a liberdade e a igualdade conjugadas estão a serviço da preservação da dignidade da pessoa humana. A segurança e o respeito à integridade física, conforme ressaltam vários acadêmicos e especialistas, devem ser perseguidos com afinco a fim de preconizar a saúde do trabalhador, devolvendo-o diariamente íntegro

---

194 SEN, A. *Desenvolvimento como liberdade*. São Paulo: Companhia das Letras, 2010.

195 Idem 194.

196 FARIAS, J.M.A. et al. *Trabalho Decente*. São Paulo: LTr, 2017.

197 SILVA, L.M.M.; BERNARDINELI, M.C. *Temáticas do meio ambiente de trabalho digno*. São Paulo: LTr, 2017.

a seus familiares, sem que o expediente de trabalho tenha abalado seu corpo, sua moral ou faculdades de saúde psíquicas.[198] [199] [200]

Fortalece essa afirmativa o demonstrado no *caput* do artigo 5º da CRFB/88, que trata dos direitos e garantias fundamentais do ser humano:

> Art. 5º: Todos são iguais perante a lei, sem distinção de qualquer natureza, garantindo-se aos brasileiros e aos estrangeiros residentes no país, a inviolabilidade do direito à vida, à liberdade, à igualdade, à segurança e à propriedade, nos termos seguintes.

Para Holanda, o papel do Estado nessa jornada deve ser de guardião da proteção do trabalho, para alavancar o crescimento econômico:

> Entende-se que uma política voltada para a proteção do trabalho e da renda seria fator fundamental para a projeção da dignidade humana do trabalhador. A valorização do trabalho de forma digna, aliado com renda compatível com o exercício da profissão e adequada para o desenvolvimento social da pessoa, traz uma distribuição mais igualitária da riqueza, ficando como ferramenta fundamental para o desenvolvimento econômico e social do país.[201]

Entendimento similar possui o professor da Universidade de São Paulo José Eli Veiga, ao afirmar na obra *Desenvolvimento sustentável: o desafio do século XXI* que "entre os desafios cruciais do desenvolvimento, em muitos países, ainda se inclui a necessidade de libertar os trabalhadores" do que ele chama de um "cativeiro explícito ou implícito que nega o acesso ao mercado de trabalho aberto."[202]

A docente da UnB Gabriela Delgado sintetiza esse pensamento em relação ao papel do Estado ao enfatizar em seu livro *Direito fundamental ao trabalho digno* que "se existe um direito fundamental, deve também existir um dever fundamental de proteção", reforçando a necessidade de busca por "efetivação dos direitos fundamentais (...) como ponto de chegada (...) de um estado democrático de direito".[203]

---

198 SACHS, I. *A terceira margem*: em busca do ecodesenvolvimento. São Paulo: Companhia das Letras, 2009a.

199 Idem 194

200 DELGADO, G.N. *Direito fundamental ao trabalho digno*. São Paulo: LTr, 2015.

201 HOLANDA, M.M. *Análise constitucional do acesso ao trabalho digno, como instrumento do desenvolvimento econômico e social*. Rio de Janeiro: Lumen Juris, 2016.

202 VEIGA, J.E. *Desenvolvimento sustentável*: o desafio do século XXI. Rio de Janeiro: Garamond, 2010.

203 DELGADO, G.N. *Direito fundamental ao trabalho digno*. São Paulo: LTr, 2015.

Com o entendimento de que o "trabalho decente" se ampara no pilar principal dos direitos fundamentais, tornando-o condição elementar para o desenvolvimento da condição humana dentro da sociedade, pode-se concluir que o adjetivo atribuído à palavra "trabalho" pressupõe respeito e guarda ao referendado no arcabouço jurídico dos direitos fundamentais.

Ao ser considerado como algo necessário para a subsistência do ser humano, o "trabalho decente" deve ser perseguido como fundamental para a obtenção do desenvolvimento sustentável, como preconizado pela Agenda 2030 da Organização das Nações Unidas.

3.3. O TRABALHO DECENTE FRENTE À AGENDA 2030 DA ONU

Desde a sua concepção, em 24 de outubro de 1945, a ONU busca estabelecer uma governança global de diálogos sobre os benefícios da promoção da paz e dos direitos humanos, além de promover a conscientização dos impactos das guerras e do progresso econômico em desequilíbrio com a necessidade dos povos que habitam a Terra. Mais recentemente, o diálogo também se voltou para a preservação dos temas ligados à agenda de sustentabilidade.[204] [205] [206]

Na busca de objetivos comuns e por meio de uma agenda única, contemplando governança e as mais distintas necessidades dos povos, a ONU estabeleceu em 2000, dentro da conferência denominada "Cúpula do Milênio", oito Objetivos de Desenvolvimento do Milênio (ODM) que devem ser perseguidos pelos 191 estados membros da organização à época.[207]

---

204 CATANANTE, G. V. et. al. Participação social na atenção primaria à saúde em direção à Agenda 2030. Ciênc. Saúde coletiva. v. 22, no.12 Rio de Janeiro, dec. 2017. Disponível em: http://dx.doi.org/10.1590/1413-812320172212.24982017. Último acesso: 4 set. 2019.

205 SACHS, I. *A terceira margem*: em busca do ecodesenvolvimento. São Paulo: Companhia das Letras, 2009a

206 VEIGA, J.E. *A desgovernança mundial da sustentabilidade*. São Paulo: Editora 34, 2013.

207 ONU. Nações Unidas Brasil. Sítio digital, 2019. Disponível em: https://nacoesunidas.org/conheca/. Último acesso: 8 mar. 2020.

Figura 28
Os 8 ODS do Milênio

Fonte: ONU Brasil[208]

Na visão de um grande número de acadêmicos e especialistas, a agenda dos ODM, vigente entre 2000 e 2015, demonstrou-se bem-sucedida pela sua abrangência e pelo engajamento das nações, que se tornaram signatárias do documento, demonstrando uma coesão social a partir de tal ciclo de governança.[209][210][211] Ao final, foi constituída pela ONU uma nova agenda de propósitos – dessa vez, enfocando de modo dinâmico as áreas social, econômica e ambiental. Foram determinados, assim, entre 2016 e 2030, 17 Objetivos de Desenvolvimento Sustentável (ODS) e 169 metas a serem perseguidas pelas nações de modo harmônico e abrangente. [212]

208 ONU. Nações Unidas Brasil. Sítio digital, 2019. Disponível em: https://nacoes-unidas.org/conheca/. Último acesso: 8 mar. 2020.

209 VEIGA, J.E. *Desenvolvimento sustentável*: o desafio do século XXI. Rio de Janeiro: Garamond, 2010.

210 BOFF, L. *Sustentabilidade*: o que é, o que não é. Petrópolis: Vozes, 2016.

211 VEIGA, J.E. The first Anthropocene utopia. *Ambient. Soc.* v. 20, no. 2. São Paulo, apr./june, 2017. Disponível em: http://dx.coi.org/10.1590/1809-4422aso-cex002v2022017. Último acesso: 5 set. 2019.

212 ONU. *Os objetivos de desenvolvimento sustentáveis.* https://brasil.un.org/pt-br/sdgs. Acesso em: 1 de abr de 2018.

A Agenda 2030 apresenta-se como uma resposta aos problemas enfrentados pelas comunidades ao redor do mundo. São, de certa maneira, cada vez mais complexos e interconectados. Por essa razão, destaca o pesquisador Rafael Junqueira Buralli, a erradicação dos problemas e dificuldades exige cooperação global.[213]

Os 17 ODS e suas metas foram construídos sobre o legado dos Objetivos de Desenvolvimento do Milênio, perseguindo o que não foi possível alcançar com a agenda anterior. A busca por consolidar os direitos humanos é uma aspiração integrada e indivisível. Daí o equilíbrio proposto das três dimensões do desenvolvimento sustentável: a econômica, a social e a ambiental.

Figura 29
Ícones dos Objetivos de Desenvolvimento Sustentável (ODS)

Fonte: ONU Brasil[214]

---

213 BURALLI, R.J. et al. Moving towards the sustainable development goals: unleash innovation lab experience. Ambient. Soc. v. 21. São Paulo. 2018. Disponível em: http://www.scielo.br/scielo.php?script=sci_arttext&pid=S-1414-753X2018000100401. Último acesso: 12 ago. 2019.

214 ONU. Nações Unidas Brasil. Sítio digital, 2019. Disponível em: https://nacoesunidas.org/conheca/. Último acesso: 8 mar. 2020.

Estudo contemporâneo da USP[215] reforçou que o atendimento à agenda demanda atenção de cada país. Os governantes precisam se tornar "primariamente responsáveis" pela execução de cada ODS, lidando com "suas diferentes realidades, capacidades e níveis de desenvolvimento" no enfrentamento de cada desafio, de forma a estabelecer prioridades e promover um acompanhamento de cada ação.

Vale ressaltar que a emergente preocupação global com o desafio específico da erradicação da escravidão moderna, ou trabalhos forçados, análogos a esta, além de questões inclusivas e de equidade social, foram incorporadas à Agenda 2030, por meio da dimensão "trabalho decente" ou digno. Foi internalizada no ODS número 8, com quatro objetivos estratégicos definidos pela OIT[216] como sendo trabalho decente, a saber:

> 1) o respeito aos direitos no trabalho, especialmente aqueles definidos como fundamentais (liberdade sindical, direito de negociação coletiva, eliminação de todas as formas de discriminação em matéria de emprego e ocupação e erradicação de todas as formas de trabalho forçado e trabalho infantil);
> 2) a promoção do emprego produtivo e de qualidade;
> 3) a ampliação da proteção social;
> 4) e o fortalecimento do diálogo social.

Na visão do jurista Azevedo Neto, centrar nos quatro pilares fundamentais do trabalho decente preceituados pela OIT é atender às convenções da própria entidade que tratam da:

- abolição do trabalho forçado (Convenções nº 29 e 105, OIT);
- liberdade sindical, da proteção do direito de sindicalização e da negociação coletiva (Convenções nº 87 e 98, OIT);
- proibição de discriminação de salário entre gêneros (convenção n.º 100, OIT);
- idade mínima para o trabalho (convenções nº 138 e 182, OIT).

---

215 CATANANTE, G. V. et. al. Participação social na atenção primária à saúde em direção à Agenda 2030. *Ciênc. Saúde coletiva*. v. 22, no.12 Rio de Janeiro, dec. 2017. Disponível em: http://dx.doi.org/10.1590/1413-812320172212.24982017. Último acesso: 4 set. 2019.

216 OIT. ONU e OIT: Desafios do futuro do trabalho são prioritários para agenda de cooperação na América Latina e no Caribe. Lima, 2019. Disponível em: https://www.ilo.org/brasilia/noticias/WCMS_719334/lang--pt/index.htm. Último acesso: 8 dez. 2019.

Reforçando esse entendimento, Alvarenga afirma que, ao posicionar os quatro objetivos como elementos fomentadores do trabalho decente, e por consequência ao alinhá-los às convenções voltadas a essa temática, é necessário interpretar que esses preceitos são "inseparáveis [...] estão inter-relacionados e que se reforçam mutuamente sendo que a "falta de promoção de quaisquer deles prejudica o alcance dos demais."

Estudo britânico realizado em 2018 destaca que, ainda que o ODS 08 tenha capturado muitos dos preceitos expostos nas convenções da OIT, houve espaço para a inserção de outros elementos, como a questão da disparidade de gênero, a participação ativa das mulheres no mercado de trabalho e o exponencial crescimento do trabalho informal no mundo. Este último, segundo os pesquisadores, abre margem para que o "trabalho seja pago ou não tenha nenhum tipo de remuneração", colocando o profissional à mercê do arbítrio de quem demandou a função, por força da total ausência de mecanismos que formalizem a atividade pactuada entre contratado e contratante do serviço. [217]

No entanto, há de se reconhecer que muitos fatores sociais foram qualificados por meio do ODS 08, além de muitos problemas sociais, como o trabalho infantil. Dessa forma, a partir do entendimento de que existem elementos qualitativos que permeiam a relação laboral e que muitos desses elementos estão disponíveis no pleno exercício da atividade laboral. O acesso ao trabalho decente, reforça a professora e especialista em Direito do Trabalho Maria Ivone Fortunato Laraia, é possível por meio de vários fatores como treinamento e acesso a ativos que possibilitem a plena manifestação de suas potencialidades criativas e empreendedoras, além de aspectos orientados para a obtenção de resultados concretos e advindos de suas ações laborativas e de vontade. Percebe-se assim a presença da conjugação de dimensões de acesso ao trabalho decente.[218]

A conjugação dos ODS, portanto, aponta como um farol para os desafiadores anos que se aproximam. No que tange à dimensão trabalho, busca-se contornar ameaças, principalmente para os jovens entrantes no mercado laboral, preservando o trabalho decente como uma garantia e demanda da comunidade global, como recorda um estudo

---

217 RAI, S.M. et al. SDG 8: Decent work and economic growth: A gendered analysis. World Development, Elsevier, 2018. Disponível em: https://www.sciencedirect.com/science/article/pii/S0305750X18303309. Último acesso: 29 fev. 2020.

218 LARAIA, M.I.F. *A pessoa com deficiência e o direito do trabalho*. Dissertação de Mestrado. São Paulo: PUC-SP, 2009.

argentino,[219] inovação e fortalecimento de políticas públicas capazes de blindar trabalhadores de vulnerabilidade social iminente.

Para o professor da USP José Eli da Veiga, o crescimento econômico não pode ser negligenciado por uma proposta de governança global pelo desenvolvimento sustentável, uma vez que a experiência da agenda anterior, baseada em ODM, limitou-se "ao combate às diversas dimensões da pobreza", deixando de lado, de certa maneira, o fortalecimento do crescimento financeiro, como parte da independência dos povos e de seu almejado progresso.

Assim, compreende-se que o trabalho decente, aliado à dimensão de crescimento econômico, conforme preconizado pelo ODS 08, pode fortalecer a evolução rumo a maior autonomia dos agentes, criando a esperança de uma aceleração na busca pelo desenvolvimento sustentável. Desse modo, convergem os entendimentos dos especialistas e acadêmicos até aqui apresentados, no sentido de que é fundamental entender o papel desse imperativo laboral global ante o horizonte de desenvolvimento necessário a todos os povos. [220] [221] [222] [223]

219 AGOSTO, G. et al. La Agenda 2030 como herramienta de desarrollo para los jóvenes en Argentina. Cienc. Saúde coletiva v. 23, n.º 9. Rio de Janeiro, 2018. Disponível em: http://www.scielo.br/scielo.php?script=sci_arttext&pid=S1413-81232018000902797. Último acesso: 18 out. 2019.

220 SEN, A. *Desenvolvimento como liberdade*. São Paulo: Companhia das Letras, 2010.

221 VEIGA, J.E. *A desgovernança mundial da sustentabilidade*. São Paulo: Editora 34, 2013.

222 AGOSTO, G. et al. La Agenda 2030 como herramienta de desarrollo para los jóvenes en Argentina. *Cienc. Saúde coletiva* v. 23, n.º 9. Rio de Janeiro, 2018. Disponível em: http://www.scielo.br/scielo.php?script=sci_arttext&pid=S1413-81232018000902797. Último acesso: 18 out. 2019.

223 BURALLI, R.J. et al. Moving towards the sustainable development goals: unleash innovation lab experience. Ambient. Soc. v. 21. São Paulo. 2018. Disponível em: http://www.scielo.br/scielo.php?script=sci_arttext&pid=S-1414-753X2018000100401. Último acesso: 12 ago. 2019.

CAPÍTULO 4.

O TRABALHO DECENTE E O DESENVOLVIMENTO SUSTENTÁVEL

A palavra "desenvolvimento" ganhou, ao longo dos últimos anos, um patamar fundamental quanto ao tratamento do ser humano. Diversas são as frentes de pesquisa[224] [225] que convergem no entendimento de que "desenvolvimento" e "direitos humanos" andam lado a lado, recebendo cada vez mais destaque ao se analisar as condições de vida das pessoas nos mais diversos continentes.

Segundo Ignacy Sachs, desenvolvimento e direitos humanos são conceitos que peregrinam "como duas ideias-força destinadas a exorcizar as lembranças da Grande Depressão e dos horrores da Segunda Guerra Mundial".[226] A importância dessas duas palavras, na visão do autor, forneceu "os fundamentos para o sistema das Nações Unidas", seja em seu conceito analítico ou como ideologia, e colaborou significativamente com os "processos de descolonização".[227]

O conceito de desenvolvimento vem se expandindo a cada ano, ganhando uma projeção cada vez maior, à medida que incorpora expe-

---

224 VEIGA, J.E. *Para entender o desenvolvimento sustentável*. São Paulo: Editora 34, 2015.

225 FREITAS, M.; FREITAS, M.C.S. *A sustentabilidade como paradigma*: cultura, ciência e cidadania. Petrópolis: Vozes, 2016.

226 SACHS, I. *A terceira margem*: em busca do ecodesenvolvimento. São Paulo: Companhia das Letras, 2009a.

227 *Idem.*

riências positivas e negativas, que refletem as mudanças nos desenhos políticos e nos caminhos intelectuais traçados pelos estudiosos do tema, como é o caso de Sachs.[228] Para ele, existe uma condição necessária para o desenvolvimento: a distinção entre os padrões de aproveitamento de recursos e o crescimento que resulta em verdadeiro desenvolvimento. O autor reforça a "apropriação efetiva de todos os direitos humanos, políticos, sociais, econômicos e culturais, incluindo-se aí o direito coletivo ao meio ambiente", como demonstração conjunta de manifestações plenas do conceito de desenvolvimento.[229]

Na obra *Desenvolvimento sustentável: o desafio do século XXI,* José Eli da Veiga defende que existem três tipos de respostas possíveis para a pergunta "o que é desenvolvimento?". Aquela mais focada em:

1. **"crescimento econômico"**, o que reduz o entendimento sobre desenvolvimento à análise de indicadores objetivos, como por exemplo, o Produto Interno Bruto (PIB).
2. **"ilusão, crença, mito, ou manipulação ideológica"**, que vê esse caminho como "algo simplório", reduzindo o entendimento deste termo como algo a ser perseguido em uma "corrida sem linha de chegada".
3. **"a possibilidade de as pessoas viverem o tipo de vida que escolheram, e com a provisão dos instrumentos e das oportunidades para fazerem as suas escolhas"**, hipótese preferida do autor, para quem esta abordagem se estende "desde a proteção dos direitos humanos até o aprofundamento da democracia".[230]

No sentido amplo, Sachs destaca que o desenvolvimento é um conceito por definição normativo, que contempla um leque de valores explícitos – uma axiologia. A importância atribuída se deve, em parte, por desempenhar uma dupla função: "a de instrumento de avaliação de trajetórias seguidas pelos diferentes países e a de quadro para elaborar os projetos que, no futuro, devem inflectir essas trajetórias."[231]

228 SACHS, I. *Desenvolvimento*: includente, sustentável, sustentado. Rio de Janeiro: Garamond, 2008.

229 Idem 226.

230 VEIGA, J.E. *Desenvolvimento sustentável*: o desafio do século XXI. Rio de Janeiro: Garamond, 2010.

231 SACHS, I. *A terceira margem*: em busca do ecodesenvolvimento. São Paulo: Companhia das Letras, 2009a.

Corrobora com esse entendimento o professor de Economia e Filosofia da Universidade de Harvard Amartya Sen, ao explicar em sua obra *Desenvolvimento como liberdade* que "o desenvolvimento pode ser visto como um processo de expansão das liberdades reais que as pessoas desfrutam".[232] Reforça ainda seu pensamento com a seguinte afirmação:

> "se a liberdade é o que o desenvolvimento promove, então existe um argumento fundamental em favor da concentração nesse objetivo abrangente, e não em algum meio específico ou em alguma lista de instrumentos especialmente escolhida.
> (...)
> Ver o desenvolvimento como expansão das liberdades substantivas dirige a atenção para os fins que o tornam importante, em vez de restringi-la a alguns dos meios que, *inter alia*, desempenham um papel relevante no processo.
> O desenvolvimento requer que se removam as principais fontes de privação da liberdade: pobreza, e tirania, carência de oportunidades econômicas e destituição social sistemática, negligência dos serviços públicos e intolerância ou interferência excessiva de Estados repressivos."

O desenvolvimento sob a ótica das liberdades e potencialidades humanas foi alvo de inúmeros movimentos realizados pela ONU[233] desde a sua fundação, tanto por meio dos protocolos de interesses/intenções, quanto pela construção de documentos internacionais que visam a cooperação entre as nações em busca de minimizar impactos dos fatores mencionados acima por Sen.

Como Veiga recorda, apenas quando os organismos internacionais passaram a se responsabilizar pelas possíveis consequências resultantes de suas ações atuais para as gerações futuras, a busca pelo desenvolvimento "passou a exigir a qualificação que lhe dá o adjetivo sustentável".[234]

Criado há mais de 50 anos, o Programa das Nações Unidas para o Desenvolvimento (PNUD) visa o crescimento inclusivo e sustentável. Por meio da aferição sistêmica do Índice de Desenvolvimento Humano (IDH) monitora-se a evolução das dimensões humanas, sem centrar-se apenas em questões econômicas.

---

232 SEN, A. *Desenvolvimento como liberdade*. São Paulo: Companhia das Letras, 2010.

233 ONU. Nações Unidas Brasil. Sítio digital, 2019. Disponível em: https://nacoesunidas.org/conheca/. Último acesso: 8 mar. 2020.

234 VEIGA, J.E. *Desenvolvimento sustentável*: o desafio do século XXI. Rio de Janeiro: Garamond, 2010.

Figura 30
Uma fotografia do Índice de Desenvolvimento Humano

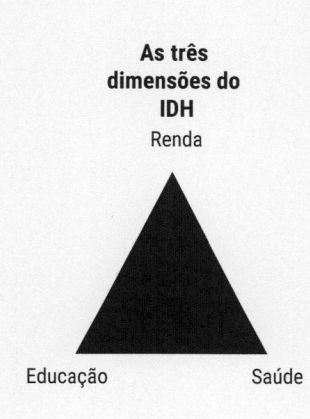

As três dimensões do IDH

Renda

Educação   Saúde

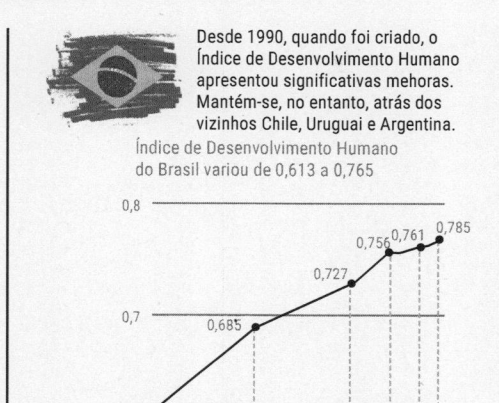

Desde 1990, quando foi criado, o Índice de Desenvolvimento Humano apresentou significativas mehoras. Mantém-se, no entanto, atrás dos vizinhos Chile, Uruguai e Argentina.

Índice de Desenvolvimento Humano do Brasil variou de 0,613 a 0,765

Fontes: PNUD Brasil;[235] PNUD/G1.[236]

A comunidade acadêmica, dos quais podem ser representados por Veiga e o teólogo Leonardo Boff,[237] ao analisarem a perspectiva criada por Amartya Sen e Mahbub ul Haq para o IDH, afirmam que o desenvolvimento pode ser compreendido a partir de quatro dimensões fundamentais:

- ter uma vida longa e saudável;
- ser instruído;
- ter acesso aos recursos necessários para um nível de vida digno;
- ser capaz de participar da vida da comunidade.

Também apontam para caminho semelhante os pesquisadores Machado e Pamplona, cujo estudo[238] sobre as bases de atuação do

235 IDH/Pnud Brasil. Disponível em: https://www.br.undp.org/content/brazil/pt/home/idh0.html. Último Acesso: 22 mar. 2021.

236 "Brasil perde cinco posições no ranking mundial de IDH, apesar de uma leve melhora do índice". G1, 15 de dezembro de 2020. Disponível em: https://g1.globo.com/mundo/noticia/2020/12/15/brasil-perde-cinco-posicoes-no-ranking-mundial-de-idh.ghtml. Último Acesso: 22 mar. 2021.

237 BOFF, L. *Sustentabilidade*: o que é, o que não é. Petrópolis: Vozes, 2016.

238 MACHADO, J.G.R.; PAMPLONA, J.B. A ONU e o desenvolvimento econômico: uma interpretação das bases teóricas da atuação do PNUD. Economia e sociedade, 2008, v. 17, n.1, pp. 53-84. Disponível em: http://www.scielo.br/pdf/ecos/v17n1/a03v17n1.pdf. Último acesso: 7 dez. 2019.

PNUD destacou os quatro paradigmas fundamentais do desenvolvimento humano, traçados pelo economista paquistanês Haq:

- **equidade**, que tem como foco o acesso equitativo às oportunidades para todas as pessoas;
- **sustentabilidade**, como forma de garantir para as próximas gerações as mesmas oportunidades que os cidadãos possuem nos dias de hoje;
- **produtividade**, como norteador da busca pelo potencial máximo das pessoas;
- **empoderamento**, que coloca o agente como um ser ativo e com participação real na definição do que é melhor para si, a partir da plena manifestação de sua liberdade.

Para que haja desenvolvimento, é necessário fundamentalmente preservar a liberdade de ação do indivíduo, conceito amplo que pode se converter em algo "demasiadamente perigoso", segundo o consultor britânico John Elkington caso não se levem em conta as "dimensões coletivas e colaborativas da vida em sociedade".[239]

Nesse sentido, a abordagem das capacidades, elemento central do desenvolvimento humano, conforme proposto pelo PNUD a partir da década de 1990, é bastante apropriada, uma vez que a possibilidade ampliada de análise das condições em que a expressão da liberdade do agente foi manifestada, bem como o conjunto de "funcionalidades" disponíveis ao indivíduo para que essas liberdades se manifestem de modo amplo em sua rotina em sociedade.[240]

A partir da narrativa de Veiga, percebe-se que a coexistência do homem com a natureza ao seu redor é um elemento vital para a manutenção de ambos. Daí considerar "não apenas as influências das ações humanas em sistemas naturais", mas também "os impactos dos serviços ambientais no bem-estar humano e na saúde."[241]

---

239 ELKINGTON, J. *Sustentabilidade, canibais de garfo e faca*. São Paulo: M.Books, 2012.

240 MACHADO, J.G.R.; PAMPLONA, J.B. A ONU e o desenvolvimento econômico: uma interpretação das bases teóricas da atuação do PNUD. Economia e sociedade, 2008, v. 17, n.1, pp. 53-84. Disponível em: http://www.scielo.br/pdf/ecos/v17n1/a03v17n1.pdf. Último acesso: 7 dez. 2019.

241 VEIGA, J.E. *Desenvolvimento sustentável*: o desafio do século XXI. Rio de Janeiro: Garamond, 2010.

Desse modo, coabita o conceito de desenvolvimento, a partir das experiências, liberdades e aprendizados humanos, a necessidade de se levar em conta o ecossistema do agente, como um ente que demanda atenção e respeito. Surge daí a necessidade de se trabalhar um conceito de desenvolvimento que não agrida de modo demasiado o planeta habitado pelos seres humanos. E esse conceito foi denominado "desenvolvimento sustentável".

O termo "desenvolvimento sustentável" foi mencionado formalmente em 1987, com o relatório "Nosso futuro comum", também denominado, "Relatório Brundtland", emitido pela Comissão Mundial sobre Meio Ambiente e Desenvolvimento. O conceito foi definido da seguinte forma:

> O desenvolvimento sustentável é o desenvolvimento que encontra as necessidades atuais sem comprometer a habilidade das futuras gerações de atender suas próprias necessidades.
> (...) é um processo de transformação no qual a exploração dos recursos, a direção dos investimentos, a orientação do desenvolvimento tecnológico e a mudança institucional se harmonizam e reforçam o potencial presente e futuro, a fim de atender as necessidades e aspirações humanas. [242]

O relatório trouxe, ainda, uma visão clara quanto às expectativas de promoção da inclusão social, de forma a garantir que as potencialidades de todos os indivíduos sejam contempladas na plenitude de sua dimensão humana. Isso se faz claro na seguinte afirmativa:

> Um mundo onde a pobreza e a desigualdade são endêmicas estará sempre propenso a crises ecológicas, entre outras (...) O desenvolvimento sustentável requer que as sociedades atendam às necessidades humanas tanto pelo aumento do potencial produtivo como pela garantia de oportunidades iguais para todos.[243]

Na visão de Veiga, é preciso compreender que os conceitos de "desenvolvimento" e de "desenvolvimento sustentável" não são sinônimos, como defendem alguns analistas, em uma tentativa de permanecer isentos da discussão sobre "o enigma do 'desenvolvimento sustentável', pois ele não passaria de uma nova roupagem da quimera original". Pela ótica de Boff, essa temática deveria ser entendida como uma busca da sociedade por uma produção "sempre com a atenção voltada para a manutenção da vitalidade da Terra, para a comunidade de vida", não se limitando ao estado de vida atual, mas pelas "pessoas humanas da presente e das futuras gerações."

---

242 COMISSÃO MUNDIAL SOBRE O MEIO AMBIENTE E DESENVOLVIMENTO. *Nosso futuro comum*. Rio de janeiro: Fundação Getúlio Vargas, 1991.

243 *Idem.*

Para Sachs, o conceito de desenvolvimento sustentável passa fundamentalmente pela expressão "sustentabilidade social", que busca o atendimento da preservação do "imperativo ético da solidariedade com as gerações presentes e futuras", como defendido anteriormente. No entanto, acrescenta que é fundamental a "explicitação de critérios de sustentabilidade social e ambiental e de viabilidade econômica", sendo que "estritamente (...) apenas as soluções que considerem estes três elementos (...) merecem a denominação de desenvolvimento."

Figura 31
Uma Fotografia da Sustentabilidade, por John Elkington

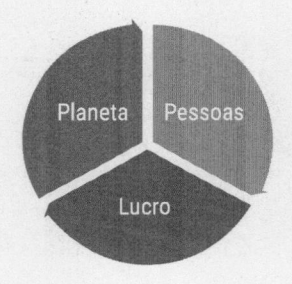

Autoridade em Responsabilidade Corporativa e Capitalismo Sustentável, John Elkington apresentou, na década de 1990, o conceito do Triple Botton line, ou Tripé da Sustentabilidade, um novo framework para mensuração de resultados, em que o lucro foi apresentado como um dos pilares somente de uma gestão empresarial sustentável.

Fonte: Elaboração Própria.

Segundo leciona o professor, sociólogo e cientista político Ricardo Abramovay, é preciso pensar o desenvolvimento sustentável como uma necessidade imperiosa, e não como uma alternativa perpassa pelo reconhecimento "dos limites dos ecossistemas".[244] A capacidade do planeta de se renovar, conforme o desenvolvimento da espécie avança, não é, portanto, uma opção. Atento para o tema o professor da Universidade de São Paulo e autor de *Educar para a Sustentabilidade* Moacir Gadotti afirma que o conceito de desenvolvimento sustentável teve sua "consagração" a partir da Conferência das Nações Unidas sobre Desenvolvimento e Meio Ambiente, também denominada Eco-92 ou Rio-92, da qual se pode apontar como maior resultado "a Agenda 21", "um conjunto de propostas e objetivos para reverter o processo de degradação do meio ambiente".[245]

A segunda metade da década de 1990 foi marcada por uma série de discussões quanto ao controle e redução de emissões de gases que colaboram com a elevação do efeito estufa. Daí nasceu o "Protocolo de

---

244 ABRAMOVAY, R. *Muito além da economia verde*. São Paulo: Ed. Abril, 2012.

245 GADOTTI, M. *Educar para a sustentabilidade*: uma contribuição à década da educação para o desenvolvimento sustentável. São Paulo: Instituto Paulo Freire, 2012.

Kyoto", assinado na cidade japonesa, com a adesão de 84 países. Para alguns autores acadêmicos e especialistas,[246] a narrativa resumiu-se nesse período a questões ambientais – em especial, à camada de ozônio. O impacto do homem ao meio ambiente tornou-se o centro da ação do desenvolvimento sustentável.

Em 2000 ocorreu mais um marco importante, com o lançamento dos já mencionados Objetivos de Desenvolvimento do Milênio (ODM), imperativos fundamentais para a pauta desenvolvimentista no mundo. O movimento gerado foi mais uma tentativa de criação de uma governança global, orientada a perseguir objetivos comuns ao planeta, por meio das mais distintas nações que viessem a aderir a esse importante protocolo de intenções. Para Veiga, o objetivo fundamental de uma agenda única em prol do planeta é a articulação orientada para a forte cooperação planetária.

4.1. O TRABALHO DECENTE COMO ALAVANCADOR DO DESENVOLVIMENTO SUSTENTÁVEL

Na história contemporânea percebe-se uma constante busca por aliar o elemento trabalho decente ao desenvolvimento de nossa espécie. Daí ser fundamental o entendimento das nações sobre a importância da criação de uma rede de sustentação a tais princípios para, como ressaltam atentos especialistas no tema, a perpetuação do compromisso na manutenção de um trabalho digno.

O professor da Faculdade de Direito da Universidade de São Paulo Gustavo Filipe Barbosa Garcia recorda que, em 1944, a OIT abonou a Declaração da Filadélfia, alargando os princípios basilares do Tratado de Versalhes, evoluindo portanto para o estabelecimento de uma cooperação internacional na busca da justiça social por meio do trabalho.[247]

---

246 BARBOSA, N. et al. *Indústria e desenvolvimento produtivo no Brasil*. Rio de Janeiro: Elsevier: FGV, 2015.

247 GARCIA, G.F.B. *Curso de direito do trabalho*. Rio de Janeiro: Forense, 2015.

Para uma gama vasta de autores,[248] [249] [250] [251] [252] a busca por justiça social, o foco na garantia de condições mínimas de vida aos profissionais, a manutenção do conceito de dignidade da pessoa humana e a imposição de limites ao capital na sede por lucro pela exploração do trabalho foram elementos centrais da atribuição ao trabalho decente como um dos "motores" elementares ao desenvolvimento sustentável das pessoas.

Desse modo, o desembargador Sergio Pinto Martins ensina que o Direito do Trabalho, assim como o direito ao trabalho, possui a finalidade de "assegurar melhores condições de trabalho", mas também "condições sociais ao trabalhador", sendo garantidas as condições mínimas de saúde e segurança para que possa, "por meio de seu salário, ter uma vida digna para que possa desempenhar seu papel na sociedade", suprindo as necessidades familiares dentro da comunidade onde vive.[253]

Por entender o trabalho decente como uma dimensão fundamental ao desenvolvimento sustentável da raça humana, a ONU incluiu na Agenda 2030 o ODS número 08, denominado "trabalho decente e crescimento econômico". Este princípio busca propiciar a cada ser humano em idade ativa para exercer a função laboral, independentemente do gênero ou da condição econômica, ou ainda, de ser possuidor de alguma deficiência, recursos para que tenha uma jornada compatível e equilibrada com a sua condição individual.

Para os pesquisadores do Instituto de Estudos Avançados de Viena, Beat Litting e Erich Griessler, o trabalho é um "conceito chave da sustentabilidade social", algo que detém o condão de promover um entendimento quanto o "garantir a distribuição igualitária de recursos, e portanto, a longo prazo fornecimento dos requisitos ecológicos básicos

---

248 SASSAKI, R.K. *Vida independente*: História, movimento, liderança, conceito, filosofia e fundamentos; reabilitação, emprego e terminologia. São Paulo: RNR, 2003.

249 SACHS, I. *Desenvolvimento*: includente, sustentável, sustentado. Rio de Janeiro: Garamond, 2008.

250 SEN, A. *Desenvolvimento como liberdade*. São Paulo: Companhia das Letras, 2010.

251 GARCIA, G.F.B. *Curso de direito do trabalho*. Rio de Janeiro: Forense, 2015.

252 SILVA, L.M.M.; BERNARDINELI, M.C. *Temáticas do meio ambiente de trabalho digno*. São Paulo: LTr, 2017.

253 MARTINS, S.P. *Direito do Trabalho*. São Paulo: Atlas, 2007.

para a reprodução social",[254] elemento essencial para o desenvolvimento das próximas gerações.

Sachs aponta para o alarmante fenômeno da falta de emprego no mundo, em função da introdução de tecnologias que possuem como efeito poupar o trabalho humano dentro da indústria e elevar lucros financeiros maiores.

Figura 32
Uma fotografia da 4ª Revolução Industrial

400-800
MILHÕES

Esse é o número de pessoas no mundo afetadas pela automação.
Segundo a McKinsey, elas terão que procurar um novo emprego, ou melhor, função, até 2030.

Fonte: McKinsey & Company[255]

Outra consequência desse fenômeno é o deslocamento da produção para países periféricos, onde a mão de obra é submetida a salários excessivamente baixos. A disponibilidade de trabalho decente em tempo integral, retirando os fatores de esforço excessivo e extenuantes dos indivíduos, agravados por salários mal pagos ou realizados em condições que fogem às expectativas mínimas para que possam ser realizados de modo saudável, são elementos fundamentais, defende Sachs, ao bom desenvolvimento sustentável do elemento vital chamado trabalho. Para ele, o "emprego e o autoemprego decentes constituem a melhor maneira de atender às necessidades sociais" se olharmos por duas dimensões objetivas:

- a primeira aponta para o entendimento que a inserção em um "sistema produtivo oferece uma solução definitiva, enquanto medidas assistenciais requerem financiamento público recorrente";

---

254 LITTIG, B.; GRIEßLER, E. Social sustainability: A catchword between political pragmatism and social theory. International Journal for Sustainability Development, 8(1/2),65-79.2005. Disponível em: https://www.ssoar.info / ssoar / bitstream / handle / document/549/ssoar–ijsd–2005–12–griessler_et_al_social_sustainability_a_catchword _ between.pdf?sequence=1&isAllowed=y&lnkname=ssoar-ijsd-2005-12-griessler_et_al_social_sustainability_a_catchword_between.pdf. Último acesso: 16 fev. 2020.

255 "Jobs lost, jobs gained: What the future of work will mean for jobs, skills, and wages". McKinsey & Company, 28 de novembro de 2017. Disponível em: https://www.mckinsey.com/featured-insights/future-of-work/jobs-lost-jobs-gained-what-the-future-of-work-will-mean-for-jobs-skills-and-wages. Último Acesso: 22 mar. 2021.

- a segunda acusa para a dimensão psicológica do agente ao relacionar que "o exercício do direito ao trabalho promove a autoestima, oferece oportunidades para a autorrealização e o avanço na escala social", retirando assim da pessoa qualquer sensação de desânimo ao ser constantemente assistido pelo Estado.

Na perspectiva da sustentabilidade para a ONU, o trabalho decente configura-se como uma "garantia de enfraquecimento da pobreza e da privação das capacidades das pessoas", propiciando uma interdependência dos Estados e ações assistencialistas de programas governamentais, inerentes à fiscalização e controle do "cumprimento de direitos elementares à relação de trabalho."[256]

Pesquisadores da comunidade acadêmica[257][258] concordam que a valorização da dignidade do trabalhador não se trata de ajudar as pessoas a sobreviverem, tampouco uma tentativa de remediar uma condição de necessidade humana, como a segurança, por exemplo. Ao garantir um trabalho decente, como algo que protege a dignidade do indivíduo ao oferecer uma posição convenientemente remunerada, em condições de salubridade também aceitáveis, abre-se a possibilidade de se progredir em um foro de máximas virtudes das relações humanas.

Conforme os critérios de sustentabilidade de Sachs, é fundamental perseguir, para a construção de uma dimensão social de sustentabilidade, o "alcance de um patamar razoável de homogeneidade social; distribuição de renda justa; emprego pleno (...) com qualidade de vida decente; igualdade de acesso aos recursos",[259] todos, elementos fundamentais buscados pelo trabalho decente.

Em 2019, lideranças da ONU e da OIT se reuniram em Lima, no Peru, para discutir os temas prioritários para a alavancagem do trabalho decente na América Latina e Caribe, como componente essencial para a Agenda 2030 e, consequentemente, para o desenvolvimento sustentável. No encontro, foi abordada também as questões relacionadas ao

256 ONU. Realization of the sustainable development goals by, for and with person with disabilities. United Nations. Department of Economic and social affairs, 2018.

257 SACHS, I. *A terceira margem*: em busca do ecodesenvolvimento. São Paulo: Companhia das Letras, 2009a.

258 SEN, A. *Desenvolvimento como liberdade*. São Paulo: Companhia das Letras, 2010.

259 SACHS, I. *A terceira margem*: em busca do ecodesenvolvimento. São Paulo: Companhia das Letras, 2009a.

futuro do trabalho, representado pelo impacto das tecnologias, das mudanças climáticas e demográficas, além dos desafios de um presente caracterizado por alto desemprego, informalidade, desigualdades, persistência do trabalho infantil e do trabalho forçado. Nessa jornada de reflexão, o diretor-geral adjunto de Operações de Campo e Parcerias da OIT Moussa Oumarou afirmou em seu discurso de abertura:

> O trabalho decente é muito mais do que um emprego, é um componente essencial da Agenda 2030 para alcançar um desenvolvimento sustentável que permita eliminar a pobreza sem deixar ninguém para trás.[260]

É possível reconhecer na fala de Oumarou a estreita ligação entre os imperativos do trabalho decente e as expectativas junto ao fortalecimento do desenvolvimento sustentável. Essa necessidade abre espaço para o desenvolvimento de modalidades contemporâneas de trabalho, trazendo a utilidade laboral ao encontro dos movimentos globais orientados à preservação do planeta.

A sociedade de modo colaborativo, juntamente com os setores públicos e privados ao redor do globo, pode assumir a responsabilidade pela construção de um futuro justo e equitativo do trabalho, considerando um significativo aumento nas capacidades humanas e nas instituições do trabalho, preparando pessoas e o ambiente laboral para uma nova era, em que o trabalho seja uma agenda em busca da dignidade do trabalhador e a sustentabilidade por intermédio do emprego decente. Para a própria OIT, é chegada a hora de encarar o futuro e compreender que um novo ciclo de virtudes é alavancado pela aplicação da informática e outros meios eletrônicos na realização das atividades laborais.

A tecnologia tem se tornado um motor para o desenvolvimento das relações de trabalho, liberando o profissional de trabalhos sujos, árduos, perigosos e privativos. No entanto, há uma expectativa importante de conhecimentos mínimos para a realização da função laboral, além do risco da falta de capacitação das pessoas para "gerenciar as máquinas". Diante de uma virada temporal acelerada pela tecnologia e de necessidades de atualização dos processos produtivos, o homem passará a ser orientado pela inteligência artificial, o aprendizado das máquinas e todos os recursos ligados à chamada "Internet das Coisas".

---

[260] OIT. Work for a brighter future. Global commission on the future of work. Geneva: ILO, 2019. Disponível em: https://www.ilo.org/infostories/en-GB/Campaigns/future-work/global-commission#institutions. Último acesso: 9 mar. 2020.

Tais movimentos, conforme ressalta a própria OIT, demandam uma nova regulação estatal, visando a proteção dos dados dos profissionais, acessados facilmente pelas estruturas digitais, apresentando aos gestores de negócios informações atualizadas sobre produtividade, taxa de entrega e outros elementos, que podem levar os indivíduos à exaustão extrema ao perseguir taxas laborais inalcançáveis pelo ser humano.

Antevendo essa aceleração global na demanda por mão de obra qualificada e evitando um olhar meramente orientado à supressão de oportunidades humanas no campo do trabalho, a OIT lançou no ano de 2019 o relatório da Comissão Global Sobre o Futuro do Trabalho,[261] em que dividia seu campo de atuação centrada no capital humano em três dimensões:

1. Investimento em "capacidades humanas": concentra o foco em promover o desenvolvimento contínuo, o suporte nas transições futuras relacionadas à sociedade e trabalho e à proposição de uma agenda equitativa em termos de gênero, com o fortalecimento da proteção social.

2. Investimento em "instituições de trabalho": objetivos prioritários são tecnologias para o trabalho decente, a revitalização da representação coletiva, a soberania do tempo em expansão e o estabelecimento de uma garantia laboral universal.

3. Investimento em "trabalho decente e sustentável": os principais direcionadores de esforços são a mudança de incentivos em direção a um modelo econômico e de negócios centrado no ser humano.

As três dimensões mencionadas podem ser compreendidas na **Figura 33**, que apresenta a lógica proposta pela OIT, em seu idioma original, o Inglês.

---

261 Idem 260

Figura 33 – A Agenda centrada no ser humano da OIT

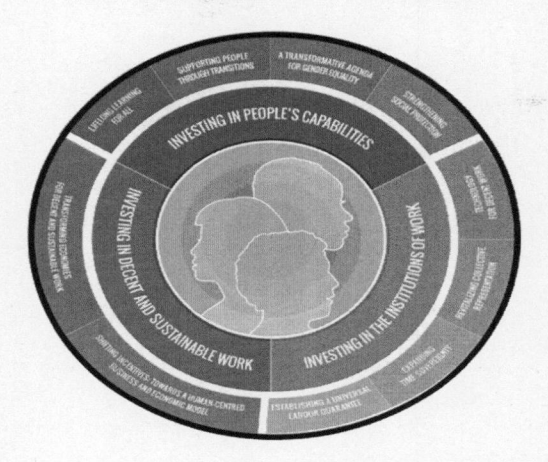

Fonte: Organização Internacional do Trabalho, 2019.

A **Figura 33** aponta para uma realidade ainda carente de atenção por muitas nações. Como destaca estudo publicado no *Journal of Vocacional Behavior*,[262] é o caso do Brasil, onde existe pouco investimento no desenvolvimento humano orientado às novas tecnologias. O caminho para a proliferação de empregos decentes e sustentáveis, por meio das novas ondas tecnológicas, também é inexplorado, tal como o aprendizado de máquinas, a "Internet das Coisas" e a inteligência artificial.

Para a OIT, a sociedade se encontra diante de desafios importantes, na qual a tecnologia digitalizará ambientes, anteriormente presentes somente no mundo físico e antes ocupados somente por pessoas, aportando uma ocupação crescente por tecnologias. Com elas, cria-se também a capacidade de gerar empregos.

Contudo, a organização também reforça que aqueles que perderem seus empregos nessa transição podem ser os menos preparados para aproveitar as novas oportunidades alavancadas pelas novas tecnologias. Neste sentido, o estudo do órgão internacional aponta que a economia pautada nos mencionados avanços digitais pode impor uma importante divisão regional, de gênero, de capacidades produtivas e de

---

262 RIBEIRO, M.A. et al. Decent work in Brazil: context, conceptualization, and assessment. Journal of Vocational Behavior, v. 112. Elsevier, 2019. Disponível em: https://www.sciencedirect.com/science/article/abs/pii/S0001879119300533. Último acesso: 1 mar. 2020.

possibilidade de acesso à renda, o que demonstra a importância de não se perder do horizonte o trabalho decente.

Na visão do economista Ignacy Sachs, há um caminho possível de alavancagem do desenvolvimento sustentável por meio do trabalho decente, transformando o Brasil em uma "fábrica de empregos decentes". Para isso, ele destaca, é fundamental:

> (...) quantificar aproximativamente o tamanho dos diferentes nichos de oportunidades, aprofundando, ao mesmo tempo, a discussão sobre os obstáculos que devem ser removidos e as políticas públicas que se fazem necessárias. Sugere-se que o Ministério do Trabalho promova este estudo, valendo-se do acervo de dados acumulados pela OIT para estimar o custo dos diferentes empregos, o conteúdo em divisas dos investimentos propostos, a capacidade de gerar poupança adicional pelos mutirões, e oferecer assim um subsídio importante para a elaboração de estratégias locais e regionais de desenvolvimento.[263]

A partir de tudo o que foi apresentado neste capítulo, é possível compreender o potencial de ganho em termos do desenvolvimento sustentável com a evolução do conceito de trabalho decente, a partir do atendimento de necessidades elementares do indivíduo, alinhadas aos cuidados possíveis de serem alcançados ao meio ambiente.

Em *A sustentabilidade como paradigma,* Marcílio de Freitas e Marilene Corrêa da Silva Freitas recordam que, ao construir caminhos para o desenvolvimento humano por meio do universo laboral, a pessoa com deficiência pode se beneficiar em sua busca por inclusão social no ambiente do trabalho, agregando novos passos à busca planetária por um progresso na aspiração pelo desenvolvimento sustentável.[264] Como destaca o teólogo Leonardo Boff, há de se observar também o cuidado conferido ao ser humano, a partir de garantias auferidas ao universo do trabalho, de forma a buscar a primazia das necessidades do homem. O autor enfatiza a existência de muitos efeitos secundários da transformação do mundo provocado pela atividade laboral, impactando o planeta, o clima, outras formas de vida, o solo, os rios, morros e montanhas, bem como os campos e o ar que se respira. Veiga corrobora com essa visão, reforçando que não há como isolar as necessidades humanas, advindas do universo

---

263 SACHS, I. *A terceira margem*: em busca do ecodesenvolvimento. São Paulo: Companhia das Letras, 2009a.

264 FREITAS, M.; FREITAS, M.C.S. *A sustentabilidade como paradigma*: cultura, ciência e cidadania. Petrópolis: Vozes, 2016.

laboral, como sendo únicas garantidoras do desenvolvimento sustentável para as pessoas que habitam o planeta Terra.

Entende-se, enfim, que existe uma necessidade de pensar a contribuição da atividade laboral para o desenvolvimento sustentável, um benefício direto a todos os seres do planeta, não se limitando ao ser humano. Além disso, buscar alternativas para que as potencialidades das PcDs sejam maximizadas em ambientes laborais adaptados, além de trabalhar o pensamento das lideranças das empresas, para que possam enxergar o valor da promoção do trabalho decente centrado na dignidade da pessoa humana, colaborará significativamente não só para o ambiente de negócios, mas também para o desenvolvimento social dos seres humanos que compõem de modo evolutivo a sociedade.

Capítulo 5.

NA PRÁTICA: AS POLÍTICAS E AÇÕES VOLTADAS À PCD

A temática da pessoa com deficiência no universo do trabalho já foi alvo de estudos dentro do ambiente acadêmico. Inúmeras dissertações e teses buscaram compreender situações de exclusão e marginalização vividas pelas pessoas com deficiência.

Eu também me coloquei esse desafio em dois momentos de minha carreira acadêmica, por meio de pesquisas com abordagens qualitativas, visando identificar elementos situacionais dos entrevistados e as oportunidades de atuação em diferentes esferas da sociedade. Formalmente, isto foi feito em 2009, junto ao Centro Universitário Ritter dos Reis, em Canoas, no Rio Grande do Sul, e, mais recentemente, em 2020, com a minha dissertação de Mestrado, junto ao Centro de Economia e Administração da Pontifícia Universidade Católica de Campinas, em São Paulo.

Neste capítulo, gostaria de compartilhar importantes e selecionados fragmentos, encontrados nessa última pesquisa de abordagem qualitativa, a qual segundo o sociólogo Roberto Jarry Richardson, demonstra-se apropriada para "entender a natureza de um fenômeno social."[265] Em relação aos objetivos, essa pesquisa caracteriza-se como exploratória, por permitir maior familiaridade com a problemática do trabalho,[266] sendo recomendada quando o assunto estudado ainda é pouco conhecido. Para o filósofo e ex-professor da USP Antônio Joaquim Severino, a pesquisa exploratória "busca levantar informações sobre

---

265 RICHARDSON, R.J. *Pesquisa social:* métodos e técnicas. São Paulo: Atlas, 1999.

266 GIL, A. C. *Como elaborar projetos de pesquisa.* São Paulo: Atlas, 2010.

um determinado objeto, delimitando assim um campo de trabalho, mapeando as condições de manifestação desse objeto".[267]

Reconhecendo a inviabilidade de esgotar o tema, visto que, como já esclarecido, muitos avanços se fazem necessários para a real inclusão das PcDs, minha pesquisa procurou trazer uma perspectiva ainda inexplorada nessa temática ao investigar de que modo o mercado de trabalho vem contribuindo para o ODS nº 8 da Agenda 2030, ou seja, para a inclusão social de pessoas com deficiência por meio do trabalho. Assim, busquei diagnosticar práticas das organizações orientadas para o trabalho decente e, mais especificamente, para a inserção da pessoa com deficiência no mercado de trabalho, com vistas para a alavancagem do desenvolvimento sustentável desses agentes na sociedade brasileira.

A seguir, introduzo brevemente os procedimentos adotados para o levantamento dos dados para a pesquisa que teve sua defesa definitiva no mês de novembro de 2020.

5.1. PROCEDIMENTOS PARA A COLETA DE DADOS

A coleta de dados ocorreu a partir da aplicação de entrevistas, de acordo com uma estratégia de estudos de casos múltiplos. Isso quer dizer que utilizei dois roteiros, um para cada público (profissionais PcDs e gestores de PcDs), com o objetivo de explorar o trabalho decente e a evolução social da pessoa com deficiência por meio do universo laboral. Vale destacar que a utilização da entrevista é a estratégia mais tradicional na pesquisa de campo, pois permite que o agente pesquisado manifeste quanto à temática investigada pelo pesquisador seu ponto de vista de forma espontânea.[268] Com o foco delimitado, conduzi a totalidade das entrevistas, em um formato exclusivamente individual.

As entrevistas abriram caminho para uma variada gama de percepções e impressões tanto em relação ao contexto das empresas participantes do estudo quanto do mercado de modo geral. Realizei estudos de caso em duas empresas multinacionais consideradas referências no Brasil por desenvolverem projetos ligados à temática da diversidade e

---

267 SEVERINO, A.J. *Metodologia do trabalho científico*. São Paulo: Cortez, 2017.

268 NIELSEN, F.A.G.; OLIVO, R.L.F.; MORILHAS, L.J. *Guia prático para elaboração de monografias, dissertações e teses em administração*. São Paulo: Saraiva, 2018.

inclusão. Suas iniciativas são consideradas *benchmarks* por institutos nacionais e internacionais de avaliação de práticas organizacionais.

Para o cientista social americano Robert K. Yin, as vantagens de se trabalhar com estudos de casos é a busca por respostas para perguntas "do tipo 'como' e 'por que', quando o pesquisador tem pouco controle sobre os eventos".[269]

As duas empresas pesquisadas, líderes de mercado em seus segmentos de atuação, estão situadas no Estado de São Paulo. Como prova do seu compromisso com o tema diversidade e inclusão, ambas foram reconhecidas pela sua atuação na edição de 2019 do "Guia Exame de Diversidade e Inclusão", premiação nacional que contemplou 36 empresas de 13 setores com as melhores práticas em inclusão e desenvolvimento de mulheres, negros, pessoas com deficiência e LGBTQI+. A iniciativa da maior revista de negócios do Brasil é realizada em parceria com o Instituto Ethos. referência na promoção da gestão socialmente responsável.[270]

A empresa identificada no estudo como "Empresa 01" é uma multinacional americana. É considerada uma das marcas mais valiosas do planeta e ocupa a liderança no segmento industrial onde atua. Opera no Brasil desde a década de 1970, quando assumiu o desafio de crescer junto com o país. Além da abrangência e capilaridade nacional, exporta para cerca de 50 países. Ao todo, essa multinacional, possui a obrigação de reservar 5% de seu quadro funcional para profissionais PcDs.

A segunda pesquisada, identificada como "Empresa 02", é igualmente uma organização internacional, fazendo parte de um conglomerado de empresas do segmento da indústria de transformação. Com pouco menos de 300 empregados, possui a obrigação legal de contratar 3% do seu quadro com profissionais enquadrados como PcDs.

---

269 YIN, R.K. *Estudo de caso*: Planejamento e métodos. Porto Alegre: Bookman, 2001.

270 As empresas premiadas pelo Guia EXAME de Diversidade 2019". *Exame*, 27 de março de 2019. Disponível em: https://exame.com/negocios/as-empresas-premiadas-pelo-guia-exame-de-diversidade-2019/. Último Acesso: 27 abr. 2021.

Além de cumprir integralmente as definições da Lei de Cotas, ambas as empresas possuem acompanhamento regular de seus profissionais PcDs. O trabalho é feito por uma consultoria de orientação e aconselhamento de carreira especializada nesse perfil profissional. Conta, ainda, com um programa de desenvolvimento específico, dedicado à evolução das competências técnicas e comportamentais destes profissionais, visando a sua progressão de carreira.

Vale destacar ainda que as duas companhias possuem jornadas anuais de sensibilização de seus gestores e times de trabalho, independente se estes possuem profissionais PcDs em suas equipes, de forma a garantir a compreensão da liderança quanto ao papel fundamental da diversidade no futuro dos negócios.

Dado o tratamento dispensado às pessoas com deficiência no ambiente laboral, entende-se que há contribuições no que tange à identificação de boas práticas inclusivas.

5.2. AMOSTRA DA PESQUISA

A amostra de pesquisa envolve profissionais das duas empresas, divididos em dois grupos. O primeiro foi representado pelos gestores de profissionais com deficiência (Grupo A) e o segundo pelos profissionais PcDs (Grupo B).

Os critérios de inclusão dos participantes na pesquisa foram aprovados pelo Comitê de Ética e Pesquisa do Centro de Economia e Administração da Pontifícia Universidade Católica de Campinas, o qual cumpriu rigorosamente todos os critérios e rigores científicos, inclusive quanto ao procedimento de não identificar diretamente as empresas, bem como seus participantes.

O perfil sociodemográfico do Grupo A é apresentado a seguir:

Figura 34
Perfil sociodemográfico do Grupo A

Entrevistado	Empresa	Idade	Sexo	Nível de Instrução	Formação	Área de atuação	Nº de PCDs no time
G 01	E01	40	M	Pós-graduação	Engenharia Mecatrônica	Operações	3
G 02	E01	37	F	Pós-graduação	Ciências Contábeis	Finanças	2
G 03	E01	39	M	Pós-graduação	Engenharia Mecânica	Saúde e segurança ocupacional	4
G 04	E01	45	M	Pós-graduação	Engenharia Elétrica	Operações	4
G 05	E01	44	M	Pós-graduação	Engenharia de Produção	Engenharia de Manufatura	1
G 06	E01	39	F	Pós-graduação	Administração de Empresas	Logística	3
G 07	E02	44	M	Pós-graduação	Engenharia de Produção	Qualidade	1
G 08	E02	46	M	Pós-graduação	Engenharia Elétrica	Manutenção	1
G 09	E02	43	M	Superior Completo	Administração de Empresas	Suprimentos	3
G 10	E02	45	M	Pós-graduação	Administração de Empresas	Operações	1
G 11	E02	51	M	Pós-graduação	Economia	Finanças	1
G 12	E02	49	M	Pós-graduação	Engenharia de Produção	Operações	1

Fonte: Elaboração Própria.

É possível perceber, portanto, que a amostra é composta por 12 gestores, sendo 5 da chamada "Empresa 01" e 7 da "Empresa 02". Nota-se ainda a predominância de gestores com formação na área de Engenharia, além da presença de 1 a 4 PcDs nos times liderados pelos entrevistados. Embora haja uma pluralidade de áreas de atuação, os departamentos de Operações e Suporte – como Qualidade, Logística e Manutenção – concentram a maior parte desses gestores, cuja média de idade é de 43 anos, o que denota uma predominância de líderes jovens e do sexo masculino.

O perfil sociodemográfico do Grupo B é representado a seguir:

Figura 35
Perfil do Grupo B

Entrevistado	Empresa	Idade	Sexo	Nível de Instrução	Deficiência	Classificação da deficiência	Área de atuação	Tempo de empresa
P 01	E01	44	F	Superior Completo	Muletante	Física	Informática	5
P 02	E01	30	M	Pós-graduação	Cadeirante	Física	Vendas e marketing tático	4
P 03	E01	36	M	Pós-graduação	Encurtamento de membro inferior	Física	Compras	2
P 04	E01	29	M	Superior Completo	Nanismo	Física	Operações	2
P 05	E01	31	M	Pós-graduação	Visão monoocular	Visual	Saúde e Segurança do Trabalho	4
P 06	E01	32	F	Superior incompleto	Perda auditiva agúda	Auditiva	Programação de operações	7
P 07	E01	41	F	Superior Completo	Membros inferiores - Motricidade	Física	Saúde e Segurança do Trabalho	15
P 08	E02	48	M	Pós-graduação	Perda de motricidade fina	Motora	Programação de operações	3
P 09	E02	27	M	Ensino Médio Completo	Encurtamento de membro inferior	Física	Logística	15
P 10	E02	30	M	Ensino Médio Completo	Encurtamento de membro superior	Física	Logística	5
P 11	E02	38	M	Superior Completo	Encurtamento de membro inferior	Física	Recursos Humanos	1

Fonte: Elaboração Própria.

Integram o Grupo B 11 profissionais com deficiência:

- 8 possuem deficiência física;
- 1 possui uma deficiência auditiva;
- 1 possui uma deficiência visual;
- 1 possui uma deficiência motora

Dos participantes deste grupo, 64% trabalham na "Empresa 01" e 36% integram o quadro de colaboradores da "Empresa 02". Quanto ao nível educacional, observa-se que quatro participantes concluíram o Ensino Médio, três possuem o Ensino Superior completo e quatro possuem Pós-Graduação. No que tange o tempo de casa, a maioria possui mais de três anos de contrato de trabalho, sendo que quatro entrevistados atuam em atividades industriais, enquanto os demais desempenham funções administrativas. Nessa amostra, apenas três entrevistadas são do sexo feminino. A faixa etária dos entrevistados varia de 27 a 48 anos. Ainda que ocorra uma diversidade de deficiências, há uma ampla predominância de deficiências físicas, sendo que 5 profissionais possuem atrofia ou encurtamento de membros inferiores.

5.3. A ANÁLISE DOS DADOS

Segundo Laurence Bardin, professora da Universidade de Paris, a riqueza da análise de conteúdo repousa sobre "um conjunto de instrumentos metodológicos cada vez mais sutis em constante aperfeiçoamento, que se aplicam a 'discursos' (...) extremamente diversificados", permitindo a pluralidade de opiniões sobre um estado situacional presente na sociedade. Como ocorre em várias pesquisas, os dados coletados passaram por uma análise categorial, que consiste no desmembramento do conteúdo capturado em categorias que permitam o agrupamento por aproximação de material análogos.

Superada a etapa de coleta de dados, a análise foi orientada a apresentar respostas ao problema e aos objetivos. Os dados coletados passaram por uma análise categorial que consiste no desmembramento do texto capturado, em categorias que permitiram o agrupamento, por aproximação dos conteúdos analogicamente afeitos entre si. O método de criação de categorias seguiu o proposto por Bardin, a partir da análise e leitura do conteúdo coletado, de onde se propôs uma codificação advinda da repetida ocorrência de palavras por parte dos entrevistados. Logo, foi possível propor a criação de categorias iniciais e subcategorias.

Foram geradas duas linhas paralelas a partir da aplicação de um instrumento orientado para gestores e outro para as pessoas com deficiência.

Figura 35
Categorias emergentes das análises das entrevistas – Gestores

	CATEGORIA
1	Processo seletivo e contratação de PcD
2	Desenvolvimento
3	Manutenção e conservação do posto de trabalho
4	Equidade

Fonte: Elaboração Própria.

As quatro categorias iniciais advindas do grupo de gestores abrem espaço para uma análise preliminar quanto ao conteúdo coletado. No entanto, a intenção originária remonta à busca por um cruzamento de visões dos líderes que representam as empresas estudadas frente aos profissionais com deficiência.

Na Figura 36, pode-se perceber o agrupamento de categorias iniciais dos profissionais com deficiência entrevistados, representada por seis elementos que apontam as palavras com maior repetição coletadas durante as entrevistas realizadas com essa população.

Figura 36
Categorias emergentes das análises das entrevistas – PcDs

	CATEGORIA
1	Processo seletivo
2	Desenvolvimento
3	Inclusão
4	Acessibilidade
5	Equidade
6	Barreiras à inclusão

Fonte: Elaboração Própria.

Nota-se, preliminarmente, uma convergência de percepções frente às temáticas de desenvolvimento e equidade, com uma alta ocorrência da perspectiva tratamento igualitário e valorativo, configurando uma aproximação de visões entre os grupos, porém com peculiaridades e atributos complementares distintos.

Embora as categorias iniciais propiciem uma análise de conteúdo rica, que aponta para caminhos de entendimento quanto à fala dos entrevistados, demonstra-se necessária a construção de categorias intermediárias, ou também chamadas subcategorias, para ampliar a compreensão sobre o material coletado.

Figura 37
Subcategorias emergentes da análise de entrevistas – Gestores

Categoria	Subcategoria
1 Processo seletivo e contratação de PcD	a) Qualificação b)Compreensão quanto a sua limitação c)Preparo da equipe para receber um PcD
2 Desenvolvimento	a) Preparação da Liderança b) Preparação do time c) Busca pela integração e inclusão
3 Manutenção e conservação do posto de trabalho	a)Estabilidade b) Gestão de performance c) Segurança quanta a progressão de carreira
4 Equidade	a) Remuneração b) Diversidade c) Igualdade de tratamento

Fonte: Elaboração Própria.

Esta figura demonstra, de modo expandido, a percepção do grupo de gestores entrevistados, revelando a extensão de seu olhar aplicado à temática pesquisada. A partir disso, foram geradas três categorias intermediárias para cada uma.

A análise do conteúdo coletado junto às pessoas com deficiência permitiu o agrupamento de subcategorias, que apontam caminhos interpretativos da percepção da PcD quanto ao universo laboral e empresarial ao qual estão inseridos, conforme exposto na próxima figura.

Figura 38
Subcategorias emergentes da análise de entrevistas – PcDs

Categoria	Subcategoria
1 Processo seletivo	a) Preconceito b) Resistência c) Distinção frente aos tipos de deficiência
2 Desenvolvimento	a) Investimento b) Preparação do ambiente c)Preparação da liderança
3 Inclusão	a) Comportamento da liderança b) Comportamento dos colegas
4 Acessibilidade	a) Adaptações físicas b) Abertura para pluralidade
5 Equidade	a) Remuneração b) Tratamento igualitário frente a oportunidades c) Crescimento profissional
6 Barreiras à inclusão	a) Assitencialismo b) Discriminação c) Cerceamento de oportunidades

Fonte: Elaboração Própria.

Superada a criação das categorias e respectivas subcategorias, o trabalho avançou rumo ao entendimento de cada uma delas, para que fosse possível chegar à análise das entrevistas, apresentando a compreensão do que as categorias representavam aos entrevistados.

A seguir, as figuras 39 e 40 apresentam esses entendimentos expandidos.

Figura 39
Categorias iniciais e intermediárias – Gestores

	Gestores de profissionais com deficiência	
1	Processo seletivo e contratação de PcD	a) Qualificação - Nível de escolaridade e experiências para as atividades propostas; b) Compreensão quanto a sua limitação – Autoconhecimento entendimento da sua condição; c) Preparo da equipe para receber um PcD – Abertura e entendimento do time;
2	Desenvolvimento	a) Preparação da Liderança – Investimento em treinamento para líderes de PcD; b) Preparação do time – Ações de treinamento ou sensibilidades ao time de trabalho; c) Busca pela integração e inclusão – Acompanhamento continuado da equipe e liderança que recebeu o profissional PcD;
3	Manutenção e conservação do posto de trabalho	a) Estabilidade – Ausência de preocupação quanto a sua limitação e a sua entrega; b) Gestão de performance – Acompanhamento e devolutivas regulares sobre as entregas realizadas pelo profissional; c) Segurança quanta a progressão de carreira – Garantia de que a boa performance será recompensada independentemente da deficiência;
4	Equidade	a) Remuneração – Compensação financeira compatível com suas entregas e não com sua deficiência; b) Diversidade – Ambiente e trabalho acolhedor a todos os profissionais independentemente das características pessoais do indivíduo; c) Igualdade de tratamento – Ausência de diferenciação no trato diário, por condição ou característica singular do agente;

Fonte: Elaboração Própria.

Figura 40
Categorias iniciais e intermediárias – PcDs

	Categoria	Subcategoria
1	Processo seletivo	a) Preconceito – Como manifesta-se na tomada de decisão quanto a escolha de um profissional PcD; b) Resistência – A imposição da contratação pode gerar dificuldades de aceitação genuína de um profissional PcD c) Distinção frente aos tipos de deficiência – Limitações físicas leves tendem a ser priorizadas em detrimento de outras deficiências
2	Desenvolvimento	a) Investimento – aporte de recursos em prepararam em torno da PcD para acelerar a sua adaptação no ambiente laboral b) Preparação do ambiente – Treinamento e desenvolvimento para gestores de PcDs c) Preparação da liderança – desenvolvimento do time de trabalho o qual o PcD fará parte
3	Inclusão	a) Comportamento da liderança – Suporte e garantia de tratamento inclusivo b) Comportamento dos colegas – Tratamento inclusivo e entendimento do valor da diversidade ao time
4	Acessibilidade	a) Adaptações físicas – Realização de revisão do espaço físico para o recebimento do profissional PcD b) Abertura para pluralidade – Visibilidade e percepção quanto às capacidades em detrimento das limitações
5	Equidade	a) Remuneração – Tratamento justo quanto à compensação de suas atividades laborais b) Tratamento igualitário frente a oportunidades – Abertura para um tratamento justo ante as expectativas de melhora c) Crescimento profissional – Progresso de carreira dentro da empresa e oportunidades de evolução
6	Barreiras à inclusão	a) Assistencialismo – Custeio governamental b) Discriminação – Falta de compreensão quanto à sua situação por si mesmo ou por terceiros c) Cerceamento de oportunidades – Crenças limitantes que acabam por barrar o progresso do profissional

Fonte: Elaboração Própria.

As subcategorias indicam o estágio em que se encontra a inclusão social da pessoa com deficiência a partir da ótica dos envolvidos no levantamento. Este trabalho demanda, obviamente, uma reflexão global, para cruzamento das duas percepções, PcDs e gestores, propiciando a resposta ao questionamento principal do presente estudo, qual seja, compreender se há intersecção entre o ODS 08 da Agenda 2030 e a Lei de Cotas para pessoas com deficiência.

No próximo capítulo, vou detalhar esses resultados e apresentar o hexágono do trabalho decente da PcD, que representa os principais desafios relacionados à inclusão desse profissional no universo laboral, diante de tudo que já foi exposto.

Capítulo 6.

O HEXÁGONO DO TRABALHO DECENTE PARA A PESSOA COM DEFICIÊNCIA

Após realizar as entrevistas com os representantes do Grupo A e do Grupo B, minha pesquisa mapeou os seis principais desafios para promover o trabalho decente e o crescimento econômico para as pessoas com deficiência. Este hexágono, como alertado no capítulo anterior, destaca entraves à inclusão, integração e evolução desse profissional no universo laboral.

Como explicado, a análise das entrevistas realizadas com gestores resultou em quatro dimensões:

Figura 41
As 4 primeiras dimensões do hexágono do trabalho decente para a PcD

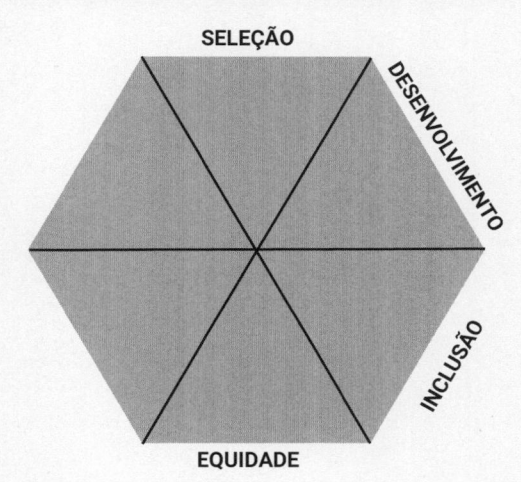

1. SELEÇÃO

A chegada de um talento à empresa é uma oportunidade de acrescentar valor ao negócio, dada a bagagem cultural e as competências que este profissional pode potencialmente oferecer ao futuro da empresa. Relevantes estudos nesse sentido[271] buscam evidenciar como, apesar da sua importância, o processo seletivo nem sempre encontra a pessoa correta para uma determinada função, devido às diferentes aptidões técnicas e conhecimentos demandados pelas diversas posições.

Para o psicólogo Edgar H. Shein, enquanto o "processo seletivo possui função prioritária quanto à identificação de pessoas com aptidões chave para ocupar uma função", cabe aos gestores a tarefa de identificar e aprovar aqueles que "possuem maior similaridade quanto ao proposto pelo candidato e pela empresa".[272] Ter, portanto, uma visão preparada para conseguir atender a essa expectativa é uma das muitas questões ligadas à inclusão de um novo talento ao grupo empresarial.

Na pesquisa que conduzi, os representantes das empresas manifestaram a intenção das companhias de sempre ter profissionais alinhados em termos de capacidades aos desafios propostos. Isso fica claro nas falas a seguir, ditas por diferentes gestores:

- "Aqui na empresa, buscamos todos os dias ter pessoas que possam ocupar funções e cargos adequados com a sua capacidade – sejam elas PcD ou não."
- "(...) ter o *fit* cultural da empresa é fundamental, mas ter as competências do cargo é algo relevante."
- "A empresa busca identificar o melhor departamento e função para que o funcionário tenha a melhor produtividade e, ainda, satisfação com a atividade a ser desempenhada, porque uma das obrigações da empresa é colaborar com a sociedade."
- "(...) é impossível esperar que uma pessoa que tenha alguma condição que limite a sua capacidade de executar uma atividade intelectual ou física, que ela o execute sem o devido treinamento

---

271 BURALLI, R.J. et al. Moving towards the sustainable development goals: unleash innovation lab experience. *Ambient. Soc.* v. 21. São Paulo. 2018. Disponível em: http://www.scielo.br/scielo.php?script=sci_arttext&pid=S-1414-753X2018000100401. Último acesso: 12 ago. 2019.

272 SHEIN, E.H. *Cultura Organizacional e Liderança*. São Paulo, Atlas, 2009.

e acompanhamento. Por isso buscamos o mínimo via processo seletivo, para que possamos lapidar o talento aqui dentro."

◼ "(...) o estudo de compatibilidade de atividades deve ocorrer antes da entrada do profissional, analisando questões objetivas e subjetivas como um todo (...); questões ambientais e de segurança do trabalho devem ser prioritárias."

O processo de contratação de um profissional exige a real percepção, por parte da liderança, quanto ao encontro dos elos interno e externo da organização, gerando uma intersecção entre a incidência de desejos e necessidades, parte pelos anseios do profissional, parte pelas carências da empresa, que busca no mercado de trabalho competências que agreguem valor ao seu negócio, causando potencialmente impactos positivos no contexto social da comunidade ao qual a empresa está inserida.

Figura 42
O segredo do sucesso

Fonte: Elaboração própria

Nesse sentido, a consultora Melissa Santos Bahia defende que "contratar um profissional para os quadros funcionais de uma organização" é "abrir a porta para que muitas realizações pessoais e sociais sejam satisfeitas através da atividade útil", e também desenvolver um papel fundamental para a plena realização dos anseios "sociais, criativos, individuais da condição humana enquanto ente relacional na sociedade expandida", que envolve e circunda o cidadão[273].

Para Veet Vivarta, coordenador do projeto "Mídia e Deficiência", parceria da Fundação Banco do Brasil e da Agência de Notícias dos Direitos da Infância (ANDI), o acesso ao trabalho "permite ao indivíduo exercer em plenitude seus desejos, tornando isso algo concreto e que possa atingir o

---

273 BAHIA, M.S. *Responsabilidade social e diversidade nas organizações*: contratando pessoas com deficiência. Rio de Janeiro: Qualitymark, 2006.

respeito esperado pela comunidade o qual está inserido".[274] Ele reforça que esse tipo de condição acompanha os seres humanos desde os períodos remotos, em que "convivíamos em aldeias, pólis e outros formatos rudimentares de sociedade", em que aqueles que conseguiam exercer uma função laboral eram considerados representantes de um "patamar diferenciado de merecimento em pertencer" à sua comunidade.

A preocupação das companhias com a função social, frente ao ecossistema empresarial ao qual está inserida, mostrou-se presente nas empresas pesquisadas e isso se concretizou da seguinte forma:

- "Nas primeiras semanas dos PcDs aqui, buscamos entender como ele se percebe frente aos demais colegas. (...) Isso não tem a ver com a sua função, mas como o indivíduo lida com as demais pessoas."

- "(...) o entendimento da pessoa, e mais, a aceitação da sua condição, é algo que me preocupa, porque a pessoa que não se aceita ou que tem preconceito com isso enxerga, às vezes, preconceito em todos os atos dos colegas."

- "A pessoa que passa por entrevista comigo (...) sempre é questionada sobre qual é o entendimento dela quanto à sua deficiência. (...) Pergunto isso porque a deficiência não pode estar nem na sua mente, nem no coração - se não a limitação será ainda maior do que de fato ela é. Tem que ser apenas uma deficiência física. (...) Se isso for alinhado desde o início, não haverá problema quanto à percepção dela dentro do time, nem com ela mesma."

- "Estar atento ao olhar do profissional com deficiência sobre o time e do time com o PcD é papel prioritário do gestor. (...) Eu mesmo já precisei aplicar medidas disciplinares, por conta de deboche (...)."

- "Sempre que contrato uma pessoa para trabalhar em minha equipe (...) busco entender se a empresa pode de alguma maneira contribuir com a carreira e a vida desta pessoa. (...) Se não houver troca entre competências entregues e realização pessoal, hoje em dia as pessoas não ficam mais na empresa."

Conforme apresentado anteriormente, as práticas de integração devem ser a primeira etapa para a inclusão social. Entretanto, para um avanço virtuoso, é necessário passos ainda mais largos rumo à inclusão social. Nesse sentido, conforme ressaltam especialistas e acadêmicos

---

274 VIVARTA, V. *Mídia e deficiência*. Brasília: Fundação Banco do Brasil, 2003.

dedicados ao estudo do tema,[275,276] a criticidade da avaliação ambiental é um momento crucial na contratação de uma pessoa com deficiência.

Pensar a inclusão sob a ótica das adaptações estruturais realizadas nas organizações permite compreender que os ajustes estruturais são necessários, de forma a propiciar o acesso da PcD às condições indispensáveis para uma entrega valorativa e comparável com o conteúdo de trabalho de uma pessoa que não possui uma limitação física ou intelectual para o desempenho de sua atividade. Esse conjunto de equipamentos inclusivos devem ser percebidos pela liderança como algo fundamental para que o profissional com deficiência possua condições para o desempenho de seu papel – e com segurança – nas dependências da empresa.

Para que a PcD seja incorporada ao time de trabalho e para que as práticas inclusivas sejam potencializadas, o estudo mostrou que há diversas formas de avaliação do posto de trabalho e do ambiente laboral, criadas para atender necessidades específicas tanto das organizações pesquisadas, quanto do profissional com deficiência ora contratado, conforme exposto a seguir:

- 💬 "Eu gosto sempre de alinhar com o RH e com a área de EHS [Environmental, Health and Safety, ou, em Português, em tradução livre, Meio ambiente, Saúde Ocupacional e Segurança do Trabalho] quais são os limites de esforço e coisas do tipo. (...) Tudo o que não quero é que a pessoa prejudique a sua saúde no trabalho."
- 💬 "(...) a proximidade de um banheiro adaptado para o membro da minha equipe é fundamental, então preciso olhar para isso com prioridade."
- 💬 "Existem casos em que é necessário um ajuste no posto de trabalho ou uma correção na área para que possamos receber melhor os PcDs (...)."
- 💬 "Temos que ter sensibilidade e um olhar atento para pegar se alguma coisa poderia ser melhorada para eles [PcDs]."

Libertar-se da condição limitante que acompanha as pessoas com deficiência é um elemento que, aliado ao autoconhecimento e à crença em sua capacidade, permite ao indivíduo evoluir rumo ao sonhado posto de trabalho. Conseguir acessar esse arcabouço presente em todas as pes-

---

275 BAHIA, M.S. *Responsabilidade social e diversidade nas organizações*: contratando pessoas com deficiência. Rio de Janeiro: Qualitymark, 2006.

276 SILVA, L.M.M.; BERNARDINELI, M.C. *Temáticas do meio ambiente de trabalho digno*. São Paulo: LTr, 2017.

soas, independentemente de sua condição física ou intelectual, precisa ser, segundo especialistas,[277] [278] [279] o entendimento de todos os envolvidos em um processo de seleção para PcD, desde o início dessa jornada.

Diante do apresentado nas narrativas dos gestores de PcDs e do referencial teórico apresentado anteriormente, percebe-se que existe um número significativo de elementos objetivos e subjetivos a serem percebidos pelos contratantes desse perfil profissional. Eles superam por certo a análise técnica e comportamental, muitas vezes vistas como fundamentais para o sucesso de um processo seletivo. Embora esse tipo de análise seja vital para a manutenção dos quadros de talentos das organizações, é preciso notar a importância das avaliações ambientais para que a contratação desses profissionais seja igualmente exitosa e garanta um contrato de longo prazo, capaz de aportar benefícios para a organização e para o indivíduo.

Entre os principais desafios no processo seletivo de pessoas com deficiência, os gestores que participaram do estudo fizeram algumas ponderações, relatadas a seguir:

- "(...) consigo ver pessoas que têm uma autoestima elevada e que se colocam bem na entrevista, mas não dá para dizer que são todos (...)."
- "Tem pessoas que se colocam em condições de inferioridade, desde a primeira pergunta na seleção, mas outros, que lidam melhor com a sua limitação e, por isso, conseguem apresentar melhor suas potencialidades para o cargo. Isso varia de pessoa para pessoa, mas junto com o nosso entendimento da deficiência como gestor, é necessário 'casar' com o entendimento do candidato quanto à sua situação (...)."
- "(...) conseguir o candidato que consiga se libertar da própria deficiência – este acho que é o maior detalhe que a empresa precisa ir a fundo, (...) porque muitos se encostam na própria deficiência e acham que aquele é o limite. Então, a gente tem que achar um candidato que não tenha limite – nem na mente, nem no coração (...). A gente tem pessoas bastante maduras, que já passaram pela fase de compreender a sua deficiência e estão com portas abertas

277 SÉGUIN, E. *Minorias e grupos vulneráveis*: uma abordagem jurídica. Rio de Janeiro, 2002.

278 GOLDFARB, C.L. *Pessoas portadoras de deficiência e a relação de emprego*: o sistema de cotas no Brasil. Curitiba: Juruá, 2007.

279 CAMARGOS, A.A.M. *Direito do trabalho no terceiro setor*. São Paulo: Saraiva, 2008.

para atravessar esta barreira; mas tem muitos que ainda colocam uma barreira nele mesmo. (...) Depende muito de como a família lida com isso, como ele se enxerga dentro da sociedade. O que eu observei é que a pessoa que tem uma deficiência física, mas que tem uma família por trás, se desenvolve muito melhor (...)."

▪ "Ter espaços adaptados a todas as deficiências é uma dificuldade neste processo (...)."

▪ "Eu vejo as questões de estrutura como sendo um desafio para que tenhamos uma diversidade maior de deficiências no chão de fábrica."

Um componente fundamental no acesso ao mercado de trabalho por PcDs é o desenvolvimento de suas competências antes mesmo do candidato aplicar a uma posição dentro de uma empresa.

Nesse sentido, o desembargador Ricardo Tadeu Marques da Fonseca destaca que "o processo de desenvolvimento da pessoa com deficiência possui mais 'curvas' do que linhas retas",[280] pois as "dificuldades em seu caminho para acessar uma sala de aula, seja ela no nível escolar que for",[281] por conta do esforço em ter que se adaptar "ao mundo educacional pouco adaptado e inclusivo",[282] torna a sua jornada ainda mais árdua.

A professora e especialista em Direito do Trabalho Maria Ivone Fortunato Laraia[283] e o professor e pesquisador em educação inclusiva, cognição, aprendizagem e desenvolvimento humano Paulo Ricardo Ross[284]convergem no entendimento de que o mundo insuficientemente adaptado coloca as pessoas com deficiência em um patamar pouco estimulado a buscar a qualificação necessária a ter condições de igualdade frente aos demais candidatos. Muitas vezes essa situação ocorre por não terem frequentado a escola até por vontade das famílias, como uma medida de proteção aos filhos, filhas, irmãos e outros familiares. Quando mal dosado, esse afeto protetor pode ser excludente e retirar a capacidade de competição em um mercado de trabalho cada vez mais concorrido.

280 FONSECA, R.T.M. *O trabalho da pessoa com deficiência e a lapidação dos direitos humanos*: o direito do trabalho, uma ação afirmativa. São Paulo: LTr, 2006.

281 Idem

282 Idem

283 LARAIA, M.I.F. *A pessoa com deficiência e o direito do trabalho*. Dissertação de Mestrado. São Paulo: PUC-SP, 2009.

284 ROSS, P.R. *Educação e trabalho*: a conquista da diversidade ante as políticas neoliberais. Campinas: Papiros, 2000.

A baixa qualificação dos candidatos com deficiência, algo que traz dificuldade para a inserção e desenvolvimento da PcD no mercado de trabalho, foi apontado por 50% dos gestores como algo muito presente no dia a dia da liderança. Isso fica evidente nas seguintes falas:

- "Conseguir pessoas com deficiência com uma boa qualificação é muito difícil. Em nenhuma empresa em que trabalhei, encontrei um grupo de PcDs que eu pudesse promover."
- "Nos dias de hoje, consigo entender por que muitas empresas não conseguem fechar as suas cotas. (...) É difícil achar um PcD que tenha investido em sua carreira, (...) ter uma visão de carreira, e mais, do seu papel nisso é difícil (...)."
- "Existe uma dificuldade grande de conseguir 'casar' PcDs que se desenvolveram academicamente e que topem trabalhar em funções mais operacionais ou ainda PcDs que não investiram na carreira e que queiram crescer internamente."
- "(...) eles [PcDs] têm uma crença de que a firma deve dar a eles todos os seus passos de progresso e isso não é uma verdade nem para não deficientes. Você precisa investir primeiro para depois colher."
- "Queria muito ter na minha equipe um supervisor PcD, mas a dificuldade existe em conseguir uma pessoa com formação suficiente para o cargo (...) eu acho isso uma pena, mas é a realidade."
- "Conheço pessoas que são excelentes comportamentalmente, mas que não investiram e cuidaram muito da parte acadêmica. (...) Isso acaba colocando funções operacionais à disposição deles (PcDs)."

Uma fronteira invisível alimentada por vieses inconscientes, que se tornam, no entanto, excludentes junto à jornada da pessoa com deficiência no mercado de trabalho é a generalização de que os PcDs possuem pouco desenvolvimento acadêmico. Ao longo de todo o presente livro, foram apontados exemplos de PcDs que atuam como juízes, consultores e pesquisadores, que promovem estudos em nível internacional, entre outras manifestações laborais com alto grau de complexidade e responsabilidade.

Da mesma forma, dentro da amostra colhida nas empresas pesquisadas, foram identificadas PcDs com formação acadêmica em andamento, concluída e em nível de pós-graduação. Ainda assim, persiste o entendimento de que há uma dificuldade grande em identificar profissionais desenvolvidos.

A **Figura 43** apresenta a distribuição de pessoas com deficiência por estado brasileiro, a partir dos dados capturados no último Censo no Brasil.

Figura 43
Distribuição de PcDs por estado brasileiro

TOTAL PCD	
2010	
UF	pessoas
Rondônia	345.580
Acre	165.892
Amazonas	790.647
Roraima	95.510
Pará	1.790.289
Amapá	158.770
Tocantins	307.449
Maranhão	1.641.771
Piauí	859.627
Ceará	2.340.329
Rio Grande do Norte	882.022
Paraíba	1.045.962
Pernambuco	2.425.900
Alagoas	859.707
Sergipe	518.568
Bahia	3.556.832
Minas Gerais	4.432.186
Espírito Santo	823.730
Rio de Janeiro	3.899.885
São Paulo	9.344.109
Paraná	2.280.548
Santa Catarina	1.330.704
Rio Grande do Sul	2.548.418
Mato Grosso do Sul	525.979
Mato Grosso	669.042
Goiás	1.392.790
Distrito Federal	573.805

Fonte: Censo 2010 – IBGE.

Os expressivos números apresentados pela **Figura 43** demonstram que há um universo pouco explorado pelas organizações: pessoas com capacidade de realização muito acima do que a massiva oferta de posições à disposição no mercado de trabalho para profissionais PcDs.

Estudo realizado por mim, em parceria com a professora do Programa de Pós-Graduação Strictu Sensu em Sustentabilidade da PUC Campinas Cibele Roberta Sugahara, buscou avaliar uma amostra mais especializada de uma agência de empregos dedicada à inclusão da pessoa com deficiência. Conforme publicado no livro *Sustentabilidade e Meio Ambiente: Perspectivas e Desafios*, ainda que existam empresas disponibilizando posições exclusivas para PcDs, tais vagas massivamente possuem menos complexidade e são lidas como oportunidades de menor relevância dentro das organizações.[285] Isso não é reconhecido ainda por parte das lideranças das empresas, embora seja realidade no mercado de trabalho. Note: seja ou não PcD, um profissional que investiu no desenvolvimento acadêmico em sua carreira estará pouco interessado em ocupar posições de baixa complexidade. E isso se amplifica conforme aumenta a quantidade de anos e de recursos que esse profissional dedicou ao seu desenvolvimento e capacitação.

No campo das dificuldades para a inclusão da pessoa com deficiência dentro das empresas, os gestores analisam que é importante preparar o entorno da PcD para melhor acolhimento:

- "Falar, treinar e preparar a equipe é fundamental (...)".
- "(...) eu tento mostrar para eles (time) que todos somos diferentes de alguma maneira."
- "A baixa qualificação e a maturidade da equipe para absorver esta pessoa que tem esta deficiência, porque não é simplesmente contratar; tem que preparar o ambiente para receber esta pessoa."
- "Os terceiros da limpeza, da segurança e do restaurante precisam ser preparados também para lidar com esta população. Se não, a empresa faz um monte de coisas e um PcD não consegue se servir no refeitório sozinho. (...) Isso é algo que a empresa precisa ficar atenta."

---

285 SCHNEIDER, PV; SUGAHARA, C.R. *Trabalho do Deficiente*: Assimetrias Frente ao Objetivo de Desenvolvimento Sustentável 08. Sustentabilidade e Meio Ambiente: Perspectivas e Desafios / Organizador Tiago Vinicius Silva Athayde. Maringá: Uniedusul, 2021.

> "Mais do que nos prédios, precisamos mudar a cabeça das pessoas que não tiveram contato com o assunto e que, por isso, não sabem se comportar frente a um PcD no time. (...) Dedicar tempo nas reuniões para desmistificar fantasias sobre a capacidade do colega é uma pauta fixa pra mim."

Para 17% dos líderes, um elemento que pode dificultar em alguns casos a inclusão dentro da organização é que nem todos os líderes da empresa possuem PcDs em seus times. Isso fica evidente nos trechos transcritos a seguir:

> "Eu entendo que todos os gestores deveriam ter esta experiência ao longo da carreira. (...) Ter PcDs é algo que desafia o líder todos os dias."

> "(...) O problema a ser superado para que a empresa toda seja mais inclusiva é que, em alguns casos, somente poucos gestores têm em sua equipe PcDs. Se em cada área tivéssemos pelo menos um PcD, a empatia seria maior na minha opinião."

Pelo estudo foi possível compreender que os entraves em relação ao acolhimento da pessoa com deficiência no ambiente laboral estão, em parte, relacionados ao tratamento despendido pelas empresas, por meio dos seus líderes. Há, porém, uma carga de preconceito que o agente carrega em si próprio ao tratar da sua própria condição.

Segundo Goldfarb, autora de *Pessoas portadoras de deficiência e a relação de emprego: o sistema de cotas no Brasil*, lidar com o preconceito próprio pode ser um dos maiores desafios da pessoa com deficiência, porque "o sentimento de autopiedade, ainda é muito presente neste perfil pessoal."[286] Outros especialistas[287] corroboram com esse entendimento, ressaltando que não basta um avanço das práticas e condutas da sociedade, tampouco dos protocolos e direcionamentos jurídicos. O desenvolvimento do indivíduo, com ou sem incentivo de uma organização ou até do Estado, se faz necessário para o progresso da questão.

---

286 GOLDFARB, C.L. *Pessoas portadoras de deficiência e a relação de emprego*: o sistema de cotas no Brasil. Curitiba: Juruá, 2007.

287 FREITAS, M. L. et al. A inserção de pessoas com deficiência no mercado de trabalho: uma reflexão à luz da responsabilidade social empresarial. *E&G*, Economia e Gestão, Belo Horizonte, v.17, n.48, set/dez, 2017. Disponível em: https://doi.org/10.5752/P.1984-6606.2017v17n48p98-118. Último acesso: 1 set. 2019.

Logo, o estudo apontou que, assim como a comunidade literária envolvida com a temática em tela,[288] [289] [290] os gestores estão preocupados com a adaptação do ambiente laboral para receber os profissionais com deficiência, de forma a garantir o desenvolvimento do seu potencial. Por isso, passa a ser fundamental compreender que existem pessoas que, por força de sua condição, podem se sentir debilitadas ao exercer determinada atividade, bem como entender os esforços realizados por parte das empresas para a chegada dessas pessoas.

Com base nos relatos capturados, cabe uma reflexão sobre a carga recebida pelas empresas, advindas das famílias e das próprias pessoas com deficiência, quanto à sua absorção no ambiente organizacional, independentemente de fatores psicológicos e autoaceitação da PcD, a extensão de sua condição limitante e suas virtudes a serem colocadas a serviço de uma posição remunerada. A pesquisa realizada revela um alinhamento com o ODS 08, principalmente em relação à meta 8.5, sobre o acesso ao "emprego pleno e produtivo e trabalho decente", fortalecendo ainda a busca por incluir as "pessoas com deficiência" em suas ambições de acesso à "remuneração igual para o trabalho de igual valor".

2. DESENVOLVIMENTO

Durante as entrevistas, os próprios gestores apontaram alternativas para que sejam contornadas as dificuldades e maximizadas as oportunidades levantadas durante o processo de seleção. Uma delas é o investimento em desenvolvimento das pessoas envolvidas na contratação,

---

288 COSTA, N.R. et al. *Proteção social da pessoa com deficiência no Brasil*. ABRASCO – Associação Brasileira de Saúde Coletiva. São Paulo: Ciência Saúde Coletiva, 2016.

289 COUTINHO, B.G. et al. Qualidade de vida no trabalho de pessoas com deficiência física. Trab. Educ. Saúde. v.15, n. 2, p.561-573. Rio de Janeiro, maio/ago, 2017. Disponível em: https://www.scielo.br/pdf/tes/v15n2/1678-1007-tes-1981-7746-sol00061.pdf. Último acesso: 1 out. 2019.

290 OLIVEIRA, A.L.M.; RESENDE, M.C. Oficinas vivenciais: reflexões sobre direitos humanos de pessoas com deficiências. São Paulo: Psicologia Escolar e Educacional, 2017. Disponível em: http://dx.doi.org./10.1590/2175-3539/2017/02121118. Último acesso: 1 set. 2019

hipótese corroborada por vários acadêmicos e especialistas,[291] [292] para garantir a contribuição de toda a comunidade de sustentação da PcD na manutenção da sua motivação e da inclusão nas atividades é essencial. E isso se faz com treinamento e capacitação dos times, líderes e demais pessoas presentes no contexto da empresa.

Essa convergência de pensamento foi exposta da seguinte maneira pelos gestores entrevistados:

- "Treinar e sensibilizar a todos para que a pessoa se sinta acolhida é uma ação que tem contribuído (...) em outras experiências que tive. As lideranças não deixavam tão claro qual era a nossa responsabilidade enquanto gestores. Estas sensibilizações não deixam dúvidas quanto às expectativas."

- "De uns tempos para cá, eu percebo que a empresa vem investindo bastante em comunicação e treinamento. As fotos de funcionários utilizadas ajudam a aproximar bastante os colegas do tema."

- "Muita instrução e muito diálogo com o time e com o novo funcionário (...). Não colocá-lo como uma peça especial dentro da equipe, não tratá-lo como uma pessoa especial, mas como todos. (...) Assim ele se sente incluído e as pessoas também o incluem. (...) Eu acredito que isso é uma parte-chave, assim como o diálogo sistemático, diário (...). A instrução tem que ser para todos – líderes, equipe e demais áreas, para que possam tratá-lo de modo adequado e para que ele [o funcionário com deficiência] se sinta acolhido dentro da empresa de modo muito natural."

- "Nós [gestores] precisamos de todo o suporte possível – do RH, de treinamentos e tudo o mais à disposição, porque hoje a universidade e os cursos de líderes dificilmente falam sobre este assunto. (...) O único lugar que resta para aprendermos é na prática e aí faltam ferramentas para poder contornar questões pessoais, frustrações, dificuldades em geral. (...) O PcD não tem dificuldades diferentes dos outros funcionários. O problema é que a solução que eu tenho para um não resolve o problema do outro.

291 ARAÚJO, J.P.; SCHMIDT, A. A inclusão de pessoas com necessidades especiais no trabalho: a visão de empresas e de instituições educacionais especiais na cidade de Curitiba. *Rev. bras. educ. espec.* 2006, v. 12, n.2, pp. 241-254. Disponível em: http://www.scielo.br/pdf/rbee/v12n2/a07v12n2.pdf. Último acesso: 19 jan. 2020.

292 BAHIA, M.S. *Responsabilidade social e diversidade nas organizações*: contratando pessoas com deficiência. Rio de Janeiro: Qualitymark, 2006.

(...) Se eu digo para um funcionário para ele se qualificar, preciso ressignificar para ele o que é se qualificar. (...) A compreensão é outra e, por isso, a forma de abordar precisa mudar também."

■ "No início eu via os treinamentos como algo chato, porque eu não tinha PcD na minha equipe. (...) Hoje vejo que não haveria meios para liderar um PcD sem este tipo de preparação."

Para Ribas, autor de *O que são deficientes,* quando o mundo passa a "visualizar a presença da pessoa com deficiência dentro da sociedade, ela passa a aprender junto com estas pessoas o valor de conceder espaço"[293] para que todos possam conviver de modo harmonioso. Segundo o autor, é preciso "entender que não só a pessoa com deficiência precisa aprender a conviver com a sua deficiência", mas sim "o mundo ao redor precisa aprender igualmente em como dar espaço para este cidadão" que possui necessidades diferentes, mas em muitos outros fatores, apresenta "exatamente as mesmas pretensões de qualquer outra pessoa" de reconhecimento como um ser humano capaz.

Demonstra-se assim a importância de incentivar a construção de uma sociedade inclusiva que não se limite à relação de trabalho, mas que estenda a necessidade de "cotas" em outros espaços coletivos, como estacionamentos, públicos ou privados, além de acesso à educação inclusiva e eventos culturais, de forma a viabilizar o desenvolvimento intelectual da pessoa com deficiência. Esse conjunto de elementos garantidores dentro da sociedade, e via de regra fora da empresa, asseguram a inclusão da PcD.

É preciso compreender que essas concessões públicas não são benefícios proporcionados para a garantia de vantagens ou mordomias às PcDs, mas instrumentos que permitem condições de equidade em todos os espaços de convívio desses indivíduos. Viabilizar esse caminho sem a conscientização dos demais membros da sociedade prejudica a garantia de disponibilidade e respeito a essa situação, práticas e espaços. Educar as pessoas quanto à não utilização desses equipamentos, caso não se enquadre como pessoa com deficiência, é vital – por exemplo, para que o acesso em momento de necessidade lhes seja garantido.

A pesquisa demonstrou que a força da percepção de ganhos, ao investir em processos de desenvolvimento supera a liderança, se estende para os colegas no entorno da PcD, conforme exemplificado a seguir:

---

293 RIBAS, J.B.C. *O que são deficientes*. São Paulo: Brasiliense. 2003.

- "Quando começaram a ocorrer as sensibilizações, eu tinha que forçar um pouco o assunto com meu grupo. Percebia pouca motivação. (...) Foi a partir da fala de alguns outros colegas quanto aos ganhos que os times de modo geral estavam percebendo e a emoção das pessoas que participavam de oficinas vivenciais, que as pessoas foram motivadas a participar. (...) Eu enxergo muita mudança no meu time no que diz respeito a empatia hoje."

- "Às vezes, tenho que pensar com carinho quem eu posso liberar para as palestras, porque, em mais de uma situação, estava com o time todo lá e o departamento ficou vazio. (...) Todos querem participar."

- "Eu descobri através do meu time uma outra forma de desenvolver pessoas, (...) que é através da emoção. (...) Nas sensibilizações todos voltam para o setor com os olhos inchados [por chorar] ao ouvir as dificuldades que um colega com deficiência enfrenta ou a mãe dele. As pessoas conseguem se colocar no lugar do outro."

- "Os treinamentos trazem para o nível da consciência coisas que achamos que sabemos, mas que na verdade somos movidos pelos vieses que todos nós carregamos internamente."

- "Foi a partir de um treinamento e da emoção da fala de um colega com deficiência que eu me senti mais conectado com o assunto e me prontifiquei no RH a ter uma PcD no meu time. (...) Hoje eu não perco um treinamento ou sensibilização e percebo que o meu time também não, (...) acho que motivados pela oportunidade de aprender como lidar com o colega especial."

Os ganhos do processo de desenvolvimento podem, inclusive, contribuir para comportamentos fora dos limites da empresa no âmbito da inclusão, como deixa claro a narrativa a seguir:

- "Meu olhar hoje está mais preparado para lidar com as necessidades de pessoas com deficiência nos mercados, calçadas e na universidade. (...) Inclusive, eu passei a ver como o mundo não é adaptado para estas pessoas."

Para a professora da Universidad de San Buenaventura, Cartagena, Nina Ferrer Araújo, não há outro caminho para que o "entorno dos seres humanos se transforme senão através da educação." [294] As práticas e a realidade vividas pelo indivíduo constroem uma base cultural. No

---

294 ARAÚJO, N.F. Los nuevos movimientos sociales y las ciudadanías emergentes: reflexiones desde el concepto de democracia radical y el movimiento LGBTI en Colombia. Estud. Socio-juríd., Bogotá (Colombia), 19(1): 43-62, enero-junio de

entanto, a educação contribui para a evolução enquanto pessoa, cidadão e, em sentido mais amplo, membro singular pensante no globo terrestre. Como poderia ser diferente dentro de uma empresa em que o olhar aplicado à atividade laboral se define pelo pensamento colocado a serviço das rotinas cotidianas dos próprios ambientes de trabalho?

Aliar o desenvolvimento profissional do entorno na jornada de inclusão das pessoas com deficiência no universo do trabalho permite à PcD, ao ingressar na empresa, perceber o acolhimento necessário para contribuir com o novo empregador. Assim sendo, todos os esforços possíveis para que a pauta da diversidade e inclusão seja uma realidade no dia a dia da empresa não devem, segundo a professora da Universidade Federal da Paraíba Izaura Maria de Andrade da Silva,[295] ser medidos.

Exigir dos indivíduos que a inclusão ocorra apenas pela contratação de pessoas com deficiência demonstrou-se ineficaz quanto à derrubada do preconceito e de vieses que, como já dito, atrapalham em muito o entendimento das potencialidades da pessoa com deficiência no ambiente de trabalho. Daí, conforme destacam diversos especialistas e acadêmicos,[296] [297] [298] a necessidade de a dimensão *desenvolvimento* ser considerada um elemento- chave para evolução desta pauta dentro das organizações.

Nesse sentido, destaco a lacuna existente para construção de uma rede de sustentação para a PcD após a sua contratação, o que permitiria que a experiência dentro da organização fosse duradoura e frutífera, pavimentando uma carreira profissional da qual a pessoa com defi-

2017, 2017. Disponível em: http://www.scielo.org.co/pdf/esju/v19n1/v19n1a03.pdf. Último acesso: 16 fev. 2020.

295 SILVA, I.M.A. *Políticas de educação profissional para pessoas com deficiência*. Tese de doutorado. Belo Horizonte: Faculdade Federal de Minas Gerais, 2011.

296 PASTORE, J. *Oportunidades de trabalho para as pessoas com deficiência*. São Paulo: LTr, 2000.

297 VIDEA, R.A.P. Comprendiendo la discapacidad intelectual: datos, criterios y reflexiones. RIP: reflexiones en psicología 15: p. 101-122, junio 2016. Disponível em: http://www.scielo.org.bo/pdf/rip/n15/n15_a07. Último acesso: 22 ago. 2019.

298 OLIVEIRA, A.L.M.; RESENDE, M.C. Oficinas vivenciais: reflexões sobre direitos humanos de pessoas com deficiências. São Paulo: Psicologia Escolar e Educacional, 2017. Disponível em: http://dx.doi.org./10.1590/2175-3539/2017/02121118. Último acesso: 1 set. 2019

ciência pudesse se orgulhar, evoluir e, acima de tudo, como lembram vários especialistas e acadêmicos[299 300 301] se sentir parte da sociedade.

Em *Minorias e grupos vulneráveis: uma abordagem jurídica* a defensora pública Élida Séguin afirma que "todo grupo vulnerável precisa de estímulos constantes para que busque a sua evolução". Caso o contrário, "o projeto de socialização ou inserção social naufraga antes mesmo de partir deixando a costa". Destaca ainda que as pessoas enquadradas como minorias na sociedade brasileira "via de regra não possuem em seu entorno familiar, tais ambições evolucionistas", o que dificultando ainda mais o desafio da inclusão social por meio do trabalho e outras atividades que exijam o empenho e dedicação do agente oriundo desse sistema de exclusão.[302]

É por isso que, no meu entendimento, a parcela que cabe a esta categoria, denominada *desenvolvimento*, pesa em muito no sucesso da inserção da PcD no mercado de trabalho, tendo em vista que a preparação do entorno do indivíduo exige tanta ou mais atenção que as próprias exigências profissionais atribuídas às competências para ocupação de um cargo de trabalho. Tornar esse ciclo de desenvolvimento vivo, por intermédio de treinamentos, sensibilizações e experiências vivenciais, mostrou-se relevante na fala dos gestores entrevistados.

---

299 Oliveira, C.C. *O trabalhador portador de deficiência física e sua inclusão no mercado de trabalho.* Dissertação de Mestrado. Pontifícia Universidade católica do Rio Grande do Sul, Porto Alegre, 1999.

300 NERI, M. *Retratos da deficiência no Brasil (PPD).* Rio de Janeiro: FGV/IBRE, 2003.

301 LARAIA, M.I.F. *A pessoa com deficiência e o direito do trabalho.* Dissertação de Mestrado. São Paulo: PUC-SP, 2009.

302 SÉGUIN, E. *Minorias e grupos vulneráveis:* uma abordagem jurídica. Rio de Janeiro: Forense, 2002.

Figura 44
O Tripé para Acolhimento e Inclusão da PcD

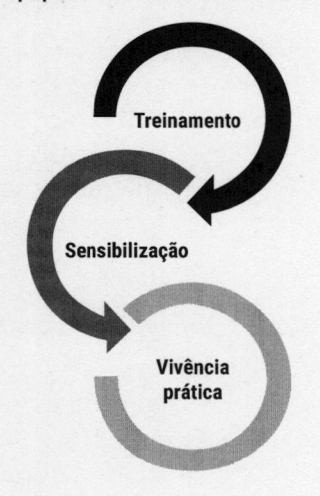

Fonte: Elaboração própria,

Finalmente, resta destacar a importância de replicar em outras empresas as ações adotadas pelas organizações entrevistadas como modelos positivos para desenvolvimento não só de gestores e times, mas também da própria pessoa com deficiência, que carece de iniciativas de alavancagem de suas potencialidades, como já comentado anteriormente. Essa é uma das portas de acesso ao trabalho digno e crescimento econômico de modo consistente para a PcD.

3. INCLUSÃO

Em um mundo pautado pelo capitalismo como modelo econômico, é muito difícil falar em estabilidade no emprego. Mesmo dentro das instituições públicas, nas quais se construiu os conceitos de não remoção da função pública, com os chamados planos de carreira e salvaguardas jurídicas, mesmo com a alternância política e as aquisições de empresas públicas por empresas privadas ao longo da história, percebe-se o enfraquecimento desse tipo de configuração laboral mais estanque, como destacam diversos especialistas e acadêmicos.

Entretanto, para que o trabalho digno possa gozar do todo de sua expressividade, as pessoas devem se sentir minimamente seguras dentro do ambiente laboral, libertando-se da ameaça constante da perda potencial de sua ocupação.[303] [304] [305] A inclusão também passa pelas condições oferecidas para manutenção e conservação do posto de trabalho.

Fica evidente nas entrevistas com gestores o quanto essa situação, quando não gerenciada, pode ser prejudicial para a PcD e para a empresa:

- ■ "É importante que todos os funcionários compreendam as flutuações no mercado em que estamos inseridos, que é muito dinâmico, independentemente do nível ou função desempenhada. (...) Ter a consciência de que todos nós estamos sendo medidos pela nossa performance e pela entrega diária, também é importante. (...) Caso contrário, o funcionário pode entender que somente por estar em uma empresa como a nossa (...) é suficiente para que nunca mais tenha que procurar outro emprego."

- ■ "Nós tentamos demonstrar na prática a importância de uma avaliação de desempenho, mas muitas pessoas não viveram isso antes de chegar aqui, (...) então apresentar critérios objetivos para que a performance seja medida ainda é um desafio."

- ■ "(...) transparência sobre o que acontece no negócio e que todos podemos perder nossos empregos durante uma crise como a que estamos vivendo é importante. (...) Não vejo que um PcD com limitação física possa ter dificuldade em compreender isso (...) o mesmo não se pode dizer sobre pessoas com deficiência intelectual."

- ■ "A empresa pode se prejudicar caso o profissional não compreenda que a performance é um elemento chave para a permanência na companhia. (...) Isto é um item que não podemos nos omitir jamais, principalmente para um PcD (...) que pode, não digo que

303 ARAÚJO, J.P.; SCHMIDT, A. A inclusão de pessoas com necessidades especiais no trabalho: a visão de empresas e de instituições educacionais especiais na cidade de Curitiba. *Rev. bras. educ. espec.* 2006, v. 12, n.2, pp. 241-254. Disponível em: http://www.scielo.br/pdf/rbee/v12n2/a07v12n2.pdf. Último acesso: 19 jan. 2020.

304 RIBEIRO, M.A. et al. Decent work in Brazil: context, conceptualization, and assessment. Journal of Vocational Behavior, v. 112. Elsevier, 2019. Disponível em: https://www.sciencedirect.com/science/article/abs/pii/S0001879119300533. Último acesso: 1 mar. 2020.

305 SACHS, I. Inclusão social pelo trabalho decente: oportunidades, obstáculos, políticas públicas. Estud. av. v.18 no.51 São Paulo May/Aug. 2004. Disponível em: http://www.scielo.br/pdf/ea/v18n51/a02v1851.pdf. Último acesso: 7 dez. 2019.

todos são assim, mas eles (PcDs) às vezes confundem a cota com estabilidade e são coisas distintas uma coisa da outra."

- "Eu indico pessoas que já estão aqui na empresa há mais tempo para que elas (PcDs) possam conversar sobre carreira. (...) É um fato que eles são mais desconfiados e muitos têm a crença de que não terão as mesmas oportunidades de crescimento por ser PcD."
- "Alguns chegam com medo de ir para a rua por qualquer erro e, às vezes, tentam esconder alguma falha, independentemente se pequena ou grande. (...) Eu tento demonstrar que isso pode impactar na confiança na pessoa."

De acordo com estudos contemporâneos,[306] [307] [308], as questões relacionadas à gestão adequada da performance também são um fator fundamental para que o profissional, independentemente de ter uma limitação ou não, possa se sentir comprometido e consciente das possibilidades de progressão de carreira dentro da empresa. Dessa forma, percebe-se que as empresas pesquisadas possuem processos estruturados que beneficiam a gestão e a avaliação da performance, apoiando assim a progressão dentro da carreira desempenhada pelo profissional. Esta afirmativa está pautada nas seguintes narrativas:

- "O que queremos é a busca pelo crescimento profissional das pessoas. (...) Então, não é porque ela entra em uma função que ela vai ficar somente limitada àquela atividade (...). A parte inclusiva é você vislumbrar o crescimento desta pessoa com deficiência em outras atividades e isso a gente pratica. (...) Não é porque ele [o funcionário] tem uma deficiência física que está limitado a praticar algumas atividades que não o permita crescer e ter um plano de carreira dentro da própria empresa. (...) Isso vai muito do gestor e da empresa - proporcionar e fazer estas aberturas, (...) a avaliação de desempenho, que possui um ciclo próprio anual aqui dentro e permite corrigir a rota e posicionar (...) o liderado, para que ele

306 ELKINGTON, J. *Sustentabilidade, canibais de garfo e faca*. São Paulo: M.Books, 2012.

307 COUTINHO, B.G. et al. Qualidade de vida no trabalho de pessoas com deficiência física. Trab. Educ. Saúde. v.15, n. 2, p.561-573. Rio de Janeiro, maio/ago, 2017. Disponível em: https://www.scielo.br/pdf/tes/v15n2/1678-1007-tes-1981-77 46-sol00061.pdf. Último acesso: 1 out. 2019.

308 COHEN, T.; MOODLEY, L. Achieving "decent work" in South Africa? P.E.R., V. 15, n.º 2, 2012. Disponível em: http://dx.doi.org/10.4314/pelj.v15i2.12. Último acesso: 1 mar. 2020.

possa crescer, que é o sonho de todo o gestor, ver o seu time superando a ele próprio. (...) Não temos distinção na hora de avaliar se a pessoa tem deficiência ou se não tem, se tem este ou aquele credo religioso. (...) O mais importante nesta hora é o potencial da pessoa, que é medido anualmente, via avaliação de performance (...). Ela é a mesma - independentemente de ser PcD ou não. O formúlário padrão é explicado e compartilhado com todos no início de cada ciclo, para que as regras sejam claras para todos (...)."

De acordo com especialistas,[309] o compromisso com o desempenho individual dos seus liderados é um comportamento vital para que o progresso almejado pelo time, alavancado pelo líder, possa ser uma realidade dentro das organizações.

Apontar os caminhos a serem seguidos pela pessoa com deficiência dentro da empresa, garantindo um retorno concreto à sua performance, colabora em muito no ganho da estabilidade da relação de trabalho. A fala a seguir demonstra como é enfrentado o tema dentro das companhias:

> "Duas vezes por ano eu converso sobre performance e o feedback é entregue para tentar colocar as pessoas nos trilhos. (...) Às vezes, nós temos que ser um pouco mais firmes, mas sempre demonstrando que só depende deles ter uma carreira longa na empresa. (...) Eu tento demonstrar que também comecei de baixo e que esta é a história de todos os líderes da empresa. (...) O fato é que ainda percebo um pouco de expectativa por parte do meu time que eu 'abra as portas para eles' (...) e a verdade é que eu consigo abrir as portas para a minha carreira e trabalho para orientar e apontar caminhos para que cada um abra a sua. (...) Esta é a força do feedback, (...)um presente que se dá ao outro."

Ter um horizonte de crescimento, pautado em certezas de um futuro na organização, permite ao profissional planejar a sua vida, estruturando-se em um ambiente que não lhe tem apenas para cumprir cota ou uma exigência legal, mas para concretizar um elemento-chave para o trabalho decente, sustentado por liberdades reais das pessoas, como preconizado por Amartya Sen. A fala a seguir ilustra bem este compromisso:

> "Temos muitos exemplos de pessoas bem-sucedidas e falo para os meus liderados que o próximo a sentar na minha cadeira deveria vir de dentro do nosso grupo. (...) Quando converso indivi-

---

309 FREITAS, M.N.C.; MARQUES, A.L. *Trabalho e Pessoas com Deficiência*: pesquisas, práticas e instrumentos de diagnóstico. São Paulo: Juruá, 2009.

dualmente, instigo este profissional para que ele seja o primeiro gestor PcD de toda a empresa. (...) Quero que ele tenha este objetivo, (...) porque eu sei que isso é possível e só depende dele, mas não posso acreditar sozinho nisso."

Da mesma forma, vários especialistas e acadêmicos[310][311] entendem que o papel do líder em transmitir certezas para o seu grupo colabora muito com o senso de pertencimento, além de dar segurança diante de ameaças arbitrárias de um empregador menos engajado com essas temáticas.

Permitir que o profissional possa fazer planos de longo prazo, bem como se desenvolver para além do momento atual, são características de empresas que se preocupam com o bem-estar e com a manutenção dos postos de trabalho, empenhando-se com as pessoas que ali entregam, por meio da função que exercem, o seu melhor diariamente. No mesmo sentido, alinham-se ao espírito proposto pelo ODS 08 quando este se direciona para a promoção do "crescimento econômico sustentado, inclusivo e sustentável", pautando ações para acesso a uma remuneração justa e igualitária, independentemente de marcadores sociais.

4. EQUIDADE

O tratamento pautado na equidade demonstrou-se preservado pelas empresas entrevistadas por meio dos seguintes relatos de seus gestores entrevistados:

- "Por aqui temos uma única tabela salarial, então não importa se sou alto, baixo, negro, mulher, PcD ou LGBT, todos nós temos o mesmo tratamento."
- "Eu, como gestora mulher, já sofri preconceito em outra empresa por trabalhar no meio de homens. Isso não existe aqui. (...) O mesmo eu vejo para eles [os funcionários com deficiência]."
- "O trabalho igualitário depende de cada um, mas todos recebem uma instrução de trabalho, que permite, ao começar a atividade, entender o quanto a sua contribuição impactará direta ou indireta-

310 ALVARENGA, R.Z. *Trabalho decente*: direito humano e fundamental. São Paulo: LTr, 2016.

311 GALVÃO, M. F.G.; LEMOS, A.H.C.; CAVAZOTTE, F.S.C.N. Revisiting the mainstream: the meaning of work for people with acquired disabilities. Disponível em: http://www.scielo.br/scielo.php?script=sci_arttext&pid=S1678-69712018001000604. Último acesso: 1 jul. 2019.

mente na entrega do time. (...) Então, todos sabem no dia-a-dia as suas entregas diárias, por isso são tratados com igualdade. A entrega é, portanto, de cada um, em igual condição de performance (...)".

- "Entender que as pessoas são diferentes e que isso é bom (...) foi o meu maior aprendizado neste ano."

- "Eu não trabalharia em uma empresa que não fosse igualitária. (...) Todo dia o meu nome está junto ao da empresa. (...) Ser igualitário no tratamento para mim é um valor e fazemos bem isso por aqui (...) de modo natural."

Houve ainda relatos de compartilhamento de informações do negócio com o time, além de rotinas regulares de *feedback* sobre o desempenho de cada profissional, concretizando na prática uma medição única a cada funcionário sobre as suas entregas. Os seguintes relatos corroboram essas práticas:

- "O que mais dedico tempo como líder é o momento das devolutivas de performance. (...) Por mais pessoas que tenha na minha equipe, eu sei que cada um deles espera por esta avaliação o ano todo. (...) Eu não posso falhar e comparar as pessoas entre si – cada um é singular. (...) Eles precisam se sentir assim na prática."

- "Tento demonstrar que errar não é problema, para que todos se sintam acolhidos. (...) Eu sempre preferi ter no time pessoas que tentam e erram do que os que não erram e não se desafiam. (...) Na hora da avaliação, levo isso em conta e peço para que as PcDs possam se desafiar também todos os dias, (...) mostrando que isso será pontuado."

- "Aqui dentro a 'remada' de cada um é importante e na avaliação deixo isso claro, sem fazer comparações dentro da equipe."

- "Eu converso com todos eles – além de compartilhar a saúde da empresa, dúvidas e informações são sanadas diariamente. (...) Eu estou sempre próxima, perguntando se eles precisam de algo dentro da área. Verifico constantemente se a função está adequada para as deficiências. (...) Às vezes, eu me acho até chata, mas preciso saber se eles [os funcionários com deficiência] entendem com clareza, porque preciso que façam determinadas coisas dentro da área. (...) O que mais me preocupa é que a PcD pense que está fazendo atividades que não deveriam ser desempenhadas por ela, (...) só por ser PcD. (...) Regularmente elas recebem feedback sobre a performance e as condições em que estão sendo percebidas por mim e meus superiores. Sou muito grata por ter promovido dois funcionários com deficiência na minha área para funções que possuem maior complexidade, (...) tudo graças à performance deles. (...) Se têm alguma pergunta, tem total abertura para me procurar. (...) Neste ponto, [avaliação de performance], a gente sabe que se existe um padrão a ser seguido, todos têm que seguir (...). Todos têm o mesmo critério para crescimento na carreira e há um cuidado importante para que as metas sejam distribuídas, conforme a capacidade, (...) recebendo as condições para que possam desempenhar as suas atividades."

Cada vez mais emerge dentro das organizações o valor da diversidade e da pluralidade nas formas de agir e pensar, contribuindo em muito com o processo evolutivo. Trata-se da visão de uma gama elevada de autores [312] [313] sobre a temática atual, também crescente no mercado de trabalho e, em muitos casos, atreladas à inovação e à concretização de um futuro frutífero e longevo para todas as organizações.

A partir da leitura dos parágrafos anteriores, é possível compreender o valor prático da palavra *equidade* dentro das organizações, a partir do tratamento justo e não discriminatório, em que os gestores compreendem seu papel na jornada evolutiva para que uma sociedade plural – ou seja, pautada na diversidade – possa emergir significativamente no Brasil.

A compreensão do fundamental papel da diversidade de opiniões e de pontos de vista sob um determinado tema alavanca a inovação prática no cotidiano da empresa. Isso tem modificado o perfil demográfico das organizações ao redor do mundo, colaborando com a presença crescente de pessoas diferentes do tradicional perfil do homem cisgênero, branco, heterossexual, oriundo da classe média. Esse retrato dominante durante as últimas quatro décadas ainda é o arquétipo principal dentro das corporações – e, mais especificamente, nos quadros de liderança.

---

312 ARAÚJO, N.F. Los nuevos movimientos sociales y las ciudadanías emergentes: reflexiones desde el concepto de democracia radical y el movimiento LGBTI en Colombia. *Estud. Socio-juríd.*, Bogotá (Colombia), 19(1): 43-62, enero-junio de 2017, 2017. Disponível em: http://www.scielo.org.co/pdf/esju/v19n1/v19n1a03.pdf. Último acesso: 16 fev. 2020.

313 GALVÃO, M. F.G.; LEMOS, A.H.C.; CAVAZOTTE, F.S.C.N. Revisiting the mainstream: the meaning of work for people with acquired disabilities. Disponível em: http://www.scielo.br/scielo.php?script=sci_arttext&pid=S1678-69712018001000604. Último acesso: 1 jul. 2019.

Os instrumentos para garantir a igualdade de tratamento e a diversidade dentro do time também foram compartilhadas, formatando um comportamento presente que merece destaque:

- "Se todos forem iguais no time, a empresa sai perdendo. A diferença nos fortalece, (...) eu tento mostrar isso ao departamento."
- "A diferença nos une, mas é o comportamento individual que nos permite progredir. (...) No momento da avaliação de performance, eu balanço sempre como foram as entregas e o quanto a pessoa buscou se desenvolver. (...) Se consigo perceber que a pessoa tem gana e quer evoluir, coloco ainda mais energia para que avance. (...) Eu percebo que incentivar o coletivo e promover os 'gols marcados' individualmente (...) fortalecem muito a capacidade e a motivação do grupo."
- "Parte deles [os funcionários com deficiência] manifestam, em muitos casos, uma ambição em crescer e para onde gostariam de crescer. (...) No processo de avaliação de performance, eu já começo a vislumbrar algumas oportunidades que podem estar abertas para eles. Falo com a minha liderança e busco atender a expectativa. (...) Claro que sozinha não consigo muita coisa, mas a performance da PcD, somada às atitudes que se espera de qualquer profissional, propicia o crescimento na empresa. (...) As PcDs precisam abrir um pouco mais os olhos e entender que há muitas oportunidades de crescimento e que podem contar comigo como gestora para contribuir com esta caminhada (...)."

O trecho a seguir corrobora ainda mais a fala do entrevistado anterior:

- "Estou sempre incentivando elas (PcDs) a se candidatarem em recrutamentos internos, mesmo aquelas que não são da minha área. Fico instigando para que estudem os temas com os quais trabalhamos aqui. (...) Algumas pessoas demonstram interesse, (...) mas não é a maioria, o que é uma pena (...) a condição de inferioridade. Nem sempre vem do ambiente externo."

O tratamento equitativo dentro das equipes de trabalho deve ser um compromisso diário da liderança. Esse desafio, em meio a grupos industriais, com times compostos por dezenas de pessoas, pode ser ainda maior. No entanto, estudiosos do assunto[314][315][316] convergem na compreensão do quanto essa é uma forma virtuosa de construir um ambiente seguro para que a PcD possa se sentir parte, desfazendo qualquer crença limitante que não a permita progredir frente ao seu crescimento econômico e individual.

A partir da *equidade*, renova-se a expectativa da pessoa com deficiência de ser bem-vinda no espaço onde está sendo convidada a interagir por meio de uma função profissional. Desse modo, destacam diversos estudos e pesquisas,[317][318], [319][320][321] funcionários e empresas podem se beneficiar de um ambiente de referência no tratamento igualitário, diminuindo a dificuldade pela busca de profissionais em um mercado cada vez mais competitivo, que é o universo de contratação de um profissional com deficiência.

Entre todos os desafios enfrentados pela PcD, talvez a *equidade* seja a maior barreira, como já introduzido anteriormente na presente pesquisa. Desde 1999 a OIT vem perseguindo essa temática com afinco, como forma de frear o avanço das desigualdades sociais ao redor do mundo. É também, como corroboram autores na temática da sustentabilidade aplicada ao universo do trabalho, elemento fundamental da Agenda 2030, a partir de suas ambições de promover o acesso ao trabalho de-

314 SASSAKI, R.K. *Vida independente*: História, movimento, liderança, conceito, filosofia e fundamentos; reabilitação, emprego e terminologia. São Paulo: RNR, 2003.

315 SANTOS, A.C. *Inserção laboral das pessoas com deficiência nos Sistema S da cidade de São Carlos*. Tese de Doutorado, 2018.

316 BARBOSA, N. et al. *Indústria e desenvolvimento produtivo no Brasil*. Rio de Janeiro: Elsevier: FGV, 2015.

317 OIT. *Oportunidades de trabalho para portadores de deficiência*: um guia para as organizações de empregadores, Brasília: CORDE, 1994.

318 SÉGUIN, E. *Minorias e grupos vulneráveis*: uma abordagem jurídica. Rio de Janeiro: Forense, 2002.

319 FONSECA, R.T.M. *O trabalho da pessoa com deficiência e a lapidação dos direitos humanos*: o direito do trabalho, uma ação afirmativa. São Paulo: LTr, 2006.

320 COSTA, N.R. et al. *Proteção social da pessoa com deficiência no Brasil*. ABRASCO – Associação Brasileira de Saúde Coletiva. São Paulo: Ciência Saúde Coletiva, 2016.

321 OIT. Trabalho Decente. Brasília: OIT, 2019. Disponível em: https://www.ilo.org/brasilia/temas/trabalho-decente/lang--pt/index.htm. Último acesso: 2 nov. 2019.

cente e o crescimento econômico de todas as pessoas, independentemente de suas características singulares.[322] [323] [324]

No entanto, há de se compreender que esse exercício de garantir as mesmas condições em escalas diferentes, sem que as pessoas estejam em desvantagem, ou pelo menos não a percebam como tal, já figuram entre as principais preocupações dos bons líderes. Parece algo pouco relevante, mas como percebido nas duas últimas falas compartilhadas, o desafio da promoção da *equidade* deve sair da lista de preocupações das PcDs para ocupar as prioridades da liderança, garantindo que a sociedade e o mercado de trabalho evoluam a passos mais largos para a inclusão social da pessoa com deficiência no mercado de trabalho, além de se aproximar dos objetivos da Agenda 2030 em relação à equidade social associada ao trabalho decente.

Por fim, a partir das entrevistas, pode-se compreender ainda como o ODS 08 colabora especialmente com a meta 8.8, que prevê a proteção dos direitos trabalhistas e visa "promover ambientes de trabalho seguros e protegidos para todos os trabalhadores", independentemente de sua condição singular.

6.1. O OUTRO LADO DO ESPECTRO: COM A PALAVRA OS PROFISSIONAIS COM DEFICIÊNCIA

Finalmente, a análise das entrevistas feitas com os profissionais com deficiência completa o hexágono do trabalho decente para PcD. Vale ressaltar a ressonância observada nos dois grupos em relação aos primeiros tópicos.

---

322 SACHS, I. *A terceira margem*: em busca do ecodesenvolvimento. São Paulo: Companhia das Letras, 2009a.

323 ALVARENGA, R.Z. *Trabalho decente*: direito humano e fundamental. São Paulo: LTr, 2016.

324 Idem 321.

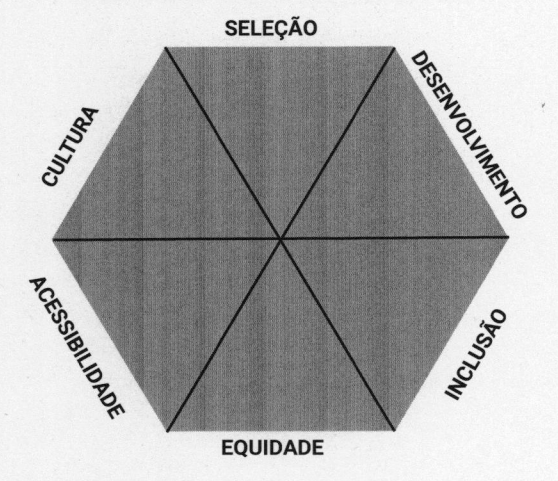

Figura 45
As 6 dimensões do trabalho decente para a PcD

1. PROCESSO SELETIVO

Conforme apresentado ao longo deste livro, a busca por um trabalho decente é condição relevante para os conceitos contemporâneos de cidadania. Entende-se que é por meio do acesso à função laboral que o indivíduo se permite a manutenção de atos normais da vida e atribui à sua existência, em muitos casos, a capacidade evolutiva e o crescimento econômico, conferindo a si próprio, bem como a todos aqueles que o rodeiam, as condições necessárias para a inclusão e evolução no contexto social.

Sendo assim, é fundamental um processo seletivo justo, isento e igualitário para todos os indivíduos que buscam uma posição dentro de uma empresa. Essa é a porta de entrada para o mundo do trabalho. Todo profissional passará por algum tipo de seleção, com ou sem outros candidatos, independentemente do tamanho da empresa.

A pesquisa aplicada nas duas organizações possibilitou entender as condições em que a seleção se dá dentro das empresas, além de lançar um olhar sobre como o mercado se comporta frente ao tema:

💬 "Não vejo diferença no processo seletivo ou nas entrevistas; (...) vejo no comportamento das empresas quanto ao tratamento dispensado ao deficiente. (...) Há uma tendência de querer pagar menos, de querer colocar para trabalhar em funções simples. (...) Eu ainda vejo muito isso no mercado."

- "O processo seletivo não é diferente – o que muda, na minha opinião, é a aceitação das pessoas quanto ao "diferente". (...) Eu entendo que o desconhecimento de quem está do outro lado da mesa, sobre o que é uma diferença, prejudica a contratação de PcD."
- "As vagas normalmente são inferiores ou operacionais. Isso é ruim, porque a cota não determina que não possa ser aberta uma vaga de gerente PcD, por exemplo."
- "Eu já fui para uma entrevista em que a pessoa não sabia que eu tinha uma deficiência. (...) Quando cheguei lá me disseram que a vaga não era para mim."
- "A entrevista é a mesma – e isso é um erro. (...) Uma pergunta fundamental deveria ser como a minha deficiência me prejudica para trabalhar, (...) que tipo de estratégia eu busco para não me atrapalhar."
- "Mesmo em empresas preparadas para a inclusão, a entrevista é sempre um desafio (...) pela falta de conhecimento do entrevistador."
- "No processo seletivo, não percebo alguma diferenciação por ser PcD – (...) não que o processo seja diferente, mas as vagas são 'menores' em termos de escopo e atividade. (...) Não vejo que o processo seja diferente, mas as vagas são vagas mais iniciais e simples. (...) As empresas acabam criando vagas básicas para atender a cota."

Ainda que o processo seja o mesmo, a percepção quanto à avaliação de suas potencialidades se diferencia, na percepção dos entrevistados, de um processo seletivo com uma pessoa não enquadrada como PcD. Para Bahia, uma demonstração do quanto o mercado ainda está "carregado em preconceito" é a criação de vagas com "menor complexidade" para o PcD, subestimando as capacidades e potencialidades deste grupo. Outros autores[325] [326] corroboram que, mesmo após quase 30 anos da Lei de Cotas, percebe-se em poucos casos anúncios de vagas gerenciais, ou de maior protagonismo dentro das organizações, destinadas às pessoas com deficiência.

A preferência por determinados tipos de deficiência é outro elemento presente nos processos seletivos, segundo os entrevistados:

---

325 GOLDFARB, C.L. *Pessoas portadoras de deficiência e a relação de emprego*: o sistema de cotas no Brasil. Curitiba: Juruá, 2007.

326 BONFIM, S.M. *Legislação sobre pessoa com deficiência*. Brasília: Câmara dos Deputados, Edições Câmara, 2019.

■ "Eu vejo que, para contratar um cadeirante, a empresa se dispõe a fazer uma rampa e banheiros adaptados. (...) O mesmo não acontece para um deficiente visual ou um surdo."

■ "O que é muito comum, no meu caso, é a pessoa buscar confirmar a minha deficiência na entrevista, para se assegurar de que ela é leve."

■ "Pela minha condição, as empresas têm dificuldade de encontrar postos de trabalho pra mim. (...) Pensam que, por eu ser anão, não consigo subir uma escada, por exemplo. (...) Em uma entrevista, tenho que convencer de que sou capaz pelos meus conhecimentos, convencer de que o mundo não é grande o suficiente para me excluir de uma atividade como ir ao banheiro, me alimentar, me vestir. (...) Perdi as contas de quantas vagas eu não fui escolhido pelo meu tamanho. (...) Uma pessoa me viu na fila de uma agência [de empregos] e perguntou se eu estava me candidatando para trabalhar ou estava guardando o lugar para alguém na fila. (...) Eu respondi que estava em busca de um trabalho. (...) Ela me agradeceu por ter vindo e disse que não tinha vaga para pessoas com as minhas características. (...) Fui reprovado em uma conversa de dois minutos, que não falou sobre a minha capacidade – só sobre o preconceito dela em me dar uma chance."

■ "Eu entendo bem a leitura da boca e as expressões das pessoas, mas toda vez me perguntam se eu trouxe a tradutora para a entrevista. (...) Em outra empresa, já me falaram que não contratariam um tradutor pra mim. (...) Queriam saber como eu me sentia com isso, antes mesmo de me perguntarem o meu nome. (...) As empresas veem primeiro a dificuldade, depois a pessoa."

■ "Às vezes, o desconforto em ter um candidato cadeirante é muito grande para a empresa – assim, facilitam o processo para uma pessoa quase sem deficiência, (...) dificultando mais para uma condição um pouco mais severa de deficiência."

■ "Eu nunca sofri preconceito porque a minha condição ajuda, mas (...) eu vejo que as empresas não pegam certos deficientes, achando que a pessoa não dá conta do serviço. (...) Eu levanto mais peso na academia do que 'caras' que tem as duas mãos 'boas' para fazer isso."

■ "Às vezes, as pessoas não são qualificadas pela sua capacidade em exercer a atividade. A empresa escolhe a deficiência conforme outros fatores, não necessariamente a capacidade para determinada atividade. (...) Eu acho isso um erro. Muitas vezes, o recrutador não se atém ao valor da pessoa – mas sim, à deficiência que a empresa precisa."

Cabe ressaltar que um processo seletivo busca capturar as competências presentes em um profissional, independentemente de características e atributos específicos envoltos em preconceitos, aceitação, limitações pontuais ou de modo abrangente. Conforme apontam estudos e pesquisas no campo da diversidade, [327] [328] [329] são considerados diferenciadores entre indivíduos: o gênero, a orientação sexual, religiosa ou política; a cor da pele; o histórico pregresso de realizações na vida pessoal; ou ainda, os elementos que colocam a pessoa em uma condição de desfavorecimento por sua posição social.

Desse modo, a capacidade ou a limitação de uma pessoa não deveria passar meramente por uma análise visual interpretativa, como nos relatos apresentados. O processo da pessoa com deficiência deveria se pautar por um levantamento interpretativo das condições ambientais e estruturais da organização, para que o acolhimento ocorra de modo virtuoso, como mencionado pelo grupo de gestores participantes da pesquisa.

Outro elemento relevante sobre o processo seletivo de PcDs reside no entendimento de que o processo de desenvolvimento interno deve abarcar os pontos de oportunidades de melhora do profissional, de forma a construir conhecimento e competências que superem o contrato de trabalho atual. Faz-se vital recordar que a contratação de pessoas, sejam elas deficientes ou não, demanda investimentos na preparação técnica e comportamental.

Percebe-se ainda que, embora a Lei de Cotas tenha trazido a necessidade de contratação de PcDs para empresas acima de 100 profissionais em seu quadro funcional, uma realidade no mercado de trabalho desde 1991, as empresas, a partir da fala colhida nas entrevistas com profissionais PcDs, não demonstram preparo suficiente para a realização de um processo seletivo inclusivo, que privilegia as capacidades destes indivíduos. Assim, afastam-se dos imperativos propostos pelo ODS 08.

327 GARCIA, G.F.B. *Curso de direito do trabalho*. Rio de Janeiro: Forense, 2015.

328 OLIVEIRA, A.L.M.; RESENDE, M.C. Oficinas vivenciais: reflexões sobre direitos humanos de pessoas com deficiências. São Paulo: Psicologia Escolar e Educacional, 2017. Disponível em: http://dx.doi.org./10.1590/2175-3539/2017/02121118. Último acesso: 1 set. 2019

329 OMS. Relatório mundial sobre a deficiência. São Paulo, 2011. Disponível em: https://apps.who.int/iris/bitstream/handle/10665/44575/9788564047020_por.pdf;jsessionid=04618434FE154FE3F4F0BA9F9DE53BD7?sequence=4. Último acesso: 15 out. 2019.

2. DESENVOLVIMENTO

O processo de desenvolvimento e a capacidade do indivíduo em evoluir no ambiente laboral demonstram uma amplitude grande, podendo o profissional progredir por intermédio de estímulos em sala de aula, ao aprender com outras pessoas ou pela prática diária de determinada atividade, conforme destaca a própria OIT.[330]

Dessa forma, é possível perceber o potencial presente em cada indivíduo – seja ele possuidor de uma deficiência ou não. Por meio da pesquisa, foi possível perceber que, à medida que a legislação avançou, conferindo à pessoa com deficiência condições de realização plena de sua capacidade social, os indivíduos evoluíram na mesma medida, integrando amplamente o universo social ao qual estavam inseridos.

O investimento em educação por parte das organizações contribuiu, segundo os entrevistados, para a aceleração e o entendimento de que ter uma limitação física ou intelectual não é suficiente para uma performance inferior:

- "Minha avaliação de performance sempre foi boa. (...) Minha gestora faz questão de demonstrar isso para os demais membros do time, (...) o que me dá confiança e vontade de melhorar mais."
- "Ter uma deficiência é uma questão que as pessoas esquecem, (...) se acostumaram a me ver como um funcionário qualquer."
- "Já trabalhei em lugares que me lembravam toda hora de que eu era PcD. (...) Isso não acontece aqui."
- "Já me colocaram lado a lado com outros funcionários só para puxar a performance do setor para cima."
- "É vergonhoso como o desconhecimento sobre o tema PcD complica as coisas. (...) As pessoas falam mais devagar e mais baixo comigo, como se o meu problema fosse audição. (...) Dentro da empresa todos sabem do meu potencial."
- "A meu ver, nós (PcD) já temos uma visão disso, não precisa esfregar na nossa cara que 'ó, você é deficiente'; o que é necessário é investir nas pessoas ao redor, para que entendam que não é inferior quem tem uma deficiência."

---

330 OIT. World Employment and social outlook trends 2020. International Labor Office, Geneva: ILO, 2020. Disponível em: https://www.ilo.org/wcmsp5/groups/public/---dgreports/---dcomm/---publ/documents/publication/wcms_734455.pdf. Último acesso: 1 mar. 2020.

No que tange o processo instrucional, outro elemento empoderador para a pessoa com deficiência é fazer parte do mesmo programa destinado a pessoas que não possuem tal limitação. Reforçam esse pensamento as docentes Graciela Fagundes Rodrigues e Liliana Maria Passerino ao elucidar em artigo publicado pela *Revista Brasileira de Educação Especial* que "permitir que a classe especial cumpra seu papel é importante, entretanto demonstrar que a classe tradicional pode realizar acolhimento é reconfortante"[331] para a PcD.

Na visão da pesquisadora da Universidade de Vic, na Catalunha (Espanha), Núria Padrós Tuneu, há de se ter "cautela na integração de pessoas com deficiência em ambientes pouco adaptados para isso".[332] Ela chama a atenção para o fato de que "em muitos casos a baixa empatia ao construir um conteúdo não pensado para se ter um PcD acompanhando a turma".[333] Pondera, no entanto, que "sempre que possível realizar a integração pode ser um elemento de estímulo para todos os envolvidos."[334]

Segundo os professores da Fundación Universitaria María Cano, na Colômbia, Jhon Fredy Quintero-Uribe e Mary Luz Osorio-Montoya, a "tentativa de integração deve ser vista como algo que atenda às necessidades dos distintos grupos de pessoas".[335] Na visão dos autores, em ambientes onde apenas "um lado se beneficia" não há ganhos para ninguém.

Essa possibilidade de não ser tratado com distinção em processos de desenvolvimento foram capturados nas seguintes declarações:

331 RODRIGUES, G.F; PASSERINO, L.M. A formação profissional de pessoas com deficiência e suas repercussões na formação dos professores. *Rev. Bras. Educ. Espec.* vol.24, no.3, Bauru, Jul/Set. 2018. Disponível em: http://www.scielo.br/scielo.php?script=sci_arttext&pid=S1413-65382018000300407. Último acesso: 7 set. 2019.

332 PADRÓS, N. La teoria de la inclusión entre el desarrollo científico y la casualidade cotidiana. XV Coloquio de Historia de la Educación, Pamplona-Iruñea, 29, 30 de Junio y 01 de Julio de 2009. Ed. Universidad Pública de Navarra, 2009. Disponível em: https://dialnet.unirioja.es/descarga/articulo/2962540.pdf. Último acesso: 30 maio 2019.

333 *Idem.*

334 *Idem.*

335 URIBE, J.F.Q.; MONTOYA, M.L.O. Discapacidad, diversidad e inclusión: concepciones de fonoaudiólogos que trabajan en educación inclusiva. Colombia: *Rev. Fac. Nac. Salud Pública*, 2018. Disponível em: http://www.scielo.org.co/pdf/rfnsp/v36n3/0120-386X-rfnsp-36-03-52.pdf. Último acesso: 15 set. 2019.

- "Participo dos programas normais de desenvolvimento, o que é bom."
- "Não acredito em programas especiais para treinamento de PcD (...) tem muito espaço para vitimismo."
- "Gosto muito quando estou em sala de aula e sou único como PcD."
- "Toda vez que surge uma oportunidade de fazer um treinamento, eu me candidato. (...) Às vezes, chego tarde e as vagas acabaram; ainda assim, entro na fila de espera. (...) Eu sei que para crescer, preciso investir."
- "Eu estou dentro do programa normal, (...) porque você está sendo visto como indivíduo ao invés de ser visto como um diferente. Você está ali porque pertence ao grupo. Daí você se esquece disso [da deficiência], o que é bom."

Percebe-se que, ainda que exista "boa vontade" das empresas em promover o desenvolvimento baseado na alavancagem do conhecimento da PcD, há também uma lacuna quanto ao entendimento do que é ser uma pessoa com deficiência. Isso pode ser percebido nas falas:

- "Em outra empresa, (...)me perguntaram uma vez se era necessário fazer cinco pausas para eu ir ao banheiro. Eu disse que não."
- "Eu tive uma experiência fora daqui, (...) em que o intérprete de libras contratado não falava essa língua direito, e eu perdi metade ou mais do treinamento. (...) O que era importante não foi pensado, mas para se fazer de bonzinho, queriam me oferecer coisas inúteis para a minha deficiência."
- "(...) a visão é errônea porque se tem uma ideia de que isso funciona; ninguém perguntou se realmente o que é oferecido faz sentido. (...) Você acaba fazendo com que o grupo, pense: 'meu Deus, nunca pensei que eu fosse tão menos assim'. É muito ruim participar de coisas deste tipo."

É preciso compreender, independentemente do ambiente (educacional ou corporativo), que o atendimento das necessidades da pluralidade presente no local faz com que a evolução seja acelerada na prática.

Os relatos a seguir demonstram a falta de foco no entendimento da pessoa com deficiência durante a construção de programas para líderes e colegas de trabalho, o que prejudica a relação e o desenvolvimento das potencialidades das PcDs:

- "Eu só tive líderes excelentes trabalhando comigo – me tratam como qualquer outro funcionário e isso é ótimo, (...) mas tem outros gestores que não entendem nada do tema. (...) Penso que, quando ele tiver uma pessoa no time, o funcionário com deficiência terá dificuldade para ser entendido."
- "Eu entendo que deveria existir mais investimento nos líderes para tratar o tema. (...) Ainda tem muita gente sem tato para o assunto."
- "A liderança da empresa é muito boa – bem treinada e esperta. (...) Isso não é uma verdade aí fora [no mercado de trabalho]."
- "Investir na liderança é chave para que eu possa ser um funcionário melhor. (...) Quando isso acontece, ele vai ver oportunidades para mim aqui dentro; (...) Quando ele não faz (treinamentos), tudo para mim será mais difícil."

Os depoimentos desenham a realidade dentro de organizações, o que obriga a pessoa com deficiência a ser resiliente para uma série de vieses – alguns deles, inconscientes, mas presentes tanto nas áreas de Recursos Humanos, que tradicionalmente propõe esse tipo de medida de desenvolvimento, quanto nas lideranças, despreparadas em muitos casos para lidar com o binômio deficiência e ambiente laboral.

O entendimento, por parte das lideranças e demais membros da empresa, deve convergir para incluir a pessoa com deficiência, com o entendimento de que isso não é um favor. Estudiosos do tema destacam sobre a importância da consciência de que esta não é somente uma obrigatoriedade legal, que estabelece uma cota, mas também um ato de desenvolvimento da sociedade por meio do crescimento econômico e a alavancagem das potencialidades humanas. [336] [337] [338] [339]

Há de se compreender ainda que, uma vez que existe um conjunto de pessoas com uma pluralidade de competências desenvolvidas, fortalecidas pelo suporte da experiência vivencial no local de trabalho, a comunidade PcD é fortalecida, contribuindo com os desafios das organizações

---

336 PASTORE, J. *Oportunidades de trabalho para as pessoas com deficiência*. São Paulo: LTr, 2000.

337 RIBAS, J.B.C. *O que são deficientes*. São Paulo: Brasilense. 2003.

338 MELO, S.N. *O direito ao trabalho da pessoa portadora de deficiência*: o princípio constitucional da igualdade – ação afirmativa. São Paulo: LTr, 2004.

339 FREITAS, M.N.C.; MARQUES, A.L. *Trabalho e Pessoas com Deficiência*: pesquisas, práticas e instrumentos de diagnóstico. São Paulo: Juruá, 2009.

em progredir rumo ao futuro de seus negócios, além de possibilitar ao mercado de trabalho a concretização do preceituado no ODS 08.

Materializar um ambiente de desenvolvimento em que todos os lados – empresas, PcDs e comunidade – saem ganhando é, ao fim e ao cabo, concretizar o propósito da Agenda 2030, priorizando o desenvolvimento humano de modo sustentável, proporcionando condições mais favoráveis para todas as pessoas e, por consequência, um futuro melhor.

3. MANUTENÇÃO E CONSERVAÇÃO DO POSTO DE TRABALHO

O mercado de trabalho é um componente primordial dentro do movimento inclusivo para a socialização da PcD, pois em seu comportamento reside boa parte da aceitação de uma condição pré-existente do agente, sem desqualificá-lo. Autores reforçam que é preciso ampliar a compreensão de que as pessoas com deficiência não são excluídas por ato voluntário, mas por elementos externos alheios à sua vontade, que impossibilitam a liberdade e a manifestação total de suas potencialidades.[340][341][342]

Elementos intrínsecos a essa tentativa inclusiva dentro das empresas pesquisadas ficam evidentes a partir de relatos dos profissionais entrevistados, em que se percebe uma cobrança maior sobre os gestores por um comportamento diferenciado do que para os demais integrantes da equipe:

- "Existe uma agenda constante de reuniões e comitês para falar de diversidade aqui. (...) Isso motiva o líder a se preparar."
- "Eu não sinto preconceito de nenhuma forma. (...) Tenho gestores vocacionados para serem líderes, (...) sei que ele é cobrado por isso, mas não vejo como um problema para ela."
- "O próximo passo na minha opinião é com as equipes. (...) Os gestores estão prontos para lidar com a gente."

340 SEN, A. *Desenvolvimento como liberdade*. São Paulo: Companhia das Letras, 2010.

341 BONFIM, S.M. *Legislação sobre pessoa com deficiência*. Brasília: Câmara dos Deputados, Edições Câmara, 2019.

342 ARAÚJO, J.P.; SCHMIDT, A. A inclusão de pessoas com necessidades especiais no trabalho: a visão de empresas e de instituições educacionais especiais na cidade de Curitiba. *Rev. bras. educ. espec.* 2006, v. 12, n.2, pp. 241-254. Disponível em: http://www.scielo.br/pdf/rbee/v12n2/a07v12n2.pdf. Último acesso: 19 jan. 2020.

- "O tempo inteiro o meu gestor demonstra estar preocupado comigo. (...) Percebo isso nas outras áreas também."
- "Tem pessoas que não conseguem lidar bem conosco. (...) Acho que tem coisas de criação. (...) Dentro do mesmo time, sinto, às vezes, que tem um olhar um pouco diferente."
- "Não tem como ser diferente. (...) Nem todo mundo tem um deficiente na família. (...) Não culpo quem não lida bem, (...) mas também preciso lembrar que faço parte do mesmo time em algumas situações."
- "Sim, concordo que nesta empresa os gestores são inclusivos, mas isso, em alguns casos, não se demonstra nas equipes. (...) Deveria haver metas de inclusão para os times, assim como existem para os gestores."

Conforme destaca Bahia, o fato da necessidade de metas, cotas ou outros elementos dentro das estruturas concebidas contribui significantemente para "mascarar a situação presente". Em alguns casos, pode até "prejudicar o ciclo evolutivo", ainda que a intenção seja de acelerar "processos integratórios, inclusivos e de acomodação dos agentes dentro da sociedade".[343]

Nesse sentido, uma cobrança exacerbada para que as lideranças atuem de modo inclusivo com a PcD não acarreta, de fato, em comportamento inclusivo. O estudo demonstra que o espaço de compreensão dentro dos times de trabalho supera os ambientes de desenvolvimento formais, como por exemplo, as salas de treinamentos organizacionais, devendo ser explorado o universo prático diariamente, dentro do departamento.

Alinhado a esse entendimento, dois dos entrevistados afirmam o valor de trazer para o dia a dia da empresa a temática da pessoa com deficiência:

- "Falar disso [inclusão] é um 'mantra' que todo mundo ganha, (...) mas para que isso seja um 'mantra', tem que haver objetivos claros para toda a equipe e até a 'tia do café', (...) da portaria até o presidente, todos têm que querer."
- "Fazemos reuniões diferentes em que o meu chefe pede para que contemos os desafios para chegar onde estamos. (...) Estes eventos são muito bons para criar empatia. Eu mesma já me surpreendi com muitas histórias compartilhadas ali e (...) pude di-

---

343 BAHIA, M.S. *Responsabilidade social e diversidade nas organizações*: contratando pessoas com deficiência. Rio de Janeiro: Qualitymark, 2006.

vidir um pouco mais da minha história, o que ajudou muitos a me entenderem. (...) Precisamos conhecer uns aos outros mais e mais, (...) assim nos aproximamos e seremos mais inclusivos - inclusive eu. (...) Mesmo sendo PcD, preciso ser empática com o cara que não é por desconhecimento."

Para o autor João Ribas, ao evitar entrar em contato com as experiências e limitações dos times, corre-se o risco de construir uma "atmosfera ficta de inclusão social", com "múltiplas formas de exclusão do agente"[344] veladas, sendo uma delas o silêncio na presença da pessoa com deficiência.

Essa "atmosfera ficta" descrita por Ribas foi capturada em relatos de duas colaboradoras com deficiência:

- "As pessoas pensam que, pelo fato de não ouvir, não consigo entender o ambiente ao redor como um todo (...). Alguns colegas tentam ser respeitosos em minha frente, eles não entendem que, por pena, não quero ficar no time – (...) só aceito se for para ser vista como pessoa capaz."

- "Os comentários pelas costas existem. (...) Isso é muito feio e dizer que não incomoda é mentira, porque afeta a motivação. (...) Eu sei que tem gente que me coloca apelido, que não me convida para algumas coisas, por achar que não vou conseguir acompanhar os outros. (...) O melhor a se fazer por um deficiente é perguntar o que ele precisa e não deduzir ou achar que sabe o que é melhor. (...) A empresa é atenta a isso, mas não consegue acabar com uma coisa que ainda é vista como tolerável em muitos lugares. (...) Tem muita pena, fingimento, coisas que querem demonstrar que se importam – na verdade, não se importam nem um pouco com o deficiente, porque saem daqui [da empresa] e param na vaga de deficiente na farmácia. (...) Entender que eu conquistei esta vaga é o que eu espero. Não sei se um dia a sociedade vai se dar conta de que todos estão vendo que me deram a vaga, mas não me deixam usá-la. (...) Isso existe dentro da empresa também, não dá para dizer que não."

A inclusão dentro da organização, mais a rotina de diálogo sobre o tema entre líderes e liderados, constrói o ambiente de segurança necessário para "ser diferente", ao ampliar a compreensão de que todos

---

344 RIBAS, J.B.C. *O que são deficientes*. São Paulo: Brasilense. 2003.

os indivíduos são singulares dentro da sociedade, sem destacar essa diferença diariamente durante o expediente.

Segundo o economista Marcelo Neri[345] e o juiz e professor da Universidade Federal de Goiás Platon Teixeira de Azevedo Neto,[346] evitar trazer à tona as diferenças dos indivíduos dentro das organizações dificultam o entendimento necessário sobre a diversidade, bem como a oportunidade de ganho que este tema traz para dentro das empresas.

No mesmo sentido, Vivarta ressalta em seu projeto "Mídia e Deficiência" como a ocultação da fala sobre a pessoa com deficiência na mídia cotidiana "dificulta a compreensão da sociedade brasileira do que é ter uma deficiência, conviver com a discriminação". Chama a atenção sobre a necessidade de uma "conduta inclusiva nos locais de ocupação social como praças e o transporte público", propiciando que a presença de um PcD em um local coletivo não seja "uma diferença inevitável", mas apenas características que tornam singulares os membros da sociedade.

A individualização das pessoas, fortalecida pela sua compreensão quanto às condições que o individualizam na sociedade é uma expressão da inclusão social. O estudo realizado demonstra que o fortalecimento desse entendimento é um passo necessário e esperado. Apesar das narrativas que reforçam o compromisso presente nas empresas estudadas, o mercado de trabalho ainda possui oportunidades de evolução nesse sentido.

Quando o ambiente laboral se tornar de fato mais inclusivo, será possível perceber a meta número 8.5 presente no dia a dia das organizações, permitindo às pessoas com deficiência "alcançar o emprego pleno e produtivo e o trabalho decente". A evolução poderia, inclusive, ser percebida muito antes de 2030, como previsto no texto da meta.

Espera-se, com esse movimento, que outras parcelas minoritárias da sociedade, que ainda carecem de inclusão social, possam evoluir alcançando as mesmas condições de trabalho digno previsto para homens, mulheres, jovens e PcDs capturados ao longo do ODS 08.

---

345 NERI, M. *Retratos da deficiência no Brasil (PPD)*. Rio de Janeiro: FGV/IBRE, 2003.

346 AZEVEDO NETO, P.T. *O trabalho decente como um direito humano*. São Paulo: LTr, 2015.

4. EQUIDADE

Confundida com certa frequência, com a palavra "igualdade", o conceito de *equidade* é muito diferente, demandando profundo domínio por parte das empresas para concretização do ODS 08 dentro do universo laboral. Como defendeu a professora da Universidade Federal da Paraíba Izaura Maria de Andrade da Silva em sua tese de doutorado, ela é,

> uma fortaleza inabalável frente a todo o tipo de discriminação, estando ou não, a pessoa com deficiência exposta aos efeitos desta discriminação, pois equidade é tratar os iguais como iguais e garantir aos desiguais as mesmas condições de acesso.[347]

Tratá-la como um arcabouço protetivo é, também, a visão dos professores da Fundación Universitaria María Cano, na Colômbia, Jhon Fredy Quintero-Uribe e Mary Luz Osorio-Montoya ao afirmar "que só haverá inclusão social no todo, se garantida na plenitude a equidade aos indivíduos com deficiências como forma protagonista" de enfrentamento de tantas "diferenças e limitações impostas pelo ambiente externo ao seu corpo"[348].

Os entrevistados se manifestaram em relação à *equidade* no dia a dia da seguinte maneira:

- "O tratamento é igual no limite das desigualdades e isso é 'equidade na veia' na minha visão."
- "(...) todos são tratados iguais aqui. (...) O que eu percebo é que cada vez mais a empresa naturaliza a sua limitação."
- "Desde o primeiro dia, eu fui tratado como qualquer outro. (...) Foi aí que percebi que aqui era um ambiente diferente dos demais onde trabalhei."
- "Eu não tenho vantagens ou facilidades por ser deficiente - pelo contrário, tento mostrar que não preciso de tratamento diferente em nenhum local por onde círculo."

---

347 SILVA, I.M.A. *Políticas de educação profissional para pessoas com deficiência*. Tese de doutorado. Belo Horizonte: Faculdade Federal de Minas Gerais, 2011.

348 URIBE, J.F.Q.; MONTOYA, M.L.O. Discapacidad, diversidad e inclusión: concepciones de fonoaudiólogos que trabajan en educación inclusiva. Colombia: *Rev. Fac. Nac. Salud Pública*, 2018. Disponível em: http://www.scielo.org.co/pdf/rfnsp/v36n3/0120-386X-rfnsp-36-03-52.pdf. Último acesso: 15 set. 2019.

- "A empresa é muito boa e os gestores têm muita habilidade em garantir que todos tenham a mesma oportunidade."

- "Já participei de um processo seletivo em que achei que não passaria, mas queria muito a vaga. (...) Foi muito importante receber o feedback sobre o porquê de ter sido selecionada: (...) a pessoa do RH me ouviu por uma hora sobre as expectativas que eu tinha para crescer (...) e foi esta conversa que me trouxe até a vaga que tenho hoje. (...) Se isso não é tratamento pautado por equidade, não sei mais o que pode ser."

- "Aqui não há diferença de remuneração para PcDs e não PcDs, mas há uma busca por PcDs para posições mais básicas e não compatíveis com as capacidades desses profissionais. (...) Não existe uma tabela salarial para PcD e outra para quem não tem deficiência."

As diferentes manifestações e realidades apontadas pelos entrevistados demonstram alternativas para criar oportunidades de crescimento econômico e sustentabilidade de carreira dentro das organizações, conforme descrito a seguir:

- "Crescer na carreira sem políticas claras é complicado. (...) A primeira empresa em que eu fui promovido foi aqui; (...) para as outras, eu nunca estava pronto."

- "Eu não entendo por que, às vezes, o meu perfil não é aceito em processos de seleção. (...) Será que ser surda e conseguir concluir um curso técnico em que não havia intérprete de libras não foi uma superação suficiente? Fui promovida aqui, mas não estou onde eu gostaria de estar. Estou me preparando para um passo ainda maior."

- "Eu esperei por muito tempo para ganhar mais - (...) não somente pela "grana", mas para poder realizar alguns sonhos como ir para o exterior. (...) Não tenho certeza se este dia chegará. (...) Tenho dado o meu melhor, mas na minha condição não acho que isso seja o suficiente (...)."

- "Eu já perdi as contas de quantas vezes tive que esperar a minha vez para ser promovido. (...) Trabalhei em uma firma que me deu seis desculpas diferentes de porque nunca era a minha vez. (...) A gente vai desanimando, (...) passa o tempo e o salário cresce pouco. (...) Eu também quero comprar a minha casa, meu carro e ir para a praia de vez em quando."

- "Eu nunca trabalhei em uma empresa onde um gestor fosse uma PcD. Será que tudo o que uma pessoa com deficiência precisa passar na vida não pode ser interpretado como flexibilidade, adaptabilidade, resiliência, enfim coisas que são requeridas dos gestores?".

Uma pesquisa do Centro Universitário Unihorizontes, publicada pela revista *Economia & Gestão*, destaca que, para que um profissional PcD evolua em sua carreira, é preciso ser considerada a manifestação plena da inclusão, em que se compreenda que "todo PcD sonha em crescer na carreira, porque, além da óbvia ascensão sente-se, enfim, em um ambiente inclusivo", aponta o estudo.[349]

O fator promoção, enquanto elemento evolutivo, celebra a retirada dos "muros invisíveis" que relegam a PcD a ter uma função simples e menos complexa, deflagrada pela imposição de fechamento de uma cota. Esse entendimento é reforçado pela advogada trabalhista Cibelle Linero Goldfarb, determinando que "aquelas empresas que conseguem realizar movimentos internos proporcionando o crescimento conseguem ser vistas como referência pela sociedade". Superam assim a percepção dos acionistas, "passando a serem desejadas por outras pessoas com deficiência, tornando a jornada de contratação menos árdua". O fechamento da cota torna-se, portanto, uma mera consequência de um trabalho estruturado.

O papel do crescimento na função laboral pode ser convertido na manutenção do desejo de seguir trabalhando por muitos anos para o mesmo empregador, configurando uma fidelidade entre funcionários e empresas. Entretanto, a evolução em uma carreira produtiva permanece como uma expectativa ainda não atendida no mercado brasileiro de trabalho, no que tange à participação de PcDs.

Reforçam esse entendimento o seguinte relato, que demonstra quão longe uma pessoa com deficiência pode estar de uma pessoa sem essa condição dentro de uma organização:

> "Ser PcD exige que você se supere todos os dias (...) dentro de uma empresa. Para que você se destaque e cresça, não basta ganhar o campeonato; (...) você tem que ganhar um campeonato 'fazendo um gol' em cada jogo, (...) sendo o 'craque da rodada', (...) ser reconhecido pela melhor comemoração e ainda sair como o galã.(...) Não parece justo, (...) na minha opinião; ter as mesmas condições para crescer seria não ter que fazer tudo isso.

---

349 FREITAS, M. L. et al. A inserção de pessoas com deficiência no mercado de trabalho: uma reflexão à luz da responsabilidade social empresarial. *E&G*, Economia e Gestão, Belo Horizonte, v.17, n.48, set/dez, 2017. Disponível em: https://doi.org/10.5752/P.1984-6606.2017v17n48p98-118. Último acesso: 1 set. 2019.

(...) Eu só precisaria entregar o meu melhor todos os dias e, depois de um tempo, poderia ser promovido, (...) como vejo que foi com meu pai e minha mãe. Parece que, para quem não tem deficiência, a carreira é uma linha reta; para nós, a vida é cheia de curvas, buracos, barreiras. Isso é muito duro. (...) Eu também quero comprar coisas e conquistar sonhos, (...) mas isso, às vezes, parece que não é pra mim."

A percepção de esforço para conquistar algo frustra e inferioriza a pessoa com deficiência, dificultando, em alguns casos, a sua entrega ou o desejo de fazê-lo. A falta de perspectiva, em certos casos, traz uma condição perversa e de exclusão ao PcD, fazendo com que a pessoa ou profissional desista de certas ambições que elevam em muito a pulsão de vida, motor fundamental para a conquista de outros espaços e esferas da vida em sociedade, como destacam autores da área de comportamento e psicologia.[350] [351] [352] [353]

A ascensão profissional, ou a perspectiva de que isso seja algo viável, condiciona a pessoa com deficiência a querer ambicionar o crescimento no trabalho. Ao se deparar na prática com o cerceamento dessa possibilidade, o indivíduo ingressa em um ciclo desmotivacional que pode prejudicar a sua performance, incentivando até mesmo a sua saída da empresa atual em busca de melhores oportunidades e reconhecimento.

A partir de tudo o que foi capturado nessa dimensão, em relação à *equidade*, é possível afirmar que, mesmo em empresas onde se investe em treinamento e desenvolvimento da liderança e do time, raras são as oportunidades de ascensão de carreira da pessoa com deficiência dentro da hierarquia, o que prejudica, ao fim do dia, o espírito intencional do crescimento econômico perseguido pelo ODS 08 da Agenda 2030.

---

350 Bianchetti L.; Lucídio, M.; FREIRE I.M. *Um olhar sobre a diferença*: Interação, trabalho e cidadania. Campinas: Papirus, 2000.

351 SÉGUIN, E. *Minorias e grupos vulneráveis*: uma abordagem jurídica. Rio de Janeiro: Forense, 2002.

352 SASSAKI, R.K. *Vida independente*: história, movimento, liderança, conceito, filosofia e fundamentos; reabilitação, emprego e terminologia. São Paulo: RNR, 2003.

353 BAHIA. Governo da Bahia. Agenda Bahia do Trabalho Decente. Secretaria do Trabalho, Emprego, Renda e Esporte. Salvador: 2011. Disponível em: http://www2.setre.ba.gov.br/trabalhodecente/agenda_bahia_do_trabalho_decente.pdf. Último acesso: 31 maio 2020.

5. ACESSIBILIDADE

A palavra "acessibilidade" recebeu o estandarte social a ser perseguido com afinco pelos governantes, empresários, comerciantes, entre outros agentes que se submetem à pluralidade da sociedade. Adaptações físicas e estruturais são realizadas no maior número possível de espaços de convivência, à espera de atender as necessidades e expectativas inclusivas de uma pessoa com deficiência.

Entretanto, por meio das falas dos entrevistados, percebe-se que a acessibilidade reside em um conjunto de atos que ultrapassam os limites físicos dos prédios e acomodações edificadas:

- "A acessibilidade é ótima na empresa. (...) Ainda assim, já tive que esperar até 20 minutos para que a equipe de limpeza higienizasse o banheiro adaptado para a minha cadeira. (...) A angústia foi grande, e isso demonstra a importância desse tipo de acomodação."

- "A empresa é bastante adaptada. As oportunidades residem em questões de atitudes – (...) principalmente, das pessoas terceiras que aqui trabalham."

- "A acessibilidade em uma empresa, em muitos casos, é vista como conforto para a gente, mas não é só isso. (...) Em alguns casos, pode ser segurança, o que vai além do conforto."

- "Acessibilidade também é ser empático e entender que eu não consigo andar na mesma velocidade dos outros. (...) Esperar por mim, durante uma caminhada, é acessibilidade."

- "Entender que é necessário se abaixar para falar com um cadeirante, (...) deixar o deficiente visual pegar no braço ou ombro (...) ou entender que um deficiente auditivo não consegue ler um texto e interpretar da mesma forma que um ouvinte, isso tudo é inclusão, (...) isso é se livrar da ignorância (...) de como ajudar a gente."

- "A empresa é bastante inclusiva e (...) o maior exemplo disso foi o calçado [de segurança] fornecido. Isso poderia marcar como ruim, um pontinho negativo. (...) Por conta da minha necessidade, ao pedir um sapato diferente, ninguém me viu como 'E.T.', alguma coisa muito diferente."

Ainda que esses relatos ampliem a compreensão de que adaptações físicas não são as únicas formas de promover a acessibilidade, os entrevistados deixaram claro que há um valor importante nesse quesito:

- "Não me falta nada aqui e eu consigo produzir super bem – (...) o mesmo eu escuto dos outros colegas deficientes."
- "Para mim, que sou cadeirante, a empresa é super adaptada, mas não posso responder por um cego ou surdo."
- "A empresa comprou equipamentos para que eu pudesse enxergar quando algo perigoso, como uma empilhadeira, se aproxima. (...) Como não consigo escutar o barulho, (...) visualmente me protejo deste perigo."
- "Às vezes, as empresas são lindas quanto à acessibilidade dos escritórios e prédios; quando chego no restaurante, porém, que decepção."
- "Nós [deficientes] precisamos valorizar a empresa que trabalhamos porque tudo é adaptado para a nossa realidade. (...) Isso não é assim fora dos muros da empresa, onde nós temos que nos virar o tempo todo."
- "Talvez eu considere a empresa boa com acessibilidade, pela minha deficiência, mas quem sabe deveríamos responder esta pergunta através do "sapato" de outros deficientes. Só um cadeirante sabe o que é não conseguir se deslocar com liberdade."

A promoção da acessibilidade para pessoas com deficiência acelera a inclusão social, ao dar oportunidade de acesso a um posto de trabalho com condições dignas para execução das funções. No entanto, conforme especialistas,[354][355][356] isso demanda das empresas certas adaptações estruturais, o que limita, em alguns casos, a variedade de deficiências que a empresa considera na contratação para evitar a realização de ajustes em sua estrutura.

354 MELO, S.N. *O direito ao trabalho da pessoa portadora de deficiência*: o princípio constitucional da igualdade – ação afirmativa. São Paulo: LTr, 2004.

355 COSTA, N.R. et al. *Proteção social da pessoa com deficiência no Brasil*. ABRASCO – Associação Brasileira de Saúde Coletiva. São Paulo: Ciência Saúde Coletiva, 2016.

356 COUTINHO, B.G. et al. Qualidade de vida no trabalho de pessoas com deficiência física. *Trab. Educ. Saúde*. v.15, n. 2, p.561-573. Rio de Janeiro, maio/ago, 2017. Disponível em: https://www.scielo.br/pdf/tes/v15n2/1678-1007-tes-1981-77 46-sol00061.pdf. Último acesso: 1 out. 2019.

Abrir-se para a pluralidade de deficiências exige entender as demandas e necessidades de cada indivíduo. Isso pode levar a equívocos sobre o volume de adaptações a serem realizadas. Em alguns casos, basta ajustes incrementais, como a instalação de um corrimão, a adaptação da altura do aparelho sanitário, a demarcação com cores diferentes do piso ou, ainda, o acréscimo de elementos vibratórios para que a pessoa com deficiência auditiva não corra risco de vida dentro de um ambiente com tráfego de veículos. Há ainda casos, como ressaltado no estudo, da simples compra de um sapato de segurança, que fará diferença na vida do funcionário, ao trazer mais segurança e bem-estar à rotina.

Em uma compreensão expandida, a acessibilidade está diretamente relacionada ao acesso a direitos básicos, concedidos a todas as pessoas que atuam dentro de uma empresa. Ela é comumente confundida como um benefício, tais como uma vaga de estacionamento ou o atendimento prioritário em um ambiente público. Na verdade, o que está por trás de tal concessão é o estabelecimento de padrões mínimos de equiparação a uma pessoa que não possui uma limitação diagnosticada, ou seja, a possibilidade de garantir acesso a algo elementar para o convívio desse agente na sociedade – algo que, durante muitos anos, não esteve ao seu alcance, privando-o de condições sociais básicas nas tratativas originadas pelo debate acerca do trabalho decente da PcD, capturado pelo pesquisado ODS 08.

6. CULTURA

Como apresentado no primeiro capítulo, o Brasil possui uma gama de legislações que visam a proteção normativa da PcD. Segundo Goldfarb, algumas dessas medidas jurídicas realizam "força contrária à inclusão social" da pessoa com deficiência por meio do mercado de trabalho, por conta de sua "pegada assistencialista e desestimulante à busca de uma ocupação". Corrobora com a afirmativa o sociólogo e professor José Pastore ao mencionar que "a vitimização da pessoa com deficiência, enquanto crença limitante, atribui-se ao fato" de que o governo faz "a concessão de auxílios pecuniários, para que a pessoa seja compensada por não trabalhar." Isso colabora "para que a pessoa seja vista como um peso para as organizações, que por sua vez, tentam justificar o por quê de não contratar" esse perfil de profissionais.[357]

---

357 PASTORE, J. *Oportunidades de trabalho para as pessoas com deficiência*. São Paulo: LTr, 2000.

Um exemplo típico desse tipo de caso pode ser interpretado pela Lei 7.070 de 20 de dezembro de 1982, que dispõe sobre a pensão especial para deficientes físicos. Em seu artigo 1º, parágrafo 2º, deixa claro que a incapacidade para o trabalho será um dos elementos chave para a concessão do benefício, conforme o trecho transcrito da lei:

> Art 1º - Fica o Poder Executivo autorizado a conceder pensão especial, mensal, vitalícia e intransferível, aos portadores da deficiência física conhecida como "Síndrome da Talidomida" que a requererem, devida a partir da entrada do pedido de pagamento no Instituto Nacional de Previdência Social - INPS.
>
> (...)
>
> § 2º - Quanto à natureza, a dependência compreenderá a incapacidade para o trabalho, para a deambulação, para a higiene pessoal e para a própria alimentação, atribuindo-se a cada uma 1 (um) ou 2 (dois) pontos, respectivamente, conforme seja o seu grau parcial ou total.
>
> Art 2º - A percepção do benefício de que trata esta Lei dependerá unicamente da apresentação de atestado médico comprobatório das condições constantes do artigo anterior, passado por junta médica oficial para esse fim constituída pelo Instituto Nacional de Previdência Social, sem qualquer ônus para os interessados.

Embora trate da "Síndrome de Talidomida", efeito colateral do consumo de uma medicação durante a gestação, com histórico de ocorrências na década de 1960 no país, existem muitos pedidos junto ao Instituto Nacional da Seguridade Social (INSS) e aos tribunais ao redor do Brasil, para que seja conferida às pessoas com deficiência física, de qualquer natureza, a mesma pensão vitalícia. Para especialistas, um dos elementos comumente apresentado ainda hoje como dificultador para a função laboral do indivíduo é o preconceito ocasionado pela deficiência, alavancando um comprometimento psicológico da pessoa que possui tal limitação.[358] [359] [360] [361] [362] [363] [364]

Dentro dessa discussão, reforçam alguns autores,[365] [366] é fortalecida nos empregadores a crença limitante de que, por força de uma carga assistencialista da legislação pátria, a pessoa com deficiência não busca se desenvolver para a função laboral com a mesma intensidade que um profissional sem deficiência. Isso fica evidente nos seguintes relatos:

- ◼ "Eu conheço pessoas que buscam se esconder atrás de uma deficiência para arrancar dinheiro do governo e sensibilizar a família para não precisar trabalhar."

- ◼ "Eu já me senti tentada a me aposentar. (...) Tinha uma advogada amiga da família que disse que eu poderia fazer isso aos 24 anos. (...) Na época, minha cabeça era outra, mas é tentador."

---

358 PASTORE, J. *Oportunidades de trabalho para as pessoas com deficiência*. São Paulo: LTr, 2000.

359 SÉGUIN, E. *Minorias e grupos vulneráveis*: uma abordagem jurídica. Rio de Janeiro: Forense, 2002.

360 VIVARTA, V. *Mídia e deficiência*. Brasília: Fundação Banco do Brasil, 2003.

361 SASSAKI, R.K. *Vida independente*: História, movimento, liderança, conceito, filosofia e fundamentos; reabilitação, emprego e terminologia. São Paulo: RNR, 2003.

362 SILVA, I.M.A. *Políticas de educação profissional para pessoas com deficiência*. Tese de doutorado. Belo Horizonte: Faculdade Federal de Minas Gerais, 2011.

363 SANTOS, A.C. *Inserção laboral das pessoas com deficiência nos Sistema S da cidade de São Carlos*. Tese de Doutorado, 2018.

364 RODRIGUES, G.F.; PASSERINO, L.M. A formação profissional de pessoas com deficiência e suas repercussões na formação dos professores. *Rev. Bras. Educ. Espec.* vol.24, no.3, Bauru, Jul/Set. 2018. Disponível em: http://www.scielo.br/scielo.php?script=sci_arttext&pid=S1413-65382018000300407. Último acesso: 7 set. 2019.

365 OMS. Relatório mundial sobre a deficiência. São Paulo, 2011. Disponível em: https://apps.who.int/iris/bitstream/handle/10665/44575/9788564047020_por.pdf;jsessionid=04618434FE154FE3F4F0BA9F9DE53BD7?sequence=4. Último acesso: 15 out. 2019.

366 OLIVEIRA, A.L.M.; RESENDE, M.C. Oficinas vivenciais: reflexões sobre direitos humanos de pessoas com deficiências. São Paulo: Psicologia Escolar e Educacional, 2017. Disponível em: http://dx.doi.org./10.1590/2175-3539/2017/02121118. Último acesso: 1 set. 2019.

- "Eu já tive a oportunidade de ganhar um benefício. Embora não quisesse, sofri a pressão da família. (...) Foi em um domingo de almoço em família, que eu disse chega, eu não sou um inválido, quero trabalhar. Minha mãe não concordou e disse que a minha vida seria muito difícil, que não iria me ajudar. (...) Hoje eu vejo que o benefício era muito mais dela do que meu."
- "Eu já ouvi isso uma vez de umas consultoras, que trabalham essa história para inclusão de PcDs dentro de empresas: a PcD não está a fim de trabalhar, (...)querem ganhar muito e fazer pouco, o que é uma visão que alguns grupos podem trazer, mas não é o todo. (...) As pessoas que não têm nada [deficiência], é a mesma coisa!"

Embora muitas das falas dos entrevistados não reconheçam a intenção da PcD em buscar um benefício vitalício, isso não deveria ser generalizado para o grupo todo, como fica evidenciado pelas afirmações a seguir:

- "Existem malandros em todas as condições, com ou sem deficiência, mas eu só conheço PcD que não quer o benefício."
- "Os que pegam 'queimam' os que não pegam; (...) o mundo já nos julga demais para ter mais esta 'coisa' jogando contra."
- "Eu jamais me submeteria a isso – (...) ganhar dinheiro do governo é vergonhoso demais".
- "No meu ponto de vista, existem pessoas que se aproveitam sim, mas não dá para dizer que são a maioria – ou o próprio sistema [da seguridade social] não aguentaria. (...) Na minha igreja, falo para deficientes e digo para eles que não escolham o caminho mais fácil, porque é ele que nos coloca em uma condição inferior. (...) Buscar esse tipo de benefício acaba com a imagem da PcD e do potencial de contribuição que nós temos."
- "Depende muito da pessoa, (...) do contexto, do cenário; tem muita gente que prefere ter isso. E, às vezes, é esse grupo que faz com que os outros achem que essas pessoas não querem fazer alguma coisa. (...) As pessoas potencializam isso porque acontece com a PcD. Em alguns casos, é o caminho mais fácil para ganhar algum dinheiro e fazer bicos. (...) Eu nunca tirei a minha habilitação especial, porque a minha criação não foi de buscar benefícios, facilitação para a vida. Só que tem pessoas que se aproveitam e criam um entendimento de que a PcD é limitada; não levam em conta quem é a pessoa por trás da deficiência. Onde trabalhei eu escondia, no início, a minha deficiência, para que pudesse ser entendida como funcionária – (...) não como

cotista ou encostada. Eu sei que a minha carreira não cresceria se soubessem, isso é claro pra mim (...)."

A intenção do legislador, ao criar um instrumento normativo, não deve recair como algo que ultrapasse os limites do bem-estar social e do equilíbrio entre os agentes dentro da sociedade. Segundo autores da temática,[367] [368] [369] [370] há efeitos colaterais que, por vezes, demandam adaptações e revisões urgentes para que tais efeitos não sejam mais nocivos do que a ausência de legislação.

Entretanto, existem situações em que a sociedade, ao interpretar os dispositivos criados para atender demandas de determinado grupo – tais como as ações afirmativas –, que colocam a pessoa em vantagem desmedida de condições, lhe conferindo prerrogativas demasiadas ante aos demais agentes, pode ter percepções distorcidas acerca de temas. Esse é o caso das pessoas com deficiência, que carregam consigo uma carga de preconceito e hostilidade que lhes diminui significativamente as condições de ascensão econômica.

Ainda que consiga garantir o trabalho decente como uma forma de subsídio, as PcDs enfrentam barreiras físicas e intangíveis para conquistar o emprego pleno e produtivo, como prevê a meta 8.5 do ODS 8. Para garantir melhores condições de subsistência, para si e para os demais membros de seu grupo familiar, o estudo torna claro que a Lei de Cotas ainda é um motor para a visibilidade e acesso da PcD ao mercado de trabalho brasileiro, mesmo depois de quase 30 anos da sua promulgação.

367 BOBBIO, N. *A era dos direitos*. Rio de Janeiro: Campus, 1992.

368 PASTORE, J. *Oportunidades de trabalho para as pessoas com deficiência*. São Paulo: LTr, 2000.

369 ROSS, P.R. *Educação e trabalho*: a conquista da diversidade ante as políticas neoliberais. Campinas: Papiros, 2000.

370 OLIVEIRA, A.L.M.; RESENDE, M.C. Oficinas vivenciais: reflexões sobre direitos humanos de pessoas com deficiências. São Paulo: Psicologia Escolar e Educacional, 2017. Disponível em: http://dx.doi.org./10.1590/2175-3539/2017/02121118. Último acesso: 1 set. 2019

SÍNTESE DO HEXÁGONO DO TRABALHO DECENTE PARA PCDS

Estar em contato com a realidade de determinada condição ou elemento situacional vivido por um grupo de indivíduos é um dos patrimônios alcançados a partir deste estudo de caso. As perspectivas singulares capturadas pelos relatos aqui transcritos apontam para a construção de entendimentos sobre o que é ter uma deficiência dentro de uma empresa e, em um universo expandido, dentro da sociedade brasileira.

Destaca-se como ponto positivo a jornada da PcD rumo ao acesso a um posto de trabalho, desenhado como um ambiente de preocupação para ambos os grupos, gestores e profissionais com deficiência, apesar da baixa presença nos relatos de elementos discriminatórios, calcados em preconceito. As empresas estudadas demonstraram-se cuidadosas na promoção da *equidade*, além da garantia de iguais condições para profissionais com e sem deficiência.

No entanto, percebe-se uma narrativa de dificuldade quanto às oportunidades de crescimento, mesmo diante da existência de casos de desenvolvimento e promoções. Vale destacar, porém, o reconhecimento, por parte dos profissionais com deficiência, ao posicionamento distinto das empresas da amostra frente à realidade enfrentada no mercado.

A acessibilidade demonstrou-se em um nível muito bom dentro de ambas as empresas, também merecendo reconhecimento por boa parte dos entrevistados quanto às instalações físicas, ainda que, em algum momento, tenha sido demonstrada certa hesitação em relação ao tema, dadas as condições diversas vividas pelos entrevistados. Desconhece-se, porém, relatos de dificuldade de acesso a qualquer espaço das organizações estudadas, o que é algo realmente muito positivo, sob a óptica da inclusão da PcD.

Contudo, o estudo também identificou tópicos sensíveis, como carências ainda presentes nessa caminhada inclusiva, no que tange à visibilidade e acesso ao posto de trabalho para a pessoa com deficiência. O processo de seleção compreende uma série de oportunidades – desde a preparação e a compreensão dos profissionais envolvidos nessa etapa até a captação efetiva desse perfil profissional. O entendimento das limitações, mas, principalmente, das potencialidades da PcD, demonstraram-se, a partir das falas dos profissionais com deficiência, uma fronteira a ser transposta pelo mercado de trabalho em termos de absorção dessa camada da sociedade. Há visivelmente um *gap* na formação e preparação de recrutadores, profissionais da área de seleção e gestores para a condução de processos seletivos orientados às posições dedicadas ao preenchimento da cota.

Por parte das empresas, a partir da fala de seus gestores, os limites de formação e preparação dos candidatos PcDs são dificultadores para a contratação. Vale ressaltar também o olhar aplicado dessas companhias para a preparação do ambiente que receberá o profissional com deficiência. O ponto de melhoria recai sobre a qualidade das posições abertas.

A compreensão quanto ao valor do processo de desenvolvimento da PcD, das lideranças e dos times aponta para uma prática virtuosa para a aceleração da inclusão da pessoa com deficiência dentro das empresas. A maximização desse processo depende de uma mudança de *mindset*, já que muitas pessoas ainda não demonstram aptidões plenas para lidar com a condição da colega PcD.

Todavia, observa-se um distanciamento nos elementos *inclusão* e *acessibilidade*, colocando em posições opostas os dois grupos. Isso permite a avaliação de que ambos possuem experiências distintas no que tange à importância do ambiente interno, por força de suas vivências e perspectivas.

Por fim, é notório que muitos dos esforços pela inclusão social da pessoa com deficiência por meio do mercado de trabalho se dão por parte das empresas, pois o poder público limitou-se à edição de medidas jurídicas para que o acesso seja garantido. Ao adotar uma postura assistencialista a partir da criação de subsídios protetivos para a PcD, desestimulou-se a busca por um posto de trabalho.

Finalmente, há espaço para o tratamento igualitário e para o surgimento de mais oportunidades para PcDs, o que permitiria a essa importante parcela da população, que hoje se sente negligenciada, alcançar a almejada ascensão profissional e o correspondente crescimento econômico. De acordo com as entrevistas feitas, essa ainda é uma realidade distante, mesmo para profissionais com deficiência que trabalham em empresas com práticas reconhecidamente avançadas nessa temática e diferenciadas em relação ao mercado como um todo.

Capítulo 7.

O UNIVERSO EXPANDIDO DA INCLUSÃO DE PESSOAS COM DEFICIÊNCIA NO BRASIL

Desde o início deste livro, a intenção principal foi construir o ambiente da inclusão da pessoa com deficiência no Brasil a partir do ponto de vista de profissionais que estão diretamente estudando, liderando, experenciando, fiscalizando e escrevendo sobre o assunto, ou, de algum modo, mantendo-se atento aos desafios conectados ao tema central trabalho da PcD.

O hexágono da inclusão da pessoa com deficiência, apresentado no capítulo anterior, buscou trazer um olhar de 180° sobre a questão, a partir do trabalho realizado por organizações tidas como referências no tratamento da *diversidade* e *inclusão* no mercado nacional. Para isso foram entrevistados profissionais com deficiência e seus gestores.

Existem, entretanto, outros autores envolvidos na promoção da inclusão e da inserção da pessoa com deficiência no universo laboral. É inegável, por exemplo, o importante papel da área de Recursos Humanos das organizações, capitaneada por executivos que respondem diretamente pelo atendimento da definida cota em fiscalizações. São ainda responsáveis por alavancar internamente a questão, visando sensibilizar os demais líderes para que o tema não seja visto apenas como uma obrigação legal.

Os órgãos fiscalizadores fazem parte obviamente dessa jornada inclusiva, colocando a serviço da sociedade a vigilância necessária quanto ao tratamento da PcD dentro do mundo do trabalho, bem como fornecendo orientações para as companhias quanto às melhores práticas e modelos que podem dar certo quando depositados corretamente no meio empresarial.

Por fim, porém vital nessa marcha evolutiva, é o papel das empresas especializadas em prestar consultoria para organizações, compartilhando alternativas e caminhos pouco explorados, além de atuar na preparação de líderes, de pares, da própria pessoa com deficiência e de todo o seu entorno no ambiente laboral.

Juntos, esses três atores sociais representam uma gama de agentes diretamente responsáveis por manter a Lei de Cotas viva ao longo das últimas três décadas no Brasil. É importante compreender, como ensinado por Fernanda Menezes Leite, em sua obra *Mercado de trabalho e Pessoas com Deficiência: desafios à inclusão,* que "a existência de normas que determinam a inclusão da pessoa com deficiência no mercado de trabalho, por si só, não garante a plena efetivação do direito ao trabalho"[371] dessas pessoas, sendo vital a construção de uma coalizão de pessoas que promovam o exercício prático do expresso em lei.

Notório o entendimento de que a inclusão é um componente racional que precisa ser exercitado na prática, a partir de ações orientadas à construção de uma atmosfera inclusiva que traga segurança e resguardo às necessidades da PcD em seu pleno exercício de potencialidades. Conforme leciona o professor Atos Prinz Falkenbach, a compreensão racional da inclusão "não nos foi naturalizada, portanto podemos esquecer, até porque o aprendizado cunhado" na sociedade é a "exclusão e não a inclusão",[372] sendo necessária a repetição diária dos conceitos, mediante práticas concretas dentro das empresas, que possam ser amplificadas para outras camadas da sociedade com as quais a pessoa com deficiência interage diretamente.

---

371 LEITE, F.M. *Mercado de trabalho e pessoas com deficiência*: desafios à inclusão. Rio de Janeiro: Lumen Juris, 2019.

372 FALKENBACH, A.P. *Inclusão e Deficiência*: expectativas de um pesquisador. Em Guia de orientação e práticas para a inclusão laboral de pessoas com deficiências. Organização - Bianca Correia Ferronato, Ana Lucia de Mello e Luciane Carniel Wagner. Porto Alegre: Sulina; Editora Univertiária Metodista IPA, 2011.

Como levantamento final desta obra, buscando compor essa mencionada coalizão existente no mercado de trabalho, entrevistei representantes dessas três esferas de atuação. As primeiras entrevistadas são diretoras da área de Recursos Humanos, desempenhando a liderança do departamento em empresas multinacionais de relevante expressão no mercado nacional. Além de alavancar o tema Diversidade e Inclusão internamente, respondem pela cota de contratação de PcDs dentro das empresas as quais atuam.

Na sequência, lanço um olhar para a fiscalização do cumprimento da estabelecida cota, atribuição privativa do Ministério da Economia, desde a extinção do Ministério do Trabalho e Emprego pelo governo do presidente Jair Messias Bolsonaro. Para isso, entrevistei uma experiente fiscal do trabalho, com mais de 25 anos de atuação na área.

Finalmente, demonstrarei a visão prática de uma das principais consultorias especializadas em diversidade e inclusão, colaboradora de uma gama variada de organizações no país.

O objetivo principal deste levantamento foi expandir ainda mais a compreensão sobre a inclusão social da pessoa com deficiência, visando identificar se há intersecções com o ODS 08 da Agenda 2030, indo além da percepção líder/liderado obtida com o estudo exposto no capítulo 5 e 6. A partir desse universo expandido, busca-se complementar o entendimento quanto às alternativas à disposição da pessoa com deficiência e os desafios aplicados a esse tema 30 anos após a promulgação da Lei de Cotas.

7.1. A VISÃO DAS EXECUTIVAS DE RECURSOS HUMANOS

A área de Recursos Humanos vem passando por uma transformação importante nos últimos anos, abandonando o papel monocromático da área de administração de pessoal e transacionando para uma atuação propositiva de mudança cultural e entendimento dos demais líderes das organizações, com um papel importante sobre a pluralidade social presente dentro dos diversos níveis de tomada de decisão.

Como já foi explorado ao longo de todo o livro, esta não é uma função exclusiva da área de RH. Entretanto, espera-se que, neste momento vivido pelo mercado, a propositura da necessária mudança no tratamento do tema Diversidade e Inclusão (D&I) seja acelerada pelas lideranças desse departamento, sobretudo por se tratar de um assunto relativamente recente na agenda das empresas.

Apesar da criação do papel de líderes de D&I no mercado de trabalho nacional, tal atribuição reside majoritariamente no dia a dia dos executivos de RH, o que explica a escolha por conhecer a experiência de duas diretoras de Recursos Humanos nessa jornada inclusiva prática dentro das multinacionais nas quais trabalham atualmente.

A primeira executiva é Silvia Zwi, diretora regional de Recursos Humanos e líder de Inclusão e Diversidade para América Latina em uma multinacional especializada na gestão de energia, com 29 anos de experiência na área de Gestão de Pessoas. Já a segunda é Sandra Barquilha, executiva de Recursos Humanos com 20 anos de experiência na gestão de equipes, transformação cultural, desenvolvimento de pessoas e Diversidade e Inclusão.

A experiência de ambas na liderança da área de Recursos Humanos, somadas à atuação frente ao tema D&I, nos permite capturar uma imagem atualizada sobre o papel da área de Gestão de Pessoas em relação à caminhada inclusiva da pessoa com deficiência. Ambas foram generosas em suas partilhas, não se limitando às empresas onde atuam hoje para demonstrar sua visão sobre a questão.

Inicialmente foi proposto para ambas uma reflexão sobre a atual situação de empregabilidade da pessoa com deficiência no Brasil. Da qual foi possível capturar as percepções abaixo da primeira entrevistada:

> SZ – "Atuo com a inclusão de pessoas com deficiências na empresa desde 2002. Nesse período vi avanços significativos, porém de pouca relevância no sentido de elevação real da empregabilidade, da independência, autonomia e empoderamento. Quando criei o primeiro programa de inclusão, chamado de Programa de Oportunidades, foi preciso oferecer capacitação de nível médio para que fosse possível incluir aquela população de 120 pessoas com deficiências no ambiente organizacional. Os participantes do programa atuavam na empresa durante meio período, sendo depois transportados pela empresa para a UNICAMP, onde realizavam o Ensino Médio através da EJA (Educação de Jovens e Adultos). Adicionalmente, os primeiros três meses na empresa foram inteiramente dedicados à formação profissional para a organização, ou seja, habilidades básicas em computador, aprendizado de ferramentas do Microsoft office, orientações de conduta e comportamento. O investimento foi muito elevado em todos os sentidos. O programa foi bem-sucedido, mas com um nível de empenho relevante de todos os stakeholders envolvidos, inclusive na mudança cultural no que tange ação afirmativa."

As relatadas dificuldades de capacitação da pessoa com deficiência, capturadas no capítulo anterior, permanecem presentes na fala da executiva, embora reconheça que a educação de base citada acima possui avanços, necessitando uma evolução maior no que diz respeito à educação em nível superior, técnico e ligado às novas tecnologias, consoante o descrito abaixo:

SZ – "Atualmente, ou seja, passados quase 20 anos, e observando as ações para o cumprimento de cotas, vejo que a dificuldade de encontrar pessoas com deficiência com o Ensino Médio completo já não é mais uma dificuldade, contudo o desafio da inclusão em áreas para as quais o ensino superior é um requisito ainda é um imenso desafio.

Continuo com a opinião que tinha há 20 anos: o desafio da empregabilidade está majoritariamente no acesso à educação. É unânime o entendimento que a capacitação técnica é elemento crítico para o sucesso de qualquer organização, com uma elevação extremamente relevante dado o cenário competitivo de negócios, adicionado dos processos de digitalização em qualquer estágio: desde automações básicas no chão de fábrica, até tecnologias cognitivas avançadas."

Para a segunda entrevistada, a percepção anteriormente capturada na presente obra, sobre a entrada majoritariamente em cargos lidos com de menor complexidade dentro da empresa pôde ser reforçada pelo trecho transcrito abaixo:

SB – "Ainda é um desafio enorme e dependente da Lei de Cotas. Minha visão é que de maneira geral a exigência legal impulsiona a contratação de pessoas com deficiência, mas muito orientada para posições de "entry level" ou operacionais. Progressão de carreira e oportunidades de desenvolvimento ainda são limitadas ou não tem o foco ou direcionamento claro das organizações. Há um viés ainda muito forte que alocação das pessoas com deficiência está preparada apenas para vagas iniciais."

Percebe-se a partir do trecho transcrito que, além das posições de entrada serem a opção quase que exclusiva para a empregabilidade da PcD, a progressão de carreira é de fato algo percebido como limitado no mercado nos dias de hoje.

O tema preparação da PcD para o mercado de trabalho, por meio de mecanismos profissionalizantes, foi o alvo da pesquisa de Loni Elisete Manica e Geraldo Caliman, na obra intitulada *Inclusão das pessoas com deficiência na educação profissional e no trabalho: limites e possibilidades*, publicada no ano de 2015. Os autores informam que

O desafio das escolas de educação profissional reside em preconizar mudanças e adaptações em todas as instâncias socioeducativas, que podem estar relacionadas às pessoas com deficiência, especialmente quanto às atitudes, aos conceitos e aos avanços necessários nas barreiras arquitetônicas, aliadas ao uso de novas tecnologias, garantindo o entendimento laboral necessário à independência social e profissional do indivíduo com deficiência.

(...)
> Esta escola profissional que receberá alunos com deficiência precisa oferecer cursos de educação profissional adotando mecanismos que propiciem a igualdade de oportunidades e a preparação para a vida. Precisa acreditar que o fato de o aluno apresentar alguma dificuldade, não pode excluí-lo do processo produtivo, tampouco o tornar objeto de ações apenas assistencialistas. [373]

O que os autores apontavam em 2015 ecoa nas falas das executivas. Há um espaço importante a ser superado quanto à capacitação da pessoa com deficiência em níveis majoritários. Entretanto, é fundamental destacar o papel ocupado pela primeira entrevistada ao trabalhar em parceria com a instituição de ensino, visando cobrir, pelo menos em parte, a fenda social que separa a PcD das oportunidades profissionais de maior complexidade e possibilidade de crescimento.

Justamente por compreender o desafio ao qual o profissional com deficiência encontra-se inserido, as pesquisadoras Bianca Correia Ferronato e Luciane Carniel Wagner, com o estudo *Terminologias e modelos de inclusão*,[374] demonstram alternativas para a aceleração do aprendizado das PcDs, ao afirmar que existem instituições de "incentivo à pesquisa científica no assunto" e investindo em "adaptação de Recursos Humanos e materiais no ensino superior", proporcionando, dessa forma, uma plataforma integrada e inclusiva. Afirmam também que é "importante ressaltar que está crescendo o número de instituições/empresas que vêm dando este exemplo". No entanto, reforçam que "cada uma é responsável por criar seu próprio projeto de inclusão e colocá-lo em prática", o que aponta para uma realidade de atuação individualizada e pouco integrada na sociedade atual.

Aparentemente, esse desafio educacional, que acompanha a PcD desde o início de sua jornada laboral apoiada pela Lei de Cotas, precisa de uma atenção ainda mais forte rumo à potencial evolução econômica da pessoa com deficiência, como já ressaltado nos capítulos anteriores.

---

373 MANICA, L.E.; CALIMAN, G. *Inclusão das pessoas com deficiência na educação profissional e no trabalho*. Jundiaí: Paco Editorial, 2015.

374 FERRONATO, B.C.; WAGNER, L.C. *Terminologias e modelos de inclusão*. Em Guia de orientação e práticas para a inclusão laboral de pessoas com deficiências. Organização Ferronato, B. C.; Mello, A. L. de; Wager, L.C. Porto Alegre: Sulina; Editora Universitária Metodista IPA, 2011.

Ainda que essas barreiras educacionais estejam postas na caminhada inclusiva, na visão da primeira entrevistada, a Lei de Cotas é um vetor fundamental nessa jornada e isso fica claro no trecho transcrito:

SZ: "A legislação vigente é uma ação afirmativa, ou seja, acelera o processo de inclusão para além da inércia social. Claramente há pontos em que a legislação poderia ser aprimorada, inclusive com a ampliação de deficiências que atualmente não são abrangidas."

Inobstante, reconhecido o importante papel da lei enquanto ação afirmativa, a segunda entrevistada reforça o cuidado para que as questões ligadas à progressão de carreira e à inclusão sejam lacunas importantes endereçadas para além do texto legislativo:

SB: "A lei foi importante para impulsionar as organizações as contratações e ingresso da pessoa com deficiência no mercado de trabalho. Ela trouxe o tema à tona e abriu espaço à PcD, mas a cota não endereça questões ligadas à progressão de carreira, desenvolvimento e viés inconsciente. A cota diversifica a força de trabalho, mas não endereça questões de inclusão."

As entrevistadas também foram questionadas sobre a sua visão quanto à percepção da comunidade empresarial sobre a Lei 8.213/91 na atualidade. A visão de que a obrigação legal vem antes da perseguida inclusão foi um ponto em comum entre as duas respondentes:

SZ: "Feitas raras exceções, vejo que a comunidade empresarial entende a Lei de Cotas como um mal necessário, que atrapalha, constrange e diminui a produtividade, ao menos num primeiro momento."
SB: "Como uma obrigação legal a ser cumprida e que precisam criar alternativas para se adequar para criar vagas."

Ainda que a obrigatoriedade legal seja uma tônica muito forte no meio empresarial, percebe-se pelo trecho capturado a seguir que, na visão de Silvia Zwi, existe uma percepção de ganhos para o ambiente laboral interno:

SZ: "(...) para trazê-los, o investimento em treinamentos de base e em coaching é grande. Na empresa onde trabalho, nos damos a esse empenho sem hesitar, não apenas porque faz parte dos nossos valores, mas especialmente porque sentimos na prática o valor agregado da diversidade em aspectos como engajamento, retenção e orgulho de pertencer. Mas não se trata de regra geral."

Outro elemento questionado às entrevistadas trata do papel da área de Recursos Humanos nessa jornada. A seguir, as respostas na íntegra:

SZ: "O RH tem papel fundamental no esforço de inclusão de PcDs. A atuação começa com a atividade de planejamento do quadro de pessoal, matriz de capacitações versus postos de trabalho, seguindo pelas iniciativas de recrutamento e seleção, treinamento, acompanhamento de performance e gestão de carreiras. Todo o ciclo de vida do funcionário numa empresa é regido por processos de gestão de pessoas, executados pelas lideranças. E certamente o papel de influenciar as lideranças para a adoção de comportamentos inclusivos, com base em políticas organizacionais também é de RH. A capacitação dessas pessoas é elemento fundamental, e não se restringe apenas ao "fazer". A atuação de RH na inclusão de PcDs precisa conter um elemento fundamental de motivação, de crença pessoal que é insubstituível e essencial a uma boa execução."

SB: "O RH precisa atuar fortemente na inclusão e como dar oportunidades de progressão de carreira e desenvolvimento ao PcD. Precisa promover ações de conscientização, especialmente da liderança, para endereçar questões de capacitismo, preconceito não em relação à execução do trabalho, mas especialmente em oferecer oportunidades de desenvolvimento para posições de maior complexidade. RH precisa trabalhar para criar ambiente psicologicamente saudável à pessoa com deficiência quanto ao seu empoderamento e expectativas de carreira e desenvolvimento. Além de liderar ações para quebra de barreiras físicas e psicológicas, adaptação para promover uma melhor experiência de trabalho ao PcD."

Nas respostas, percebe-se o reforço do que foi colhido ao longo do presente estudo, em seu referencial teórico quanto à atuação da área de RH, como um agente de transformação e preparação do ambiente organizacional.

Demonstra-se necessário, nesse momento, o entendimento do alto impacto do protagonismo da área de Recursos Humanos na liderança do tema da inclusão dentro dos ambientes empresariais e o reforço quanto ao papel social da empresa.

Nesse sentido, destaca a professora e mestra em Direito Fernanda Menezes Leite que toda vontade só se "transforma em ação efetiva e assim começa a mudar a realidade a partir de uma mudança de mentalidade, de paradigmas".[375] Desse modo, demonstra-se fundamental compreender que a organização possui, além do compromisso com os acionistas, um papel relevante dentro da comunidade na qual está inserida. A acadêmica afirma, complementarmente, que "um passo primordial envolve a compreensão pelas empresas (...) de sua função e

---

375 Leite, F.M. *Mercado de trabalho e pessoas com deficiência*: desafios à inclusão. Rio de Janeiro: Lúmen Juris, 2019.

responsabilidade social".[376] Na minha visão, isso pode recair para área de RH o papel de facilitação, haja vista que este não é um elemento natural na agenda das organizações *via de regra*, como apontou Silvia Zwi em sua fala.

Quando questionadas sobre o que pensam a respeito dos próximos capítulos da marcha inclusiva iniciada em 1991, as executivas apontam para a necessidade da diminuição do *gap* educacional de base e tecnológico dos profissionais, bem como o desafio da progressão de carreira da PcD, consoante o aqui evidenciado:

> SZ: "Continuo entendendo que o acesso à educação e o acesso digital são os principais desafios. Vejo que cabe uma discussão sobre a responsabilidade sobre esse desafio se do poder público ou do ambiente empresarial. Não resta dúvidas de que todo o sistema educacional, público ou privado, encontra-se despreparado para incluir crianças, jovens e adultos com deficiências. Há lacunas de todos os tipos: desde as mais básicas, como infraestrutura predial e acessibilidade física, até filosofia, método e abordagem educacional. Sei claramente que há discussões relacionadas a escolas para alunos especiais versus a inclusão nos ambientes dos alunos ditos "normais", e não creio que valha a pena entrar nesse meandro aqui. O que fica cabal é o reconhecimento às lacunas de acesso à educação aprofundam a exclusão dessa população, que é exponenciada pelas demandas de conhecimento necessárias para uma competitividade mínima no mercado de trabalho."
>
> SB: "Empresas pensarem a empregabilidade da PcD não somente para posições de entrada ou com atividades mais transacionais. Quebrar barreiras e considerar não apenas a deficiência física e oferecer oportunidades para deficiência intelectual. Além disso com o avanço cada vez mais significativo da transformação digital, o desafio vai ser repensar a inclusão no ambiente de trabalho considerando o online não só ferramental, mas também de inserção junto às equipes."

Ao longo de todas as questões apresentadas, foi possível evidenciar, a partir das respostas das executivas de RH, uma convergência e alinhamento com o abordado até aqui no estudo em tela. Existem desafios quanto à capacitação, acesso a trabalhos de maior complexidade, compreensão por parte das organizações que a cota, ainda que imposta por força de legislação que assim a define, não se trata de um benefício compulsório à sociedade brasileira, mas sim um instrumento de acesso mínimo a uma função remunerada sem a qual dificilmente uma pessoa com deficiência conseguiria encontrar uma função laboral.

---

376 Idem

Por força do expresso, demonstra-se ainda distante a realidade empresarial dos objetivos perseguidos pelo Objetivo de Desenvolvimento número 8 da Agenda 2030. Ainda que exista abertura para a promoção do trabalho decente dentro da área de Recursos Humanos, a progressão de carreira, pautada no espaço para que todas as potencialidades do profissional PcD sejam colocadas a serviço da atividade desempenhada, ainda carece de atenção dentro das empresas.

Finalmente, fica patente a visão de que a liderança de Recursos Humanos possui espaço para a transformação do ambiente interno, demonstrando o quão valorativo e contributivo pode ser a abertura para a presença da diversidade internamente, propiciando inovação e um ponto de vista expandido baseado nas diferentes vivências e superação que cada profissional com deficiência carrega em si.

7.2. A VISÃO DA FISCAL DO TRABALHO

Nos últimos três anos, o ambiente laboral sofreu mudanças críticas que impactaram de modo significativo a forma como a função do trabalho pode ser lida na sociedade. A chamada "uberização" da relação de trabalho, as contratações por projetos e temporadas, bem como todas as mais de 200 mudanças na CLT promovidas pela Lei 13.467/17, inauguraram um ambiente novo para o contexto laboral no Brasil.

Por outro lado, um elemento que demanda atenção é o número de casos de trabalho escravo, cativo ou análogos à escravidão, denunciados pela ação vigilante dos órgãos de fiscalização no Brasil. Segundo os números apresentados no Encontro Nacional para Erradicação do Trabalho Escravo: Reforço de Parcerias Contributivas, realizado no mês de janeiro de 2020, em Brasília, estima-se que entre os anos de 2003 e 2018 foram resgatados mais de 45 mil profissionais nessa condição por atuação ativa de entidades de controle e fiscalização no Brasil.[377]

Nesse sentido, demonstra-se cada vez mais necessária a presença de órgãos fiscalizadores orientativos e voltados para o controle da atividade laboral no Brasil. Uma das atribuições dessas entidades é a fiscalização da adesão das empresas aos dispositivos presentes na Lei 8.213/91, não somente quanto ao atendimento da cota, mas sim quanto às defi-

---

377 Agência Brasil. Disponível em: https://agenciabrasil.ebc.com.br/direitos-humanos/noticia/2020-01/brasil-teve-mais-de-mil-pessoas-resgatadas-do-trabalho-escravo-em Último acesso: 1 mai. 2021.

nições expressas para que o desligamento de pessoas com deficiência possa ser operado pelas empresas[378] e que se dê por meio de um tratamento digno[379] e com garantias fundamentais quanto ao ambiente de trabalho inclusivo e acessível.[380]

Atuante desde o ano de 1995 junto ao extinto Ministério do Trabalho e estando à frente da atividade de fiscalização do cumprimento das leis orientadas à inclusão da pessoa com deficiência por intermédio do mercado de trabalho na Secretaria Regional do Trabalho e Emprego do Rio Grande do Sul (SRTE), a Fiscal do Trabalho Ana Maria Machado da Costa coleciona uma gama vasta de conhecimento quanto à evolução da Lei 8.213/91 no Brasil.

Uma das fiscais do trabalho mais longevas na atuação da construção dos direitos das Pessoas com deficiência no Brasil, com mais de 25 anos de atividade, a Dra. Ana Costa pôde acompanhar o nascimento e o amadurecimento da Lei de Cotas no país, sempre vigilante para que os direitos e garantias dessa camada da sociedade não seja prejudicado, precarizado, tampouco negligenciado pela comunidade empresarial em seu estado.

O espaço para a contribuição da Dra. Ana Costa na construção do entendimento quanto aos 30 anos da Lei de Cotas, bem como a sua interconexão com o ODS 08 da Agenda 2030, são de grande valia para a presente pesquisa.

Inicialmente, a fiscal do trabalho foi questionada sobre a sua percepção quanto à empregabilidade da pessoa com deficiência atualmente no Brasil. Emergiram os seguintes comentários:

> Houve um crescimento importante na inclusão de pessoas com deficiência de modo geral. Se levarmos em conta que o crescimento do trabalho em geral em um recorte de 2009 a 2018 foi de 13,16%, enquanto a ampliação da ocupação das pessoas com deficiência foi de 68,66% isto mostra, que a inclusão de pessoas com deficiência não depende somente das variáveis que movem o mercado em geral. Tempos atrás ao se andar no comércio, você não via a presença de pessoas com deficiência trabalhando, com algumas ex-

---

378 MATOS, N. R. V de. *Inclusão Perversa*: uma reflexão sobre o sentido do trabalho para pessoas com deficiência. Curitiba: Appris, 2017.

379 MADRUGA, S. *Pessoas com deficiência e direitos humanos*: ótica da diferença e ações afirmativas. São Paulo: Saraiva, 2016.

380 BUBLITZ, M. D. *Pessoa com deficiência e teletrabalho*: um olhar sob o viés da inclusão social: reflexões à luz do valor social do trabalho e da fraternidade. Porto Alegre: Livraria do Advogado Editora, 2015.

ceções (...) hoje você vê muitas pessoas com deficiência saindo do trabalho. Como fiscalizo há muito tempo empresas multinacionais, tenho um contato com profissionais de RH que vão para outros países, e estes dizem que não veem o mesmo quantitativo de pessoas com deficiência trabalhando dentro destas empresas, ainda que você veja no exterior pessoas com deficiências nos transportes públicos, nos museus, mas não dentro do mundo do trabalho. Existem estudos da OIT muito interessantes que mostram um panorama das cotas no mundo. A maioria dos sistemas de cotas que não funcionou, foi porque havia a possibilidade de destinar recursos para um fundo ou porque não havia fiscalização e tampouco sanções. No Brasil há fiscalização, sanções e obrigatoriedade de contratação, o que nos diferencia muito. Apesar das tentativas sistemáticas de acabar com as cotas pela mudança da lei, as empresas contratam porque são obrigadas; se houver a possibilidade de substituir a contratação pelo pagamento de um subsídio, as empresas vão optar por isso e as pessoas seriam desligadas. Por isso eu acho que houve um avanço, um avanço importante na empregabilidade.

Percebe-se, a partir da fala da Dra. Ana Costa, que o Brasil, por força da obrigatoriedade da contratação, a atuação vigilante dos órgãos de fiscalização, bem como pelas sanções aplicadas em um número anteriormente apresentado nesta obra, encontra-se em um patamar distinto em relação a outras organizações no tratamento da pessoa com deficiência.

Este também é o entendimento de estudiosos, pesquisadores e autores que corroboram com as afirmativas e buscam retratar o patamar atingido pelo país quanto o acesso a um posto no mercado formal de trabalho, um desafio ainda presente no dia a dia das pessoas com e sem deficiência no Brasil.[381] [382] [383] [384]

---

381 ARAÚJO, J.P.; SCHMIDT, A. A inclusão de pessoas com necessidades especiais no trabalho: a visão de empresas e de instituições educacionais especiais na cidade de Curitiba. Rev. bras. educ. espec. 2006, v. 12, n.2, pp. 241-254. Disponível em: http://www.scielo.br/pdf/rbee/v12n2/a07v12n2.pdf. Último acesso: 19 jan. 2020.

382 BIANCHETTI L.; LUCÍDIO, M.; FREIRE I.M. *Um olhar sobre a diferença*: interação, trabalho e cidadania. Campinas: Papirus, 2000.

383 GOLDFARB, C.L. *Pessoas portadoras de deficiência e a relação de emprego*: o sistema de cotas no Brasil. Curitiba: Juruá, 2007.

384 GALVÃO, M. F.G.; LEMOS, A.H.C.; CAVAZOTTE, F.S.C.N. Revisiting the mainstream: the meaning of work for people with acquired disabilities. Disponível em: http://www.scielo.br/scielo.php?script=sci_arttext&pid=S1678-69712018001000604. Último acesso: 1 jul. 2019.

A mencionada representatividade da PcD no mercado formal de trabalho é ainda um elemento crítico para que as empresas compreendam que o não atendimento da estipulada cota as colocam em um ambiente de visibilidade negativa frente à sociedade, à comunidade empresarial e aos seus stakeholders, sendo que estes últimos cada vez mais buscam se relacionar com empresas que possuam a responsabilidade social presente em sua forma de fazer negócios.[385] [386] [387]

Quando questionada sobre a percepção da comunidade empresarial sobre a Lei de Cotas a fiscal do trabalho percebe que o empresariado brasileiro ainda se movimenta somente a partir da fiscalização e não consegue ser inclusivo com todas as deficiências.

> Pela experiência que eu tenho, é muito difícil uma empresa iniciar a contratação de pessoas com deficiência antes de receber uma fiscalização. E mesmo depois de ser fiscalizada às vezes ainda leva tempo até compreender que realmente haverá um acompanhamento do atendimento da cota. (...) também percebo a busca por profissionais que na verdade não tenham deficiências significativas (...) como o caso do cego que enxerga, da pessoa usuária de cadeiras de roda que anda, do surdo que ouve. Isso fica claro quando chegam para a fiscalização, contratações de pessoas com deficiências muito leves e que exigem pouca adaptação. Já vi anúncio de vaga no SINE[388] para pessoas com deficiência em que os candidatos não poderiam ser "cadeirantes" ou cegos porque não havia adaptações prediais; não poderia ser surdo porque as pessoas não conseguiriam se comunicar com o funcionário; deficiências intelectuais e psicossociais nem foram referidas; então o que o contratante queria era uma pessoa que de fato não tivesse deficiência, o que mostra que eles ainda não entenderam o que é a inclusão e que suas práticas são discriminatórias.

As oportunidades não residem, na visão da entrevistada, somente para os empresários, mas também para as áreas de Recursos Humanos, em relação ao tratamento despendido à pessoa com deficiência em processos seletivos, treinamentos e aprendizagem laboral, conforme expresso a seguir:

---

385 FREITAS, M.N.C.; MARQUES, A.L. *Trabalho e Pessoas com Defici*ência: pesquisas, práticas e instrumentos de diagnóstico. São Paulo: Juruá, 2009.

386 COSTA, N.R. et al. Proteção social da pessoa com deficiência no Brasil. ABRASCO – Associação Brasileira de Saúde Coletiva. São Paulo: Ciência Saúde Coletiva, 2016.

387 BAHIA, M.S. *Responsabilidade social e diversidade nas organizações*: contratando pessoas com deficiência. Rio de Janeiro: Qualitymark, 2006.

388 O SINE é a abreviação do Sistema Nacional de Emprego. Ele é, na verdade, mais do que um órgão, mas toda uma política pública voltada para que as pessoas consigam um trabalho e a independência financeira.

As empresas aprenderam um pouco, mas ainda tem uma visão muito limitada do assunto. Tem espaço ainda para a compreensão do todo envolvido aqui. Há uma ausência de acessibilidade profunda (...) existem processos de seleção absurdos (...) às vezes querem, por exemplo, que a pessoa surda leve alguém da família para o processo seletivo, pois os selecionadores não se comunicam em LIBRAS, noutras situações oferecem ao candidato cego material impresso a ser preenchido por ele (...) estas coisas são corriqueiras no processo de seleção e de fato são situações excludentes e discriminatórias. Todo esse contexto deve ser observado e contextualizado, quando as empresas nos dizem que não há candidatos com deficiência para ocuparem suas vagas. Nossa experiência mostra, justamente o contrário, há centenas de pessoas com deficiência a procura de emprego que são barradas sistematicamente por esses processos não acessíveis e excludentes.
(...)
Vejo que as empresas aprenderam um pouco mais quando começaram a contratar pessoas com deficiência, mas ainda existe muito espaço para evoluir.
(...)
Os programas de aprendizagem profissional, por exemplo, podem constituir-se em instrumento importante de inclusão, principalmente das Pessoas com Deficiências que necessitam de maior apoio e de um processo gradual de inserção no mundo do trabalho. Em particular, o aprendizado desenvolvido no interior da empresa pode ser extraordinário para inserir a Pessoa com Deficiência no mundo do trabalho. Além da possibilidade de participação em ambientes de formação comuns a todas as pessoas, os programas de aprendizagem profissional conectam imediatamente a pessoa com deficiência à realidade do universo laboral. Essa metodologia proporciona que sejam avaliadas e desenvolvidas, sem pressa e de forma gradual, as habilidades profissionais da pessoa. As horas de aprendizado prático oferecem à pessoa com deficiência um prazo maior para incorporar as rotinas da empresa. Com esse tempo dilatado de inserção no universo de trabalho, o aprendiz pode evidenciar seu potencial laboral não só para a empresa, como também para a sua família. Os próprios familiares, acostumados com uma trajetória de obstáculos e de negativas, acabam por associar a seus filhos a lógica da incapacidade para o trabalho.

Algumas pessoas com deficiência, em especial aquelas que permaneceram, por longos períodos, isoladas em suas residências ou instituições, precisam não só desenvolver habilidades técnicas, como também uma postura compatível com a vida das organizações empresariais.

Esse instituto é uma das poucas formas legais de aquisição de conhecimento profissional no interior das empresas. Durante esse período, ao conhecer as limitações e potencialidades do aprendiz, se oportuniza, para a empresa, usufruir de um prazo maior para adaptar o posto, a organização e o ambiente de trabalho. Esse tempo ampliado de adaptação e de treinamento, de regra, não é viável quando a empresa precisa preencher rapidamente suas vagas. A exiguidade de tempo dos processos usuais de substituição do quadro funcional direciona a contratação para candidatos com deficiência leve e que não requerem tempo maior de treinamento e adaptação.

A inserção de pessoas com deficiência ocorre em ambientes altamente enxutos quanto ao seu pessoal e nos quais as metas exigidas são de difícil cumprimento. A competitividade, a polivalência, a proatividade, a agilidade e o conhecimento prévio para realização das tarefas são características altamente valorizadas no mundo corporativo. Os candidatos com deficiência, contudo, na maioria das vezes, não apresentam esses atributos, seja pela dificuldade de acesso à escola e à educação profissional, seja pela falta de experiência, bem como por conta de suas limitações físicas, sensoriais, psicossociais ou intelectuais. A primeira reação adversa vem das chefias, que, além dos preconceitos, não dispõem do tempo necessário para ambientar e treinar o novo trabalhador. Diante da forte cobrança por resultados, a tendência inicial é a de rejeitar o subordinado que exibe limitações. Os programas de aprendizagem profissional propiciam a superação desse entrave porque possibilitam uma inclusão gradativa no ambiente de trabalho. Do contrário, a pessoa é contratada para, no período do contrato de experiência de, no máximo, 90 dias, desde logo, apresentar resultados que comprovem sua adequação às necessidades da empresa. O aprendiz, como a própria expressão evidencia, é contratado para aprender e, para tanto, disporá, no mínimo, de 800 horas. Por outro ângulo, a presença do aprendiz na empresa contribui para quebrar o mito da impossibilidade de incluir no trabalho as deficiências que requerem maior apoio.

Elas precisam entender que há uma necessidade de avançar na aprendizagem profissional, assim como o Sistema S precisa evoluir (...) a própria ONU entende que as pessoas aprendem dentro do ambiente de trabalho com muito mais qualidade. Por isso, o processo de aprendizagem é importante nesta jornada é fantástico neste sentido (...) aí você fala em qualidade e não só em quantidade de pessoas com deficiência e acesso ao trabalho.

Nesse último fragmento da resposta da Dra. Ana Costa, fica explícita uma alternativa para um dos principais elementos descritos pelas executivas de RH em relação ao desafio da contratação de pessoas com deficiência, do componente educacional e da preparação para ocupar um posto de trabalho.

Diante do que já foi apresentado, por meio de estudos de um grande número de autores e pesquisadores do tema, há de se investir na preparação da pessoa com deficiência para o exercício de seus ofícios nas dependências das organizações, no ambiente de ensino do Sistema S, dentro de incubadoras educacionais voltadas à profissionalização, na academia, bem como na educação de base adaptada, tudo consoante às expectativas das pessoas com deficiências que devem ser convidadas ao centro do debate apresentando a extensão da adaptação a ser realizada nesses ambientes, visando a verdadeira igualdade material. [389] [390] [391] [392] [393]

Quanto aos desafios dos próximos anos para a pessoa com deficiência, a entrevistada enxerga um mundo de muita transformação, em que as pessoas com deficiência deverão se adaptar. No entanto, o seu olhar é de preocupação:

> Eu temo muito o futuro do mundo do trabalho. Cada vez mais o que vemos é precarização, "uberização", individualização das atividades (...) eu não vejo boas perspectivas. Nesse contexto, o trabalho à distância é interessante, mas também é complicado: (...) uma pessoa usuária de cadeira de rodas ou cega, por exemplo, que mora numa pequena cidade, além da falta de oportunidades de emprego locais tem dificuldades de deslocamento para outros municípios (...) em razão da falta de transporte e vias adaptadas, dentre outras dificuldades; se por um lado, esta pessoa, vai receber seus benefícios, seu dinheiro e o reconhecimento de seus próximos, não vai estar inserida no dia a dia da empresa, convivendo com os colegas inclusive nos momentos de descanso (...) a empresa também pode não estar aprendendo quanto à inclusão, e isso só pode ocorrer após o aprendizado no local de trabalho. Eu acho que a presença é muito importante e o trabalho remoto vai prejudicar o processo de inclusão mais amplo, mas nós temos que nos abrir. Há um ano eu te responderia que era contrária ao trabalho remoto, mas hoje estou vendo algumas vantagens, como disse pela dificuldade de locomoção de algumas pessoas até o posto de trabalho.

Seguindo nesse sentido, foi perguntado à entrevistada se haveria futuro do trabalho para a pessoa com deficiência sem ações afirmativas, de onde surgiram os seguintes comentários:

> Não, ainda no Brasil não temos esta cultura consolidada. É só você deixar de fiscalizar uma empresa e a cota cai lá embaixo. Nós temos relatos de gestores de RH, que é fundamental a nossa fiscalização para segurar as despedidas dentro das empresas. A lei e a fiscalização são vitais para que se tenha uma perspectiva de trabalho para estas pessoas.

389 FONSECA, R.T.M. *O trabalho da pessoa com deficiência e a lapidação dos direitos humanos*: o direito do trabalho, uma ação afirmativa. São Paulo: LTr, 2006.

390 FREITAS, M.N.C.; MARQUES, A.L. *Trabalho e Pessoas com Deficiência*: pesquisas, práticas e instrumentos de diagnóstico. São Paulo: Juruá, 2009.

391 GOLDFARB, C.L. *Pessoas portadoras de deficiência e a relação de emprego*: o sistema de cotas no Brasil. Curitiba: Juruá, 2007.

392 Mazzota, M.J.S. *Educação especial no Brasil história e políticas públicas*. São Paulo: Cortez, 1999.

393 NERI, M. *Retratos da deficiência no Brasil* (PPD). Rio de Janeiro: FGV/IBRE, 2003.

Atualmente existem muitos debates, estudos e discussões no universo laboral quanto ao futuro e como essa modalidade atenderá minimamente as aspirações de trabalho decente e crescimento econômico, previstos junto ao ODS 08, conforme apresentado em outros capítulos. Entretanto, há de se compreender no todo que a cadeia evolutiva da contratação da pessoa com deficiência constrói-se sob pilares frágeis, sem os quais não haveria um contexto presente laboral os quais os referidos profissionais pudessem se amparar em busca de sua subsistência. É precoce, portanto, falar em futuro do trabalho para a PcD sem que avançar alguns capítulos na história da inclusão social plena desses agentes na sociedade.

Dentro do mercado de trabalho, se faz relevante organizações orientadas a acelerarem essa marcha evolutiva, promovendo o desenvolvimento integrado de gestores, pessoas com deficiência, profissionais da área de RH e que venham a trazer à tona a visão de que existe à frente da cota um profissional capaz e contributivo com o futuro da organização a qual faz parte.

7.3. A VISÃO DA CONSULTORA ESPECIALISTA EM DIVERSIDADE E INCLUSÃO

Por força de meu papel como profissional de Recursos Humanos, acrescido do de pesquisador sobre a temática proposta por este livro, pude acompanhar tendências que vieram a impactar o mercado. Refiro-me a movimentos que tentaram romper com as dificuldades voltadas para a inclusão social da PcD, ou ainda, à ascensão e queda da área de Responsabilidade Social Empresarial, esta última dedicada majoritariamente a reportar aos stakeholders ações ligadas ao ambiente de negócios ao qual as companhias se encontravam inseridas.

Entretanto, dos caminhos trilhados nos últimos anos pelo mercado, poucas ações foram tão importantes na minha visão quanto o crescimento de consultorias dedicadas a ajudar as empresas a serem mais inclusivas, seja apresentando representantes dos diferentes marcadores sociais, exercendo seu local de fala, ou, através do compartilhamento de experiências práticas, replicáveis nos diversos segmentos empresariais para amplificação dos assuntos relacionados à Diversidade e Inclusão.

No todo, não me reconheço como um profissional que escreve, fala e milita pelo tema de D&I, embora minhas pesquisas estejam diretamente conectadas a esse segmento. Coloco-me como um gestor de RH que possui olhos atentos às demandas por inclusão social por meio do mercado de trabalho e busco ser um facilitador desse processo. Já no campo acadêmico, procuro desenvolver pesquisas que revelem a situação e os desafios das pessoas com deficiência no universo laboral. Entretanto, não me coloco em um papel orientado a falar sobre D&I, principalmente porque acompanho de perto o trabalho de excelentes consultorias dedicadas ao assunto. Sempre aprendo muito ao entrar em contato com o que é desenvolvido por esses profissionais ávidos por promover a mudança necessária, no ritmo que a sociedade demanda.

Uma consultoria que desempenha um trabalho de qualidade dentro da arena de evolução da pessoa com deficiência é a Talento Incluir. Tive o privilégio de poder contar com a Katya Helmerlrijk da Silva, minha quarta entrevistada, neste livro. Ela é consultora especialista em Diversidade e Inclusão, com aproximadamente duas décadas de atividades profissionais, dos quais 15 anos foram dedicados à liderança da área de comunicação em empresas de referência internacional, entre as quais a Natura. Desde 2019, Katya trabalha diretamente com a evolução de organizações através da reflexão sobre os caminhos possíveis para a pessoa com deficiência. A consultora é formada em Administração de Empresas, com ênfase em Marketing pela Pontifícia Universidade Católica (PUC) de São Paulo, com pós-graduação em Neurociência do Consumo pela Escola Superior de Propaganda e Marketing (ESPM), além de Certificação Internacional em Coaching. Para ela além dos desafios de se encontrar PcDs com alto desenvolvimento, também existem as barreiras enfrentadas pelos profissionais com deficiência que realizaram expressivos investimento acadêmico, em idiomas e conhecimentos complementares.

Com 45 anos como pessoa com deficiência, como ela própria se apresenta em seu LinkedIn, e tendo circulado dos dois lados do ambiente laboral do país, tanto como profissional contratada, quanto como empreendedora, sua visão enriquece ainda mais o olhar aplicado ao mercado de trabalho proposto por esta obra.

Questionei, inicialmente, sua visão sobre a empregabilidade da pessoa com deficiência nos dias de hoje. Katya compreende que vivemos um momento de transição no mercado nacional, como evidenciado abaixo:

Este momento do Brasil é um momento de mudança: vimos no início da pandemia muitas pessoas com deficiência perdendo seus empregos por conta da crise econômica atrelada ao Covid-19, até o decreto que proibiu o desligamento de pessoas com deficiência;[394] porém agora nós nunca trabalhamos tanto vagas de contratação em um início de ano, mas ficamos tristes, porque grande parte destas novas contratações são oriundas da substituição de pessoas com deficiência desligadas. Então, se você for pensar sobre a empregabilidade, sob o aspecto de novas vagas, isso é muito baixo.

A entrevistada corrobora com a visão da fiscal do trabalho no entendimento aplicado sobre riscos e oportunidades do teletrabalho, ao afirmar que:

"O contexto do home office neste momento é algo positivo, tendo em vista que muitas pessoas com mobilidade reduzida têm acesso a trabalho. (...) Entretanto, a atividade presencial era, para alguns, um refúgio social, pois conviviam com outras pessoas diferentes da sua família. (...) Pessoas estas que acreditavam em seu potencial e que lhes davam a motivação necessária para evoluir no seu desenvolvimento. Para elas, este isolamento, tem sido cruel, (...) disparando alguns gatilhos de exclusão, por vezes dentro da própria família, através de atitudes capacitistas como ouvir 'você não conseguirá enfrentar esta pandemia', 'isso demanda muito cuidado e você não vai dar conta'. (...) Há uma pressão das famílias por cuidados para com a pessoa com deficiência que elas não precisam, mas que por conta do momento estranho que estamos vivendo acabou se revelando."

O trecho transcrito filia-se ao apresentado ao longo deste livro, quando apresentados autores que descreveram o papel da família com uma relação por vezes dualista junto aos profissionais com deficiência, ora colaborando com o seu desenvolvimento, ora demonstrando uma proteção e zelo tamanho que acaba por prejudicar a sua interdependência do seio familiar protetivo.

Na sequência, Katya reforça que o ambiente laboral do mercado atual aponta para um crescimento na perspectiva de vagas à disposição dos profissionais com deficiência:

Tem um aumento significativo de vagas. Se a gente olha uma linha do tempo, eu percebo uma evolução materializada através dos números de posições à disposição, principalmente de 2018 para agora quando saímos de 300 mil vagas para 431 mil vagas disponíveis, sendo a maioria posições novas criadas dentro das empresas. Ainda assim, é muito pouco, já

---

394 A entrevistada se refere a Lei 14.020/20 que veda o desligamento sem justa causa de pessoas com deficiência durante o enfrentamento da pandemia ligada ao Covid-19.

que existe um número muito maior do que este de pessoas disponíveis para trabalhar.

Há ainda uma visão de que, mesmo dentro dos grupos de pessoas com deficiências, há diferenças de percepção quanto à situação vivida, bem como à possibilidade de acesso à educação e desenvolvimento por parte de algumas pessoas privilegiadas em relação a outras:

> Durante um tempo acreditei que não havia a necessidade de Lei de Cotas por força de não conviver com pessoas com deficiência. Imaginava que todos tinham a possibilidade de crescer com esforço próprio. (...) Acontece que eu fui privilegiada, minha família apostava no meu potencial e por isso eu tive acesso à educação, pude me formar, pude estudar inglês e evolui, mas essa não é a realidade do Brasil. Existem pessoas que sem a Lei de Cotas não têm acesso. A grande maioria dos pais desistem de manter os filhos nas escolas ou por falta de vagas, não os matriculam. (...) Este não foi o meu caso, mas não é a regra. (...) Por isso eu digo, precisa, precisa da Lei para que as pessoas possam ter a convivência mesmo que forçada, porque isso ajuda na inclusão.

Questionada sobre a sua visão a partir da comunidade empresarial perante a Lei de Cotas, a entrevistada trouxe sua percepção experiencial quanto à realidade vivida no mercado:

> Apavorada, é assim que eu a vejo. É muito doido, mas as empresas não sabem lidar com isso. Eles ainda acham que o programa de inclusão é uma atribuição só do RH e não algo na agenda da alta liderança; que não tem nada a ver com a estratégia da empresa, não traz bons resultados. (...) Quando a gente vai lidar com estes altos executivos, eles têm um medo danado de não dar conta do recado. São seres humanos apavorados, que não sabem lidar com esta situação, por isso que lá na Talento Incluir, um dos trabalhos que fazemos é mentoria para a alta liderança. A gente faz encontros onde escutamos 'eu não posso errar, então eu prefiro não falar', 'eu não posso errar, então eu prefiro não fazer', e nós propomos um aprendizado vivencial, no qual é admitido o erro.
> [...]
> Existem empresas que ainda tratam a PcD como um número, (...) não conseguindo evoluir de 1991 para cá. (...) A gente acaba passando por muitos constrangimentos porque as pessoas não estão preparadas (...) a própria área de RH já demonstrou despreparo (...) enquanto não estiverem preparados, eles não conseguem dar o próximo passo.

Quanto aos próximos anos na jornada evolutiva, o maior desafio apontado pela entrevistada é a educação para o tema, conforme compartilhado no trecho a seguir:

> "Eu vejo que o grande desafio dos próximos tempos é a educação para compreender o que é ter uma deficiência. Viemos de uma sociedade em

que fomos educados a não olhar para o diferente, (...) algo que as novas gerações estão fazendo com muita naturalidade, muito melhor do que as gerações anteriores. Eles serão os gestores do futuro e isso vai nos permitir dar uma guinada importante rumo à evolução. (...) A presença e representatividade vão ocupar lugares que antes não ocupavam. (...) Há um gap ainda, mas já estamos ocupando espaços que não existiam.
(...)
Precisamos evoluir muito na educação inclusiva. (...) Tenho acesso a pesquisas que apontam que 43% dos países não adaptam o ambiente educacional, não sendo inclusivos para que as escolas recebam as pessoas com deficiência (...) então precisa existir um trabalho conjunto com a Lei de Cotas para que estas pessoas possam ter equidade e possam participar da sociedade de forma justa (...)."

Fica evidenciado, portanto, que a jornada inclusiva motivada pela Lei 8.213/91 encontra-se em pleno desenvolvimento, restando muitos passos a serem dados visando a plena participação da PcD na sociedade, consoante ao apresentado por autores e estudiosos nos capítulos que precederam este.

A percepção isenta de uma profissional que colabora com as organizações a propiciar um ambiente mais inclusivo e diverso, sem necessariamente renunciar a outras estratégias, aponta para a necessidade que as empresas, representadas por seus líderes, possuem para ajudar no avanço do mercado de trabalho por meio do aprendizado contínuo sobre a importância e o valor da diferença no ambiente empresarial.

Inobstante os olhares projetados por Katya à realidade de trabalhar com tantas organizações em distintas etapas de conhecimento, percebe-se o universo de oportunidades para que o ODS 8 seja concretizado no que tange à condição da pessoa com deficiência no mercado de trabalho brasileiro.

7.4. SUMARIZANDO AS DIFERENTES VISÕES TRAZIDAS PELAS ENTREVISTADAS

Neste capítulo, buscou-se apresentar três pontos de vista distintos de participantes ativas e engajadas ao desafio de promover a inclusão da pessoa com deficiência através do mercado de trabalho.

Como apresentado anteriormente, a intenção principal da captura desse recorte foi ampliar o debate, acessando outros atores fundamentais na construção de um ambiente inclusivo para a pessoa com deficiência.

A partir da compreensão das seis dimensões do hexágono da inclusão da PcD por meio do mercado de trabalho, aliado às entrevistas das quatro profissionais com distintos pontos de vista, dedicou-se esta obra a compreender a evolução conquistada pela pessoa com deficiência ao longo de três décadas desde que a lei 8.213/91 foi promulgada, dando início a um novo ambiente possível de acesso a uma função remunerada dentro do mercado formal e trabalho, bem como se os movimentos realizados desde o início da década de 1990 até aqui contribuem com as expectativas do ODS 08 vinculado à Agenda 2030.

Com o intuito de resgatar e realizar um cruzamento rápido das opiniões advindas de representantes dos diferentes universos do movimento inclusivo, construiu-se o **Quadro 4** para facilitar a assimilação do que foi capturado.

Quadro 4 – Cruzamento das visões das entrevistadas

Entrevistada	Temática	Percepções
Diretoras de Recursos Humanos	Empregabilidade atual da PCD	• Percebe-se evolução; • dificuldade na capacitação de candidatos; • desafio ainda é a evolução na carreira;
Fiscal do Trabalho		• houve um crescimento importante; • o tema tornou-se cada vez mais relevante; • a pandemia é um ponto de atenção, principalmente o teletrabalho
Consultora Especialista em Diversidade e Inclusão		• a evolução é notória; • o momento é de transição no mercado; • o teletrabalho demanda atenção pela perda da interação social e pela proximidade familiar;
Diretoras de Recursos Humanos	A visão dos empresários brasileiros	• há espaço para desenvolvimento; • percebe-se valorização do tema • desafios da inclusão são percebidos;
Fiscal do Trabalho		• o papel da fiscalização é fundamental; • baixa proatividade; • a abertura para a diferença ainda é um ponto de atenção;
Consultora Especialista em Diversidade e Inclusão		• há um despreparo para lidar com o tema; • ainda existem muitas barreiras atitudinais a serem superadas; • o PcD é visto como um número;
Diretoras de Recursos Humanos	Futuro da inclusão	• evolução educacional necessária; • há espaço para falar-se mais sobre a progressão de carreira da PcD;
Fiscal do Trabalho		• temor quanto a precarização das atividades; • o retorno ao ambiente de trabalho fisicamente é um vetor para a inclusão;
Consultora Especialista em Diversidade e Inclusão		• a educação da sociedade para a inclusão; • a representatividade precisa evoluir; • novas gerações na liderança podem fazer a diferença;

Fonte: Elaboração própria.

Com a leitura do quadro é possível perceber que há convergência de opiniões em muitos momentos por parte das quatro entrevistadas. Inobstante existam percepções distintas quanto ao futuro da inclusão, estas podem ser consideradas complementares e colaborativas desde que seja desenvolvido um trabalho sinérgico rumo ao progresso da condição das PcDs.

Mais do que um julgamento de mérito sobre os pontos de vista compartilhados, compreende-se que há uma similaridade entre o capturado com as representantes das três dimensões apontadas neste capítulo, podendo cada uma, em sua atuação, garantir a manutenção da marcha evolutiva demandado pelo tema da pessoa com deficiência no mercado de trabalho.

Capítulo 8.

UMA NOVA MARCHA PARA A INCLUSÃO SOCIAL E ECONÔMICA DA PESSOA COM DEFICIÊNCIA

Superados 12 anos de pesquisa aliados aos 20 anos de atuação na área de Recursos Humanos, muitos destes dedicados à promoção da inclusão de PcDs em empresas, percebo que ainda não foi possível superarmos vieses e preconceitos na jornada laboral inclusiva da pessoa com deficiência. Mesmo depois de três décadas da obrigatoriedade de contratação de profissionais com deficiência, o que chega primeiro à mesa de um recrutador é a limitação presente no histórico de vida do profissional, ao invés das suas potencialidades e superações colecionadas ao longo de sua biografia enquanto indivíduo.

O impacto na vida do profissional com deficiência, da sua família, da sociedade e dos cofres públicos não é levado em conta no momento da abertura de uma posição destinada para a contratação de PcDs.

A função social do trabalho, enquanto componente do pleno exercício da cidadania, revela-se um fator crítico na evolução intelectual de nossa espécie. Foi por intermédio da possibilidade de aprendizado "mão na massa" que os seres humanos foram acessando as alternativas de exploração do planeta Terra, seus recursos e os mais complexos ecossistemas revelados ao longo dos séculos.

O elemento trabalho carrega em si o condão de manutenção da vida humana na condição terrena por meio do acesso ao sustento necessário para sobrevivência de todas as pessoas, não discriminando as mais plurais características que nos distinguem uns dos outros.

Justamente por ser uma forma de exploração do planeta, bem como um elemento crucial à subsistência da humanidade na Terra, compreende-se por relevante alinhar os estudos sobre a condição deste trabalho para o homem e a sua inter-relação com o futuro do planeta, através da lente atenta e cautelosa da sustentabilidade. Por essa razão, a aplaudida Agenda 2030 trouxe em seu ODS 08 o compromisso com o trabalho decente e o crescimento econômico para com todas as pessoas inseridas nas mais distintas nações, desenvolvidas ou não, independentemente das condições e adversidades enfrentadas diariamente pelos cidadãos.

Nesse contexto, ao definir claramente que o objetivo 08 irá "promover o crescimento econômico sustentado, inclusivo, sustentável, emprego pleno e produtivo e trabalho decente para todas e todos", a Organização das Nações Unidas abarca todas as camadas da sociedade e todos os marcadores sociais presentes no mundo. Reforça a relevância do tema o entendimento de que existem grupos de pessoas que, por sua condição social, pela cor de sua pele, por uma questão de gênero ou de orientação sexual, pela idade elevada ou por uma deficiência, seja ela congênita ou contraída ao longo da vida, encontram-se à margem do mercado de trabalho atual. A vulnerabilidade desses indivíduos os coloca em situação desfavorável diante de outros grupos de pessoas na sociedade contemporânea, necessitando a compreensão dessas disparidades e a busca pela construção de instrumentos de equalização social e correção de injustiças vividas no passado por parte das lideranças globais.

Apesar da visibilidade da condição frágil da PcD no mercado de trabalho brasileiro, que gerou a possibilidade de acesso a um posto de trabalho formal pela via legislativa, a Lei 8.213/1991, conhecida como Lei de Cotas, apontou limitações na prática, por sua desconexão de uma agenda global na busca por equidade. Tais limitações restam deflagradas a partir dos resultados da pesquisa e das entrevistas realizadas – em especial, pela equidade na geração de oportunidades se destacar como um dos pontos mais vulneráveis. A partir do momento em que se escolhe trilhar o caminho em busca da construção do trabalho decente, a equidade em termos de tratamento e geração de oportunidades passa a ser condição *sine qua non* para que se atinja o patamar de labor digno dentro de uma sociedade justa.

Embora a Lei de Cotas permita o acesso ao trabalho, as vagas de emprego disponibilizadas revelaram-se, em muitos casos, funções de menor relevância dentro das estruturas organizacionais, relegando às PcDs posições operacionais, orientadas primeiramente ao cumprimento da exigida cota, independente do potencial e capacidades dos profissionais ocupantes dessa reserva legal. Tal condição prediz, via de regra, que os empregadores em sua maioria buscam profissionais "deficientes", deixando de lado todo o histórico de bons resultados, contribuições, potencialidades e investimentos em seu desenvolvimento adquirido ao longo da carreira e de sua vida. Por força de muitas adversidades enfrentadas na jornada da PcD, é inegável que exista uma capacidade incrível de superação de dificuldades, resiliência, capacidade adaptativa frente à adversidade, criatividade para lidar com desafios, força de vontade para perseverar, dentre tantas outras competências e capacidades cada vez mais caras no mercado de trabalho atual. Por que não identificar e remunerar os profissionais com deficiência por essas potencialidades? Por que após 30 anos, ainda buscar remunerar as PcDs apenas pelo fato de possuírem um enquadramento clínico que as coloca em condição para o preenchimento de uma cota e, por consequência, o atendimento de uma legislação?

Ficou evidente, tanto ao longo do referencial teórico, quanto pelas entrevistas colhidas, que o elemento "emprego pleno", preconizado pelo ODS 08, vem sendo atendido pelo mercado de trabalho brasileiro. Os entrevistados afirmaram que a Lei de Cotas contribui para a abertura de vagas de trabalho para PcDs. No entanto, a expressão "produtivo", que acompanha a ambição do atingimento do "emprego pleno e produtivo" junto ao ODS 08, mantém-se distante da percepção de condição ideal, já que atualmente as potencialidades do agente não são desenvolvidas. As expressões máximas dessa intenção são a sua criatividade e o conhecimento adquirido a partir de sua experiência, características intrínsecas que o individualizam como único exemplar da espécie no mundo.

Isso é percebido quanto à expressão "inclusivo", igualmente presente no texto aspiracional do mencionado Objetivo de Desenvolvimento Sustentável, fortemente concretizado a partir das falas de que há espaço para progresso na compreensão de todas as lideranças das empresas estudadas, assim como nos times, em relação à condição e à potencialidade dos profissionais com deficiência, não relegando tal entendimento apenas às equipes que possuem um representante deste marcador social como membro.

A extensão do impacto positivo causado pelo verdadeiro movimento inclusivo dentro das organizações exige o amplo entendimento de que as limitações dos profissionais com deficiência podem ser atenuadas dentro do ecossistema empresarial, elevando em grande parte seu potencial produtivo. O agente que se sente parte da organização, pertencendo a um conjunto de ritos, símbolos, vocabulários e rotinas de uma empresa, consegue entregar o seu melhor todos os dias, não importando sua posição na hierarquia ou condição dentro da sociedade organizada. No mesmo sentido, compreende-se que a PcD, ao ter atendidas todas as suas necessidades inclusivas, conseguirá performar em um elevado nível nas entregas demandadas pelo seu contrato de trabalho, além do ganho em engajamento e na valoração da marca empregadora, a ser reconhecida no mercado de trabalho como um agente inclusivo e distinto no tratamento da diversidade, incluindo a pessoa com deficiência. Esse tipo de reconhecimento pode, em boa parte, reduzir as dificuldades das empresas na busca por PcDs, uma vez que os profissionais, a despeito de conviverem com uma deficiência ou não, buscam empresas que possuam as melhores práticas de gestão e tratamento de seus profissionais no mercado.

O universo contemporâneo empresarial caminha reconhecidamente em busca dos mais altos níveis de inovação em suas organizações, em que o elemento diversidade adentra a esta arena como um motor impulsionador para que a perseguida evolução ocorra.

Inobstante, há um movimento amplo realizado pelo empresariado brasileiro em busca da inclusão de grupos lidos como minoritários, ante outros que carregam consigo privilégios. Diferentemente da comunidade LGBTQIA+ e dos profissionais negros, ambos alvos do incremento mais que necessário quanto à representatividade dentro das empresas, a pessoa com deficiência ocupa o "final da lista" em termos de programas corporativos voltados a romper com o estigma da cota. Isso ocorre por força do entendimento de que esse grupo de pessoas já possui acesso ao trabalho garantido por lei. Entretanto, há um esquecimento de que segue esse agente carente de tratamento equitativo e da igualdade material frente aos ambientes laborais espalhados de norte a sul do país, o que demonstra que a caminhada inclusiva ainda não chegou ao final para a PcD.

Entre todos os elementos definidos pelo ODS 08, talvez a expressão "crescimento econômico sustentado", sob a óptica aspiracional deste ODS, seja atualmente o maior desafio para o mercado de trabalho brasileiro. Esse entendimento pode ser percebido na pesquisa por meio de depoimentos que destacam a escassez de oportunidades de crescimento não só nas empresas pesquisadas, mas no mercado de trabalho como um todo. Essa realidade é entendida, pelos agentes, como um traço ainda forte da incompreensão por parte dos gestores e das áreas de RH de modo geral sobre a limitação da pessoa com deficiência. A crença recorrente recai sobre a possibilidade de realização de certas atividades. O desconhecimento sobre a capacidade e o potencial de cada profissional com deficiência dificulta a ascensão na carreira, bem como uma progressão salarial equitativa e igualitária com pessoas aparentemente sem deficiência.

A obtenção de um posto de trabalho, ainda que figure um progresso importante introduzido pela Lei de Cotas, não garante a condição de ascensão econômica a um profissional enquadrado como PcD, não importando se este abandona um subsídio governamental ou se está formalmente empregado em uma organização. No mesmo sentido, o acesso a uma função laboral não garante que essa posição possa ser definida como um trabalho decente, como demonstrado na revisão doutrinária e nos depoimentos transcritos. Ao se atribuir postos de trabalho com menor complexidade, a motivação da natureza operacional, que em muitos casos não permite a visibilidade das potencialidades do agente, e a criação de um cargo ocorrem pela obrigação jurídica.

A Lei de Cotas, enquanto instrumento de diminuição de disparidades existentes, deve lançar um olhar diferenciado sobre a hipossuficiência da PcD, como mecanismo de concretização da supremacia da igualdade material sobre a igualdade formal aplicada a estas relações. Não se espera com isso um prejuízo sobre as demais camadas sociais inseridas na sociedade, tampouco um beneficiamento das pessoas com deficiências com vantagens frente às demais, mas a possibilidade de elevação em grau de igualdade destes com as pessoas que não possuem deficiências durante a busca por oportunidades profissionais, tendo garantidos por lei postos de trabalho junto ao mercado formal e a manutenção plena da liberdade enquanto membros da sociedade organizada.

Deflagra-se, ao analisar a intersecção entre a Lei 8.213/91 com o ODS 08 da Agenda 2030, um ponto de contato imediato estabelecido pelo acesso ao trabalho. No entanto, distanciam-se plenamente nos quesitos garantia de "trabalho decente e progresso econômico" da pessoa com deficiência, evidenciando-se que estes não eram elementos percebidos pelo legislador à época da edição desse importante marco jurídico.

Caberia uma releitura da legislação à luz do mercado de trabalho contemporâneo, dada a incidência expressiva de micro e pequenas empresas, que atualmente pouco contribuem com a inclusão da pessoa com deficiência e quando o fazem, não são movidos por uma obrigação legal.

O Estado busca uma entrada no mundo do trabalho a partir de uma ação afirmativa para a PcD, mas não resolve ainda o problema da *acessibilidade* e da *equidade* no tratamento, além de não remover barreiras ao movimento inclusivo, delegando ao corpo empresarial brasileiro um de seus papéis principais diante da agenda da pessoa com deficiência, que é a atividade de promoção da inclusão social.

O debate acerca de outras alternativas de contribuição da iniciativa privada nesse desafio deve ser fomentado, buscando em modelos realizados há muitos anos em países estrangeiros que contribuem, por meio de fundos de sustentabilidade da profissionalização da pessoa com deficiência, oficinas de lapidação de competências e potencialidades e outras práticas que se enquadrem na jornada de busca da evolução social, financeira e do preconizado pela meta 8.5 do ODS 8, que é o atingimento do emprego pleno e produtivo da PcD.

A compreensão de conceitos importantes, como a diferença entre *inclusão* e *integração*, sendo que um é o oposto do outro, deve ser uma pauta dentro das organizações. Só haverá acesso ao trabalho decente e ao crescimento econômico se o modelo inclusivo for perseguido com maior afinco, possibilitando o melhor desempenho profissional e a valorização da PcD.

A partir da pesquisa realizada, entende-se o comportamento das empresas consideradas referências na gestão e no incentivo da temática Diversidade e Inclusão, calcada na manutenção de boas práticas de contratação e desenvolvimento de pessoas com deficiência, apontando para uma intersecção parcial do ODS 08 e o pretendido com a Lei 8.213 de 1991. Entretanto, há uma lacuna quanto às práticas para a evolução econômica sustentável de PcDs a partir de uma carreira construída dentro de uma empresa privada.

É preciso deixar claro que não se trata de um ato de caridade por parte do Estado ou das empresas a alguns dos membros da sociedade, mas o reconhecimento de que a PcD é completa, no que diz respeito aos direitos de inserção social, que não podem se limitar à existência ou à não da obrigatoriedade de contratação. Este é o substrato do pacto social.

Por fim, deve-se pensar que, ao suprimirmos da palavra "deficiência" a letra "d", teremos a palavra "eficiência", que ainda que não deva ser interpretada como antagonismos, aponta para o espaço de oportunidade de derrubada de preconceitos, motivado por um indivíduo que há muito busca o reconhecimento e o destaque de suas capacidades, sendo estas muito maiores que suas corpóreas limitações.

8.1. O FUTURO DA JORNADA INCLUSIVA

A primeira oportunidade percebida é o limite que a Lei de Cotas ainda impõe quase 30 anos após sua promulgação – praticamente sem alterações. A revisão textual à luz de novas formas de trabalho, que levam em conta os micros e pequenos empresários como potenciais contratantes, demonstra-se ainda como um desafio a ser transposto.

No modelo atual, as empresas com mais de 100 empregados, que representam 0,6% dos empregadores (33.375 empresas)[395] presentemente no Brasil, sendo que, desse percentual, 37% (12.684 empresas)[396] concentram-se no eixo Rio-São Paulo, são os participantes exclusivos desse modelo de ação afirmativa. Há um espaço muito grande para trazer ao centro dessa jornada inclusiva as micro, pequenas e médias empresas, que somadas representam 98% dos contratantes no país[397] e que hoje não participam formalmente dessa marcha virtuosa.

No mesmo sentido, o modo como as empresas enxergam a pessoa com deficiência demonstra-se como mais uma limitação. Ainda que tenham se passado quase três décadas da adoção de ações afirmativas para a contratação de PcDs no Brasil, poucos foram os avanços na questão da Equidade de tratamento. Se o paradigma de enaltecimento da limitação da pessoa não mudar, pouco mudará, nos próximos 30 anos, o mundo do trabalho para o profissional com deficiência.

Para a inclusão social e econômica da PcD, uma nova marcha se faz necessária. E dela depende uma nova coordenação, envolvendo os diversos atores do mundo do trabalho e da sociedade, de forma a fazer desta um lugar mais igualitário, em respeito à pluralidade da espécie humana.

---

395 CEMPRE ; SIDRA; IBGE, 2018. Tabela 992: Empresas e outras organizações, pessoal ocupado total, pessoal ocupado assalariado, pessoal assalariado médio, salários e outras remunerações e salário médio mensal, por seção, divisão e grupo da classificação de atividades (CNAE 2.0), faixas de pessoal ocupado total e natureza jurídica (ibge.gov.br)

396 *Idem.*

397 *Idem.*

AGRADECIMENTO

A maior parte do que aprendi sobre inclusão social da pessoa com deficiência recebi na prática, da generosidade e da abertura de colegas de trabalho, fiscais do trabalho e profissionais dedicados à missão de dar voz a pessoas que, por décadas, foram silenciadas. Não poderia de modo algum deixar de externar minha gratidão a todas essas pessoas, que cederam parte de suas rotinas, dificuldades, conquistas e superação ao longo destes 20 anos de trabalho orientado a desvendar o impacto provocado pela Lei de Cotas no mercado de trabalho. A todos os colegas com deficiência com quem trabalhei o meu muito obrigado!

Ao longo desta obra, duas pessoas foram incansáveis na jornada de escrita e contribuição quanto aos dados colhidos e a revisão textual e, por isso, não poderia avançar sem mencioná-las, agradecendo, mais uma vez, a sua parceria e paciência. Muito obrigado, Tatiane Lima e Sofia Braz, sem vocês o trabalho não teria o colorido que conseguimos ao final!

Minha gratidão se estende aos amigos queridos Luciana Oliveira e Marco Ornellas que foram os primeiros leitores deste texto, compartilhando seus preciosos feedbacks. Complementarmente, agradeço a generosidade de Ornellas em prefaciar este meu primeiro livro, bem como ao Dr. Rodrigo Azevedo pelas dicas importantes ofertadas neste meu início de jornada.

Agradeço a toda equipe da Editora Letramento, especialmente à Gustavo Abreu, editor e parceiro desde o primeiro contato, quando se demonstrou engajado e dedicado em dar vida a este projeto pessoal.

Agradeço adicionalmente à minha orientadora no Mestrado em Sustentabilidade, pelo Centro de Economia e Administração da PUC Campinas, Cibele Roberta Sugahara, que amparou minha jornada de dois anos na construção de linhas importantes encontradas neste livro.

Sem dúvida a participação da Dra. Ana Costa, Katya Hemelrijk da Silva, Sandra Barquilha e Silvia Zwi, pessoas especiais que emprestaram sua lente prática aplicada ao tema para complementar a percepção acerca do assunto e guiar capa a capa a narrativa construída. Pelo seu tempo e sinceridade, muito obrigado.

Meu muito obrigado a todos os profissionais que emprestaram sua voz em mais de 60 horas de entrevistas, para minha pesquisa e que permitiu a construção do hexágono da inclusão apresentado ao capítulo 7 desta obra. Agradeço adicionalmente aos executivos das duas empresas pesquisadas por sua permissão para que a pesquisa fosse realizada dentro de suas dependências.

Gostaria de agradecer de modo especial à minha amada esposa Karina Meira, que, com sua compreensão e parceria, sempre se fez presente em cada novo parágrafo, nunca deixando que os momentos de maior hesitação tenham recebido mais do que algumas horas de atenção.

Por fim, porém muito especialmente, gostaria de agradecer ao leitor que investiu tempo para ler estas páginas que buscaram retratar a crença de que é possível uma sociedade justa, manifestada na máxima pluralidade dentro das organizações, potencializando o que há de melhor em cada um a serviço de um futuro do trabalho digno, sustentável e que propicie o crescimento econômico equitativo a todos.

editoraletramento

editoraletramento

grupoletramento

editoraletramento.com.br

company/grupoeditorialletramento

contato@editoraletramento.com.br

casadodireito.com

casadodireitoed

casadodireito

Grupo
Editorial
LETRAMENTO